JN410968

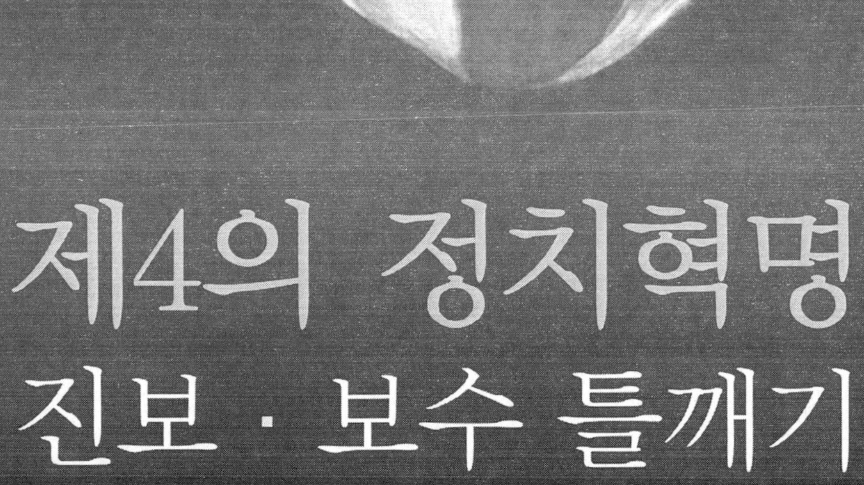

제4의 정치혁명

진보 · 보수 틀깨기

▌제4의 정치혁명: 진보 · 보수 틀깨기▐

저자 조해경

발행 2017년 3월 27일
교정 높이깊이
편집디자인 편집부
표지디자인 편집부

발행처 높이깊이
발행인 김 덕 중

출판등록 제4-183호

주소 서울 성동구 성수일로 39-32 (우) 04779
전화 02)463-2023(代)
팩스 02)2285-6244

E-mail djysdj@naver.com

정가 **15,000**원

ISBN 978-89-7588-357-6

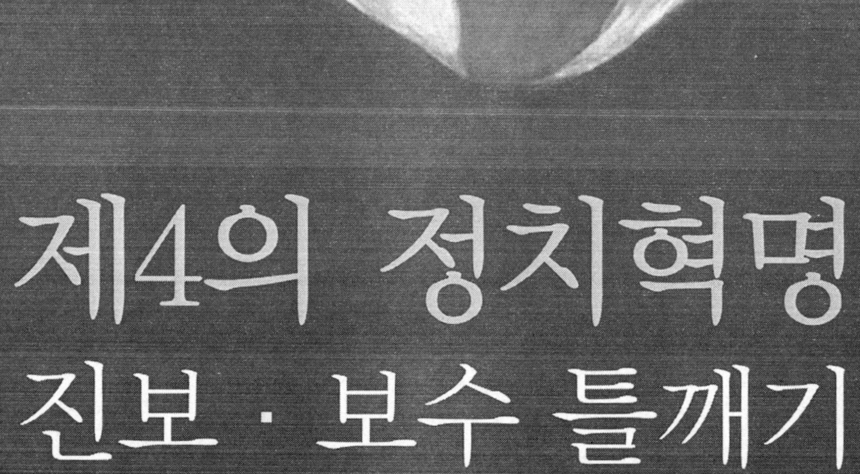

제4의 정치혁명

진보 · 보수 틀깨기

한국은 세계 230개국 중에서 경제 브랜드 10위의 강대국 문턱에 들어섰다. 지정학적으로 유럽의 폴란드와 같이 지리적으로 동북아에서 가장 중요한 위치를 점하고 있다. 이러한 지리적 환경 때문에 한국은 내외적으로 어려움을 겪고 있다. 외적으로는 주변 4강이 한반도에서 뿌리를 내리기 위해서 오래 동안 싸움을 계속해 나오고 있다. 현재 세계에서 유일하게 남북이 분단되고 냉전이 계속되고 있는 나라는 한국뿐이다.

설상가상으로 한국이 해방 이후 70년 동안 내적으로 독재정치에 시달리고 있다. 해방 후 시작된 이승만 독재와 박정희 군사독재를 비롯하여 그 후에 나타난 전두환의 폭력정치에 국민들은 고통 속에서 숨도 못 쉬고 살아왔다. 그동안 한국은 4.19 학생혁명과 5.18 민주 항쟁 등의 민주화 투쟁을 겪으면서 한국의 민주주의는 한 단계 올라서기는 했다. 민주화 이후의 민주화는 또다시 더 높은 민주화를 요구하고 있다.

민주주의 역사는 혁명의 역사다. 서양은 중세 천 년간 계속된 신중심의 암흑시대를 거쳐서 교황 권에서 왕권으로 변화의 과정을 거치면서 시민과 통치자와의 치열한 권력쟁탈전을 벌여왔다. 지배자와 피지배자 간의 치열한 권력쟁탈전의 역사가 바로 시민혁명이다. 서양 민주주의의 꽃을 피운 인류 3대 혁명은 바로 영국의 명예혁명과 프랑스혁명

그리고 미국혁명이다. 그 중에서 가장 큰 혁명은 바로 프랑스 시민혁명이다.

1789년에 일어난 프랑스 시민혁명은 루이 14세의 "짐이 국가다"와 루이 16세의 사치와 낭비에서 시작되었다. 프랑스혁명의 원동력을 제공한 인물은 바로 사회 계약론으로 유명한 장 자크 루소의 '일반의사'론에서 그 기원을 찾을 수 있다. 국가의 주인은 국민이며 주권은 왕과 국민이 계약을 하는 것이 아니라 국민은 국민 각자와 주권을 계약하고 그 주권을 국민이 그대로 가지고 있다. 그 주권을 통치자에게 이양하는 것이 아니라 바로 단지 국민은 국민을 위해서 일해 줄 대표자를 선출하는 것에 불과하다. 그 대표자는 바로 국민위에 군림하는 것이 아니라 국민의 하인에 불과하다는 것이 바로 프랑스혁명의 원동력을 제공한 장 자크 루소의 논리적 근거다.

프랑스혁명 이후에 나타난 나폴레옹은 루소의 묘를 찾아가서 만일 루소가 없었더라면 현재 나폴레옹은 없었을 것이다. 라고 말했다. 프랑스혁명은 인류의 민주주의 역사에 엄청난 파장을 일으켰다. 보수주의를 대변하는 에드먼드 버크는 그의 저서 『프랑스혁명에 관한 고찰』에서 프랑스혁명과 같은 급진적인 변혁은 인류의 발전을 위험의 도가니로 빠트린다고 했다. 사실상 당시 전 유럽의 왕정 국가들은 프랑스혁명의 여파에 대해서 가장 겁을 먹고 있었다. 사실상 프랑스혁명을 시작으로 전 세계의 민주화는 급속도로 발전을 거듭해 나가기 시작하였다.

주권은 국민에게 있으며 모든 권력은 국민으로부터 나온다. 주권 계약은 국민 각자가 한다. 이러한 루소의 논리는 이제 전 세계의 민주주의를 지향하는 국가의 바이블로 자리를 잡고 있다.

그러면 프랑스혁명을 성공시킨 원동력은 어디서 나왔는가?

『프랑스 혁명사』를 쓴 토마스 카알라일은 통치자들이 국정을 잘 운영하지 못하면 국민이 그들에게 벌을 주어야만 한다. 바로 국민이 행동을 통해서 통치자를 제거해야만 한다는 것이다. 사실상 프랑스혁명은 국민의 힘이 얼마나 강한지를 보여 주었다. 프랑스 시민혁명은 루이 16세와 왕비 마리 앙투아네트를 비롯하여 통치자들 모두를 단두대에 세워서 죽이는 폭력을 휘둘렀다.

도덕성을 바탕으로 하는 인간사회에서 폭력행위는 존재해서는 안 된다. 폭력을 바탕으로 하는 혁명은 프랑스혁명과 같은 고전적 혁명에서만 존재한다. 폭력혁명은 이제 사라지고 있다. 최근 한국에서 일어나고 있는 시민혁명은 바로 제 2의 프랑스혁명이라고 할 수 있다. 단지 프랑스혁명과 다른 점은 국민들이 촛불을 들고 스스로 폭력적인 사태가 일어나지 않도록 자제해 나가고 있다.

프랑스혁명을 비롯하여 과거 한국에서 일어난 4.19혁명과 5.18 민주화 혁명은 모두 폭력적 사태로 인해서 많은 시민이 희생되었다. 그러나 현재 한국에서 일어나는 시민혁명은 비폭력적인 무혈 혁명이다. 이 무혈혁명은 바로 영국에서 가장 자랑스러워하는 영국의 명예혁명에 해당된다.

현재 한국에서 일고 있는 촛불혁명은 영국의 명예혁명과 프랑스 시민혁명이 혼합된 형태의 숭고한 혁명이다. 단지 우리에게 필요한 것은 모든 국민들이 행동하는 양심으로서 시민혁명에 참여하는 관심을 보여야만 한다. 참여하여 국민의 의사는 절대 틀리지 않는 일반의사라는 것을 보여주어야만 한다.

우리국민들이 더욱 더 경계해야 할 일은 바로 국민을 선동하는 정치인들이다. 정치가 가장 발달된 정치 선진국인 미국에서 국민들 사이에 가장 통념 화된 말이 바로 '정치인과 자동차 중고 판매상인들의 들의 말은 절대로 믿어서는 안 된다.'라는 말이다. 이미 정치 선진화된 미국에서 조차 정치인들의 말을 믿지 않고 있다. 하물며 정치 후진국인 한국에서는 정치인들의 행동에 대해서 어떻게 대처해 나가야만 하는가. 미국에서는 트럼프가 대통령에 당선되었다. 트럼프는 막말을 막해서 그것을 바탕으로 하여 당선되었다. 이러한 포퓰러즘을 바탕으로 한 선동정치가 자칫 민주주의의 본질을 해치는 경우가 있다. 고대 그리스의 철학자 플라톤은 그의 대표작 『국가론』에서 민주주의가 자칫 무능한 사람들에 의해서 선동정치에 놀아날 수 있다고 경고하고 있다. 현대 대부분 정치인들은 정권을 잡아 보겠다는 전략적 사고에 사로 잡혀서 국민들에 접근하여 국민들을 선동하고 있다. 여기에 국민들은 현혹되지 말고 자신의 주관대로 행동하여야만 한다.

이제 한국은 비약적인 정치발전이 바로 목전에 와 있다. 동이 트기 직전의 새벽이 가장 어둡고 암울해 보인다. 그 순간만 참고 견디면 우리에게는 찬란한 희망의 서광이 나타나는 것이다. 지금 행동하지 않는 자 모두 유죄. 이제 국민들 모두 일어나자. 일어나라! 대한민국 국민 당신은 이미 강하다.

이 책의 출간을 위해서 마지막까지 힘써주신 높이깊이의 김덕중 대표님과 담당 편집자님 이하 많은 분들께 감사드린다.

개화산 기슭 치현정에서

유유히 흐르는 한강을 바라보며

2017년 3월

조 해 경

목차 지금 시민혁명이 필요한 시간 행동하지 않는 자 모두 유죄

Chapter 01

현재 한국은 왜 진보와 보수의 진흙탕 싸움에서 진보가 불리한가

한국사회에서 형성된 보수주의와 진보주의 중에서 정치사회적인 관점에서 진보와 보수의 대결구도에서 진보는 보수를 이기지 못하고 있다. 진보가 보수를 이기지 못한다는 것은 정치적인 차원에서 선거를 통해서 나타난 대결구도를 들 수 있다. 경제적으로는 사회 계층 간에 나타나는 대결 구도 등을 토대로 하고 있다. 1948년 한국정부가 수립된 이래로 나타난 현상을 볼 때 진보가 보수를 이긴 적이 드물었다. 이것은 정치적으로 신생국들이 가지고 있는 공통점이기는 하다. 보수집단인 기득권층의 횡포와 정치적 권력을 가진 보수집단의 강력한 영향력 등으로 인해서 진보는 보수를 이기지 못하였다. 해방 이후의 한국사회는 정치가 차지하는 비중이 가장 컸다고 할 수 있다. 정치가 가장 위에서 군림하면서 그 밑에 경제가 형성되면서 사회계층이 형성되었다.

따라서 정치적으로 보수가 정권을 잡느냐 진보가 정권을 잡느냐에 따라서 경제를 비롯하여 사회계급의 구조 역시 달라진다. 이승만 정권이래로 한국의 정치사는 심한 소용돌이 역사의 연속이었다. 이러한 소용돌이의 역사 속에서 진보적 정당이 정권을 잡은 기간은 김대중 정부와 노무현 정부의 10년간이라 할 수 있다. 그러나 김대중 정부는 김대중 대통령 개인적인 민주화 투쟁경력을 바탕으로 하여 보수사회에 대해서 대항할 수 있었으나 노무현 대통령의 진보정치는 그렇지 못했다. 강한 보수 기득권층의 저항으로 인해서 진정한 진보주의적 정치를 할 수가 없었다. 따라서 한국사회는 보수와 진보의 대결에서 보수가 주도권을 잡고서 과거의 역사를 움직여 나왔다. 앞으로도 진보와 보수의 대결에서 보수가 승리할 가능성이 크다고 할 수 있다.

그러면 미국과 같은 대통령제 정치형태를 취하고 있는 한국사회는 왜 진보는 보수를 이기지 못하는가. 이 문제를 해결하기 위해서는 현재 한국이 가지고 있는 내외적인 환경적인 요소를 분석해 볼 필요성이 있다.

1 지역주의를 바탕으로 하는 문화

지역을 가지고 그 지역이 진보주의냐 또는 보수주의냐를 논한다는 것은 어려운 일이기는 하다. 그러나 그 지역이 가지고 있는 정치성향 등을 바탕으로 하여 볼 때 한국은 영남지역과 호남지역의 양대 지역이 보수주의와 진보지역으로 명확하게 구분된다. 영남지역은 보수주의를 대변하며 호남지역은 진보주의를 대변하고 있다. 이것은 선거 때 만 되면 강하게 나타나는 현상이다. 이러한 보수와 진보가 나타나는 강한 현상은 제3공화국부터 나타난 현상이다. 그러나 한국의 역사를 분석해 보면 삼국시대로 거슬러 올라가면 알 수 있다. 지금의 호남에 해당되는 백제가 지금의 영남에 해당되는 신라보다는 더욱 더 진보적인 사고를 가진 국가이었다. 그 예로서 일본과의 활발한 교류를 통해서 백제는 일본에 백제문화를 전수하였다. 물론 이것은 정치적인 차원에서 백제가 고구려 등의 남침정책으로 인해서 위기에 몰리면서 시작된 일본과의 외교적인 전략이기는 하다. 그것보다는 백제인들의 진보적 사고를 보여주는 면이 강하게 나타나고 있다.

삼국 중에서 가장 보수주의적 사고를 가진 나라가 신라라고 할 수 있다. 신라가 당나라와의 나당 연합군을 통해서 삼국을 통일하는 과정에서부터 사대사상이 강하게 작용하고 있다고 할 수 있다.

지금의 북한에 해당하는 고구려 역시 진보적인 사고를 가진 국가임에 틀림없다. 근 현대사를 아우르는 조선시대의 역사를 보면 조선 초기부터 시작해서 이북 지역인 평안도와 함경도 인물은 등용하지 않았다. 그 원인은 평안도와 함경도 사람들의 진보적인 기질 때문이다. 정부에 대해서 도전할 혁명적 사고가 강하기 때문에 평안도와 함경도 지역의 인물들은 배제시키고 등용을 하지 않았다. 사실상 이괄의 난과 이징옥의 난을 비롯하여 홍경래의 난 등 많은 군사적으로 정부를 전복하려는 진보적 사고를 바탕으로 하고 있다. 이러한 역사적 사건이 조선의 역사를 통해서 나타났다. 조선조 시대 중기에 들어서면서 호남인들에 대한 차별대우가 시작되었다. 그 원인은 정감록의 저자인 정여립 사건이 일어난 이후이다. 정여립은 조선중기의 거물급 학자이면서 정치인이었다. 그러나 그는 선조 왕으로부터 미움을 받고 정계에서 쫓겨났다. 고향인 전주로 내려와서 군사적 혁명을 일으킬 목적으로 계를 조직하여 군사들을 훈련하다가 발각되어서 처형되었다. 확실하지는 않지만 황해도 구월산에서 발견된 정감록 즉 정씨가 왕이 된다는 책의 저자가 정여립으로 추정하고 있다. 또한 전라도 고부군수 조병갑의 폭정에 반기를 들고 일어난 전봉준 역시 호남의 인물이었다. 조선조 중반기 이후는 호남인들에 대한 배제가 시작되면서 호남인들은 창과 그림 등 예술분야로 눈을 돌려서 예술분야에 두각을 드러냈다.

조선조 이후에 일제 강점기 역시 전북 순창 고창 등을 중심으로 하는 한국의 독립 운동가들이 많이 나타났다. 호남출신의 독립운동가가 다른 지역보다도 더 많았다. 일제치하에서 일어난 학생운동도 광주학생 운동을 비롯한 운동이 대부분이 광주를 비롯한 호남지역에서 일어났다. 정치적인 차원에서 이승만 정권이래로 진보가 정권을 잡은 기간은 장면 내각의 9개월과 김영삼 정권의 보수와 진보의 합작품의 정권은 진보라고 할 수가 없다. 따라서 진보라고 이름을 붙일만한 정권은 김대중 국민의 정부와 노무현 참여정부기간 10년을 들 수 있다. 그러나 김대중 국민의 정부가 탄생한 원인은 지역주의의 구도가 가장 크게 작용을 하였다. 노무현 참여정부가 탄생한 원인은 당시에는 5060세대에게는 생소한 인터넷이 2030의 독점물인 인터넷 덕분과 함께 지역주의를 활용한 덕분이라고 할 수 있다. 당시 여당이었던 민주당의 노무현 대통령 후보는 야당의 대권주자인 이회창 후보에게 여론조사에서 많이 뒤지고 있었다. 특히 그는 경력과 학력 면에서 정통 법조인 출신인 야당의 이 후보에게 게임이 되질 못했다. 그런데 노무현 후보가 승리하여 김대중 진보정권을 그대로 유지한 원인은 바로 여당후보 노무현의 출신지가 영남지역 출신이라는 이점을 가지고 있었다.

제3공화국 이래로 한국에서 큰 정치인이 되기 위해서는 영남과 호남 인사가 아니면 될 수가 없다. 특히 대통령 선거에서는 아무리 큰 인물이라도 자신의 출신지역이 약하면 대통령이 된다는 것은 거의 불가능하다고 할 수 있다. 비근한 예를 들면 3김 시대를 연 김영삼, 김대중, 김종필 3인의 예에서 알 수 있다. 김영삼, 김대중 대통령은 지역을 잘 타고 났다고 할 수 있다. 한국 정치의 양대 산맥인 영남과 호남의 지역을 가지고 있었기 때문이다. 그러나 김종필 후보는 지역이 충청도라는 약한 지역을 가지고 있었기 때문이다. 한국에서 정확한 통계는 아니지만 대개 인구를 분석하면 경상남북도인 영남이 38퍼센트에서 40퍼센트를 차지하고 있다. 다음이 전라남북도인 호남이 28퍼센트에서 30퍼센트로서 약 10퍼센트 이상 영남에게 호남의 인구가 적기는 하지만 영남 다음으로 많은 인구를 가지고 있다. 다음이 충청남북도인 충청권이 17퍼센트로서 3위이기 때문에 양당 중심의 대통령제 하에서는 생존이 불가능하다. 따라서 김종필 총재가 이끌던 자민련이 김대중 여당정부에 공동여당 역할을 하였다. 다음이 경기도가 있기는 하지만 경기도는 서울을 비롯하여 수도권에 합류되어서 제대로 자신의 목소리를 내지 못하고 있다. 다음이 강원도와 제주도로서 인구가 얼마되지 않는다.

진보정당 노무현 후보가 당시 보수정당의 강력한 후보인 이회창 후보를 이긴 결정적인 원인은 이회창 후보의 아들 병역문제가 있기는 했다. 그보다도 이회창 후보의 출신지가 영남이나 호남이 아닌 충청이라는 점이 가장 큰 약점이라고 할 수 있다. 만일 이회창 후보가 영남 출신이었더라면 진보정당의 후보인 노무현 후보가 승리를 거둘 수 있었을까? 이회창 후보의 개인적인 문제인 아들의 병역문제는 만일 이회창 후보가 영남 출신의 후보였더라면 보수를 대변하는 영남지역의 표가 호남의 진보정당과의 대결에서 표가 분산되지는 않았을 것이다. 물론 선거 하루 전에 정몽준 후보의 지지 파기는 진보세력의 결집력을 강화시키기는 하였다. 당시의 진보세력의 대부분이 2030세대의 인터넷 세대라는 점이 결집력 강화에 결정적인 역할을 한 것도 선거 승리에 중요한 역할을 하였다. 당시 만해도 인터넷의 보급에 5060세대는 익숙하지 못하였기 때문이다.

여기에다 한국은 월드컵 4강의 신화를 이루면서 붉은 악마 등이 월드컵 신화에 결정적인 역할을 하였다. 붉은 악마들 역시 자신들의 노력으로 인해서 월드컵 신화를 이루었다는 확신을 가지게 되었다.

붉은 악마를 중심으로 한 2030세대들의 세력은 정치 쪽으로 넘어 가면서 당시 젊은 후보이면서 진보적 성향의 노무현 후보가 보수성향이면서 나이가 많은 이회창 후보보다 인기가 더 있었다. 선거란 후보자의 능력보다는 선거 당시의 주변 환경과 후보자 지지도와 상당한 상관관계를 가지고 있다. 특히 이회창 후보는 아들의 병역 비리에 해명이 제대로 되지 않았다. 젊은 층들의 표심이 노무현 후보에게로 돌아가게 되었다. 당시 까지만 해도 2030세대들은 대부분 투표와 선거에 관심이 없었다. 그러나 약자이면서 진보적 성향의 노무현을 돕자는 노사모를 중심으로 한 선거운동이었다. 여기서 가장 큰 역할을 한 것은 바로 이들이 인터넷을 잘 활용하여 서로간의 정보 교류가 가능하였기 때문이다. 인터넷을 통해서 노무현 후보를 돕자는 젊은 층인 넥타이 부대와 하이힐 부대의 역할이 컸다. 보수주의이면서 노년층의 투표율을 능가하면서 노사모의 인터넷을 통한 활동은 바이러스처럼 확산되었다. 결국은 근소한 차이로 노무현 후보가 이회창 후보를 이기고 선거에서 당선되었다.

앞에서도 이미 언급한 것처럼 이회창 후보의 출신지가 만일에 영남이나 호남 출신이었다면 틀림없이 선거의 결과는 다르게 나타났을 것이다. 지역주의는 어느 시대나 어느 나라에서 나 존재하고 있다. 지역주의 감정이 없어 보이는 미국에서 조차 지역감정이 존재하고 있다. 텍사스 주출신의 사람들은 텍사스 사람을 좋아한다. 북쪽지방 사람들은 북쪽지역 사람들을 선호한다. 간접선거를 하는 미국의 경우는 선거인단을 뽑는 선거는 선거인단수를 인구에 비례해서 뽑는다. 따라서 후보자가 캘리포니아나 텍사스 주같이 인구가 많은 주 출신인 경우에는 상당히 유리한 입장에 있다. 전직 캘리포니아 주지사 출신인 로널드 레이건 대통령이나 텍사스주 출신의 조지 부시 같은 경우에는 절대적으로 유리하다. 조지 부사는 당시 테네시주 출신의 알 고어에게 전체 득표수에서는 졌지만 선거인단 확보에서는 이겼다. 이것은 큰 주인 텍사스주의 고향 사람들이 부시를 전적으로 밀었기 때문이다. 이렇게 다문화 다민족으로 형성된 미국에서 조차 지역감정이 존재하고 있다는 것은 인간은 누구나 다 자신이 태어난 고향에 대한 향수를 가지고 있다. 같은 동양국가인 중국과 일본 역시 지역주의를 가지고 있다.

그러나 한국의 경우는 지역주의가 가장 심한 나라다. 이러한 지나친 지역감정은 선거 때만 되면 가장 심하게 표출되는 양상을 나타내고 있다. 지역감정은 한국의 국토를 동서로 이분화 시키고 있다. 이러한 지역 이분화 현상이 나타나기 시작한 것은 이승만 정권이 끝나고 박정희 정권이 들어서면서 시작되었다. 박정권 이전에는 호남의 인사가 영남에 가서 당선되었다. 예를 들면 전남 영광 출신의 조재천 후보는 대구에서 국회의원에 출마하여 당선되었다. 현재 가장 보수주의를 대변하는 대구 경북지역에서 국회의원과 경상북도 도지사를 역임했다. 그러나 제 3 공화국이 들어서면서 과거의 선거의 기본 골격인 여촌야도에서 동서의 지역으로 완전히 갈라지게 되었다. 동서지역을 보면 경상남북도와 강원도를 중심으로 하는 여당의 보수지역과 전라남북도와 충청남도의 야당의 진보지역으로 갈라지게 되었다. 선거 때만 되면 이러한 현상은 가장 심화되면서 아직까지도 지역주의가 가장 크게 작용을 하고 있다. 따라서 영남출신의 인사이면서 보수정당의 후보이면 아무리 거물급 인사라 할

지라도 호남에서 출마를 하는 경우에는 당선의 보장이 확실하지가 않다. 특히 대통령 선거 등 큰 선거에서는 더욱 더 동서간의 지역이 확실하게 분류된다. 이중에서도 그동안 지배지역이면서 보수를 대변하는 영남보다는 피해의식을 가지고 있는 호남지역에서 타당에 대한 투표율은 매우 인색하며 투표율 역시 피해지역의 투표율이 훨씬 더 높다.

앞에서도 언급한 것처럼 한국의 정치후진성은 이러한 지역감정을 타파하지 않고서는 정치발전은 불가능하다. 많은 정치인들이 지역이기주의를 활용하는 경우도 있기는 하다. 이것은 지역주의를 이해하지 않고서 그냥 선거를 치르는 경우에는 성공적인 선거 전략이 될 수가 없기 때문이다. 따라서 한국의 지역주의가 사라지지 않는 한 보수와 진보의 대결에서 진보가 승리하기가 매우 힘이 들다. 비록 한국과 같이 국토가 좁은 지역은 수도권이 진보적 성향이 강하기는 하지만 수도권을 구성하고 있는 인구 역시 영남과 호남의 비율이 비슷한 비율로 구성되어져 있기 때문이다. 농촌 지역의 노인층 보다는 젊은 층으로 구성되어져 있다는 점이 약간 유리하기는 하다.

그러면 왜 보수와 진보의 대결을 심화시키는 지역주의는 뿌리를 뽑기 힘이 드는가. 일반적으로 지역주의하면 혈연과 학연과 지연의 3가지가 엉켜져서 강한 뿌리를 내리고 있다. 지역주의는 원래 작은 국가일수록 더욱 더 심한 경향이 있다. 그 이유는 자신들이 가지고 있는 작은 영역에 다른 지역사람들이 침범할까 두려움 때문이다. 한국이나 일본과 같이 좁은 지역의 사람들이 더욱 더 타 지역의 사람들을 배격하는 경향이 강하다. 일본의 경우는 일본사람들만 좋아한다. 현재 일본에는 두 개의 다른 민족이 살고 있다. 한 민족은 우리 대한민국의 한국 사람이며 다른 민족은 북쪽지방의 아이누다. 한국 사람과 아이누에 대한 일본인들의 인종차별은 상당하다. 한국 역시 최근에 동남아 사람들이 3D 업종에 취업하기 위해서 한국에 거주하는 인구가 늘어나고 있다. 한국인들 역시 동남아를 비롯한 후진국 사람들에 대해서 상당한 인종차별을 하고 있다. 한국에서 지역주의가 뿌리를 뽑지 못하는 원인은 지역은 혈연과 학연과 지연의 3가지를 모두 포함하고 있기 때문이다. 한국은 지리적으로 산이 많은 지역이다. 지리산 등 높은 산이 동서를 가로지르고 있기 때문에 지역문화가 매우 다르다. 옛날에는 교통이 불편하여 대부분 사람들이 그 동네에서 약간 떨어진 이웃 마을 사람들과 결혼 하였다. 그 결과 같은 지역의 사람들이 혈연사회를 형성하였다.

다음으로 한국은 학연을 중시하지만 학연 역시 그 동네 사는 사람들이 그 동네의 학교에 대부분 다닌다. 그리고 우수한 학생들이 서울이나 타 지역의 학교에 들어간다고 하더라도 단지 그 지역을 벗어나지 못하고 있다. 따라서 한국사회에서는 누구든지 자신의 지역 문화권을 벗어나지 못하게 되는 것이다. 그 이유는 혈연과 학연과 지연이 모두가 얽혀져 있기 때문이다. 영남과 호남인들 간에도 피해의식이 강한 쪽은 호남지역이며 이들은 진보적 성향이 강하다. 3공화국 이래로 지역개발 문제를 비롯하여 각종 사기업에 호남인들을 배척하는 경향이 나타나기 시작하였다. 단지 그들은 공무원 시험에는 차별의 두지 않고 있었기 때문에 대부분의 호남인들은 공무원 시험을 치러서 공무원으로 임용되었다. 그러나 공무원이 되더라도 주도권을 쥐고 있는 공무원 집단은 보수집단인 영남지역 인들이 주류를 이루고 있기 때문에 공무원으로서 성공하기가 힘이 들었다.

그러면 왜 한국에서 진보정당 뿐만 아니라 진보를 대표하는 호남지역민들이 보수를 대표하는 영남인들과 강한 라이벌 관계를 형성하면서 소외를 당하여 왔는가. 이 문제 대해서 선거를 비롯하여 항상 기득권층인 보수세력의 영남인들이 지역개발 문제에 있어서 호남을 배제시키면서 영남중심의 지역개발을 하여 왔다. 그 결과 호남과 영남의 경제적 격차가 커지면서 호남인들의 경제적 어려움으로 인해서 자신의 고향을 떠났다. 호남인들은 다른 곳으로 이동을 하면서 그 지역 주민들로부터 텃세를 당하게 되었다. 그리고 상당수가 서울을 비롯한 수도권으로 이동하였다. 사회 계층에서 하위 계층으로 전락을 하게 된다. 대부분 호남인들이 모여 사는 곳은 서울의 달동네이거나 수도권의 변두리 지역이며 선거때만 되면 야성이 강한 지역에 해당된다. 이러한 과정에서 정권을 잡은 보수 세력의 같은 지역출신의 기업을 밀어주는 일도 학연 혈연이 포함된 지연중심이었다. 한국사회의 정경유착으로 인해서 정치가 경제위에 서면서 기업의 성장은 정치권과 밀착되어졌다. 대기업으로 성공한 기업주들의 대부분이 보수주의의 영남출신들이었다. 따라서 영남중심의 대기업을 비롯한 기업들은 인사문제에 있어서 호남출신을 기피하고 자신과 지역연고가 있는 영남출신을 선호하는 경향이 매우 강했다. 이러한 과정에서 영남지역이 아닌 타 지역 사람들도 호남을 기피하는 경향이 나타나면서 호남인 소외현상이 나타나기 시작하였다.

그 결과 지역주의의 피해는 국가전체의 피해를 가져왔다. 이러한 현상은 선거 때만 되면 가장 강하게 나타났다. 대학생을 중심으로 하는 반정부 시위 등 정부에 대해서 반대를 하는 대학생을 비롯한 인사들의 출신지를 보면 이들은 대부분이 호남지역 출신들이었다.

그 대표적인 케이스가 바로 5.18 광주항쟁을 들 수 있다. 광주항쟁은 단순히 표면에 나타난 민주화 운동이라고 할 수 있다. 그러나 그 이면에는 호남인들이 가지고 있는 지역이기주의에 대한 피해의식에 대한 표출이라고 할 수 있다. 이처럼 아직까지 계속해서 심화되고 있는 지역이기주의를 타파하지 않고는 한국의 진보주의는 보수주의를 이길 가능성은 희박하다. 앞으로 한국은 보수와 진보의 대결구도에서 가장 크게 작용을 하는 요소들 중의 하나가 지역대결 구도라고 할 수 있다. 앞에서 언급한 것처럼 영남과 호남 출신이 아니면 대통령을 비롯한 큰 선거에서 승리를 할 수 없는 원인은 인구분포도 때문이다. 인구 분포도는 영남이 38퍼센트 즉 약 40퍼센트에 가깝다. 반면에 호남은 28퍼센트 즉 30퍼센트에 가깝다. 또한 호남과 영남을 제외한 주요 인구 분포를 보면 충청권이 약 17퍼센트로 그 다음을 차지하고 있다. 충청권은 충북은 보수적 색채가 매우 강하며 충남은 중도적인 입장이라고 할 수 있다. 그러나 전반적으로 볼 때 충남과 충북은 보수적인 색채가 강한 지역성향을 가지고 있다.

다음으로 경기도와 서울을 들 수 있다. 경기도와 서울지역을 합쳐서 수도권 지역에 한국인구의 40퍼센트가 살고 있다. 서울과 경기지역의 원래의 인구는 전국에서 모여든 사람들을 제외하면 순수한 서울과 경기도 인구는 얼마 되지 않는다고 할 수 있다. 다음에 강원도의 인구는 서울의 한 구 정도밖에 되지 않는다. 강원도는 강한 보수성향을 가지고 있다고 할 수 있다. 강원도 다음으로 제주도는 중도 진보적 성향을 가지고 있다고 할 수 있다. 그러나 제주도는 강원도와 마찬가지로 인구가 얼마 되지 않기 때문에 진보적 성향을 가지고 있기는 하기는 하지만 적은 인구로 인해서 선거에 영향력이 적다고 할 수 있다. 다음으로 이북 출신 즉 실향민들의 인구도 약 8백만으로 추산되고 있기 때문에 이들의 영향력도 무시할 수가 없다. 실향민인 이북출신의 인사들은 대부분 강한 보수성향을 가지고 있다. 이들은 북한과의 관계를 생각해서 대부분 강한 보수적 성향을 가지고 있다.

마지막으로 최근에 실시된 선거법에서 미국을 비롯한 캐나다 등에 거주하는 재외동포들의 투표권 행사이다. 재외 동포들은 약 5백만 명 정도다. 이들의 투표권도 무시할 수가 없으며 앞으로 글로벌 시대의 지구촌화 현상으로 인해서 정보의 자유로운 이동과 최근의 인터넷을 비롯하여 스마트 폰 등의 발달로 인해서 국내인들과 별로 차이점이 없이 선거를 비롯하여 국내문제에 직간접적으로 영향력을 행사하고 있다. 재외 동포들이 가지고 있는 성향은 대부분 보수적인 성향을 가지고 있다고 할 수 있다. 비록 그들이 진보적인 성향이라고 할지라도 어느 정도 시간이 지나면 점차적으로 보수적인 성향으로 변하게 된다. 따라서 재외동포들의 투표권 행사를 비롯한 영향력의 행사는 보수주의 정당에게 유리하다고 할 수 있다. 한국의 지역주의를 바탕으로 하는 보수와 진보의 대결구도는 갈수록 진보가 보수를 이기기는 힘이 들 전망이다.

2 남북한 냉전의 존속

앞에서도 이미 언급한 것처럼 한국은 정치, 경제, 사회, 문화적인 차원에서 보수와 진보의 대립이 심각한 상황에 처해 있다. 특히 안보적인 차원에서 이미 전 세계적으로 냉전의 시대가 사라진지 이미 20년이 넘었지만 동북아에서는 유일하게 냉전이 아직까지 종식되지 못하고 있다. 설상가상으로 한반도에서 북한이 전 세계의 만류와 억압 속에서 핵무기 개발을 지속시켜서 이제 세계에서 9번째의 핵 보유국이 되었다고 주장하고 있다. 남한을 비롯하여 한미동맹을 맺고 있으면서 세계 패권국인 미국까지 위협하고 있다. 이렇게 북한이 핵보유국이라고 남한을 위협하면서 핵을 만드는 과정에서 남한으로부터 받은 경제적 지원금 거의 전부를 핵무기를 만드는데 사용하였다는 소위 보수주의적 성향의 인사들로부터 좌파라고 불리는 인사들을 공격하고 있다. 진보적 성향의 인사라는 인물들은 북한이 천안함의 공격을 감행한 사건은 남한의 이명박 정부가 북한에 대해서 보수 강경 노선을 추진해 나갔기 때문이라는 비난을 퍼부으면서 보수와 진보는 안보문제를 놓고 설전을 벌리고 있다. 보수진영에서는 미군으로부터 받아오는 비상시 군사작전 권을 미국으로부터 당분간 유예하자는 의견이 분분한 가운데 노무현 정권에서 추진한 한미동맹에 대한 전략을 비난하기 시작하였다. 그 결과 비상시 작전권이양은 연기되었다. 사실 한국은 천안함 사건 이후 북한에 대해서 군사적 도발이 절대적으로 일어나지 않는다는 사고를 가진 2030세대의 젊은 층까지도 북한의 전쟁 도발에 대한 두려움이 다시 살아나기 시작하였다.

동북아에서 북한이 핵개발 실험에 성공함으로 인해서 북한은 남북한이 힘이 균형 상태를 가져 왔으며 남한에 대해서 공격을 하겠다는 의도를 보이는 이유는 여러 가지로 해석할 수 있다. 첫째 북한은 무엇보다도 경제적인 차원에서 국내적으로 위기를 맞고 있다. 남한과 북한의 경제력의 우위비교는 남한이 약 33배 정도의 격차를 가지고 있다. 또한 북한은 거의 모든 경제력을 중국에 의존해서 겨우 유지해 나가고 있다. 중국과는 사상적으로 같은 공산주의를 바탕으로 한다. 경제적으로는 중국에 전적으로 의존하고 있다. 중국이 북한에 대해서 가장 큰 영향력을 행사할 수 있다. 그러나 무엇보다도 동북아에서 중국은 미국의 세력과 일본의 세력이 동북아에서 주도권을 잡는 행위에 대해서는 용납을 하려고 하지 않는다. 따라서 중국은 한반도에서 남한과 북한이 평화적으로 공존하기를 기대하고 있다. 북한이 핵무기를 만들어서 동북아를 위협하는 행위에 대해서 탐탁하게 생각하지를 않고 있다. 그러나 중국과 북한은 혈맹관계를 바탕으로 하고 있기 때문에 북한이 유엔으로부터 강력한 제재를 받는 행위에 대해서는 좋아하지 않고 있으며 반대의 입장을 보이고 있다. 동북아에서 전쟁이 발생하는 경우 중국 역시 북한에 대해서 투자한 경제적인 면에서 엄청난 손실을 보게 된다. 중국은 북한이 한반도에서 전쟁도발 행위에 대해서 적극적으로 막고 있기는 하다.

다시 보수와 진보의 대결구도를 본다면 미국 조지 부시 2세의 북한에 대한 강한 핵개발 억압 정책이 지속되었더라면 북한은 아직까지 핵 보유국가가 될 수가 없었을 것이다. 그러나 부시 2세의 퇴임 후에 새로운 정부인 오바마 정부는 북한의 핵개발 통제에 대해서 어느 정도 순화적인 정책을 추진해 나갔다고 할 수 있다. 특히 부시의 정책과는 달리 북한의 강력한 핵개발에 대한 억제력을 보였더라면 현재와 같이 동북아에서 위기감은 발생하지 않았을 것이다. 한국에서 진보가 보수를 이기지 못하는 원인은 남북한 냉전 상태가 그대로 남아있기 때문이다. 1988년 러시아의 몰락을 계기로 2차대전 이래로 나타난 냉전은 80년대 후반과 90년대 초의 공산권의 붕괴로 인해서 냉전시대는 끝이 났다. 그러나 유일하게 동북아에서의 남한과 북한이 분단된 상황에서 북한의 군사적 동맹관계를 유지하던 러시아의 몰락은 북한에게 힘의 균형이 깨어졌다는 생각을 가지게 되었다. 그 결과 북한은 핵을 보유하기 위해서 핵개발에 몰입하기 시작하였다. 북한의 핵개발 추진은 동북아에서 신 냉전을 유발하기 시작하였다. 북한과 화해와 평화를 유지하기 위해서 북한에게 경제적 지원을 한 진보주의 정당인 김대중 정부와 노무현 정부에 대해서 보수주의자들은 핵개발 성공을 두 진보정당에게 돌리면서 비난의 대상이 되었다.

북한의 핵개발을 가장 두려워하는 나라는 당사국인 남한이기는 하지만 이보다도 9.11 테러를 직접 경험한 미국이 더욱 더 두려움을 가지고 있었다. 북한은 스스로 핵개발에 성공한 국가라고 하면서 전 세계에서 9번째의 핵보유국이라고 자처하고 있다. 그러나 문제는 북한이 핵실험의 성공으로 인해서 북한의 핵개발 기술을 중동의 이란을 비롯한 테러리스트인 알카에다에게로 전수되는 경우 미국의 안보는 위기를 맞이하게 된다. 특히 현대의 핵 기술은 점차적으로 핵을 작게 농축하여 운반하기 쉽게 만들 수가 있다. 따라서 핵을 플라스틱 통에다 넣어서 미국의 핵 원자력 발전소를 비롯하여 몇 군데 동시 다발로 떨어뜨리는 경우에는 미국은 완전히 사라지게 되는 것이다. 이러한 북한의 핵개발에 대해서 미국은 강력하게 억제정책을 추진해 나가면서 특히 북한에 대한 경제고립조치를 병행하고 있다. 그 결과 북한의 경제는 갈수록 힘이 들게 되고 있다. 마지막으로 북한은 미국에 대해서 핵을 사용하면서 미국과 군사적 동맹을 맺고 있는 남한에 대해서도 핵무기를 사용할 가능성이 크다고 할 수 있다. 이처럼 북한과 미국과의 전쟁이 발생하는 경우 북한은 로마 이래 지구상에서 가장 강한 강대국인 미국은 북한을 순식간에 없앨 수는 있다. 그러나 한반도에서 전쟁이 발생하는 경우 남한이 입는 피해는 엄청난 것이다. 아마 북한은 지구상에서 없어지기는 하겠지만 남한에서는 엄청난 수의 사상자가 발생할 것으로 예상된다.

따라서 진보주의자들이 주장하는 북한에 대한 포용정책으로 북한을 국제사회에 끌어내어서 평화롭게 살자는 주장에 대해서 보수주의자들은 만일 북한에게 경제적인 지원을 다시 한다면 북한은 그 지원금을 가지고 핵개발과 무기를 만들어서 남한을 침략하여 남한이 북한에 의해서 흡수통일이 된다는 것이다. 그러기 때문에 남한은 미국과 강력한 동맹을 바탕으로 북한에 대해서 강력한 대치국면을 유지해나가야만 한다는 것이다. 동북아에서 서유럽의 독일과 같은 통일이 이루어지라고는 기대하기 어렵다. 주변의 강대국이며 북한과 혈맹관계를 맺고 있는 중국 역시 한반도의 통일을 원하고 있지 않다. 단지 분단된 상황에서 평화를 유지해 나가기를 희망하고 있다. 이러한 상황에서 한반도 주변의 강대국인 러시아와 일본 역시 단순히 한반도의 평화만을 원하고 있는 실정이다. 따라서 북한은 선거 때만 되면 항상 전쟁에 대한 위협적인 발언이나 도발행위의 선전포고를 하고 있다. 도발은 전면전은 아니지만 국지전적인 차원에서 실제 일으키거나 일으킨다는 위협적인 발언을 항상 하였다. 이러한 선거용 북한의 도발행위는 국민들의 여론과 인기를 바탕으로 하는 대통령 선거나 국회의원 선거에서 보수당이 진보정당보다 훨씬 유리하도록 여론이 몰리게 된다.

한반도를 중심으로 세계 4강의 국가들이 견제와 균형을 이루어 나가는 상황에 있다. 미국이 북한을 공격하여 남한에 의한 무력통일을 중국과 러시아는 희망하고 있지 않다. 견제와 균형상태는 그대로 유지될 전망이다. 이러한 남북한이 냉전 상태를 그대로 유지하는 경우 남한 내에서의 보수와 진보의 대결구도에서 진보는 보수를 이길 가능성이 점차적으로 줄어들고 있다. 앞에서도 이미 언급한 것처럼 한국에서 6.25 한국동란을 경험한 세대들은 점점 더 북한에 대한 배격사상을 강조하고 결집력을 가속화시켜 나가고 있다. 또한 이들의 사회적 활동 역시 매우 더욱더 늘어나고 있는 실정이다. 그러면 신 냉전의 시대는 언제 끝이 날 전망인가. 국제정치학적 시각에서 보면 북한의 핵개발로 인해서 북한이 남한에 대해서 전면적인 전쟁을 선포하여 전쟁을 일으키기 전까지는 남북이 분단된 상황에서 상당히 오래 동안 남북이 평화적인 듯이 보지이만 사실은 긴장의 연속이 계속될 전망이다. 천안함 사태와 같이 남북이 국지적인 전쟁상태인 경우에는 남북의 통일은 불가능한 상태이다. 만일 북한이 먼저 국제사회에서 현재 압박을 받고 있는 경제적인 고립상태에서 벗어나기 위해서 먼저 전쟁을 일으키는 경우에는 남한과 미국의 한미동맹에서 세계 최강국 미국의 힘을 빌려서 통일될 가능성이 크다. 그러나 현재로 보아서는 북한과 군사적 동맹을 맺고 있는 중국을 비롯하여 세계 강대국들이 남북한 통일을 원하고 있지 않기 때문에 남북이 통일이 될 가능성은 매우 희박하다. 특히 북한 역시 국제사회의 압박을 참아가면서 핵개발을 포기하지 않을 것이 분명하며 북한의 젊은 지도자 김정은은 젊은 혈기로 절대로 핵을 포기하지 않을 것이 분명하다.

이러한 관점에서 보면 북한과 친북한 관계인 한민족 공동체 의식을 중요시 여기는 사고를 바탕으로 하는 진보주의는 한미동맹을 바탕으로 하는 보수주의를 이길 가능성이 희박하다. 특히 김정은 체제가 북한 내부의 분열로 인해서 붕괴되지 않는 한 김정은 시대는 오래 계속될 전망이다. 이 경우 남한에서의 김정은의 돌발적이고 전쟁에 대한 위협을 가중시킬 것이 틀림없다. 이러한 상태 하에서는 남북한의 대치국면이 장기화되면서 보수 세력이 기득권을 유지할 전망이다.

3 고령화로 인한 보수주의 사회화 현상

얼마 전 한국의 언론보도에 따르면 한국의 지방선거의 유권자들의 40퍼센트 이상이 50대 이상이라고 보도를 하였다. 이처럼 한국사회도 점차적으로 고령화 사회로 접어들고 있다는 것을 의미한다. 현재 전 세계의 글로벌화 현상 중의 하나가 저 출산 고령화 사회의 시대이다. 고령화 사회란 국민들의 평균수명이 연장되고 과거의 나이보다 훨씬 더 건강한 삶을 살아간다는 것을 의미한다. 노인층의 인구가 늘어나고 젊은 층의 인구 비율이 점차적으로 줄어드는 기존의 피라미드형에서 정방형의 모양에서 더욱더 역 피라미드형의 인구분포도로 변화되고 있다. 앞으로 이런 추세로 나가면 정년의 연장 및 건강상태의 양호로 인해서 과거에는 뒷방에서 늙은이 대접을 받던 고령의 노인들이 이제는 과거 시대의 청년들과 같이 젊고 활동적인 삶을 살아갈 전망이다. 현재의 나이는 과거의 나이에 곱하기 0.8 정도로 보면 타당한 것이 인구 학자나 의학자들의 견해이다. 또한 심지어는 자신의 실제 나이에 20을 빼는 나이가 활동할 나이로 보고 있다.

고령화 사회에서 나타나는 가장 큰 특징은 사회와 사람들의 보수화 현상이라고 할 수 있다. 앞에서도 이미 언급한 것처럼 사회와 인간 모두에게 고령화란 바로 보수화를 의미한다. 청교도 정신을 바탕으로 하는 미국사회에서 초창기는 미국은 유럽과 비교하여 매우 진보적인 사고를 가지고 출발 하였다. 미국의 양대 정당인 보수당과 민주당 중에서 진보정당인 민주당뿐만 아니라 보수정당인 공화당까지도 진보적 색채가 매우 강하였다. 그러나 현재의 미국은 보수당인 공화당뿐만 아니라 진보정당인 민주당까지도 보수적인 색채가 매우 강한 사회로 변하고 있다. 미국인들 역시 과거의 유럽인들과 비교하여 미국이 자랑하는 프런티어는 바로 진보적인 색깔을 의미하였다. 이러한 프런티어는 바로 도전적이며 개척적인 진보적 정신을 의미하였다. 그러나 현재 미국인들은 세계 패권국의 자리를 유지하고 싶어 하고 있다. 초기의 도전적이고 모험적인 정신은 사라져 버렸고 아주 보수화되어져 버렸다. 이처럼 인간과 사회가 나이를 먹으면 먹을수록 보수화되어져 버린다. 보수화되어져 버린다는 것은 도전적이고 모험적인 삶보다는 안정적인 삶을 원한다는 것이다.

한국을 비롯한 전 세계의 저 출산 고령화 사회에서 나타나는 보수화현상은 경제 선진국일수록 더욱 더 보수화되어지는 경향이 강하다. 경제 선진국인 일본을 포함하여 한국과 유럽의 나라들과 남미와 아프리카의 경제 후진국가들과 국민들의 성향을 분석하면 알 수 있다. 경제선진국들은 정치적인 차원을 비롯하여 사회문화적인 관점에서 강한 보수화 성향을 나타내고 있다. 이러한 관점에서 보면 한국사회 역시 선진국형 사회

모델을 적용하면 앞으로 한국인들의 의식구조는 점점 더 보수화되는 경향이 강하게 나타날 전망이다. 그러면 10년 전 노무현 대통령과 이회창 후보 간의 대통령 선거에서 나타난 현상과 지난번 박근혜 후보와 문재인 후보 간의 경쟁에서 나타난 현상을 분석해 보면, 이회창 후보와 노무현 후보 간의 차이나 박근혜 후보와 문재인 후보 간의 투표 차이는 아주 근소한 차이에 불과하였다. 특히 양자 대결에서 나타나는 투표의 차이는 나누기 2로 하여야만 한다. 그 이유는 가령 100표의 차이가 났다면 그것은 50표의 차이라고 보면 된다. 왜냐하면 만일 한쪽에서 50표가 다른 후보를 찍었다면 전체적인 표차는 2분의 1로 줄어들기 때문이다.

문제는 당시 노무현 후보를 당선되도록 만든 연령층이 누구냐가 중요하다. 노무현을 대통령으로 만든 사람들은 노사모를 비롯한 진보주의 색채가 강한 사람들이라고 규정지을 수 있다. 그러면 노사모들은 자신들이 가지고 있는 돼지 저금통을 깨서 선거비용으로 사용하고 자원봉사를 하고 그야말로 헌신적인 마음에서 우러나는 노력을 통해서 대통령으로 만들었다. 그런데 노사모를 비롯하여 강한 결집력과 결속력을 보인 이들은 진보적 사고를 가진 2030세대들이었다. 10년 후에 치러진 박근혜 후보와 문재인 후보와의 대결에서 그들의 연령은 3040세대로 올라갔다. 그런데 이번 선거에서 박근혜 후보를 지지한 후보들은 10년 전 지난번 선거에서 2030세대들이라면 이번 선거에서는 5060세대들이라고 할 수 있다. 10년 전의 2030세대가 10년 후에는 3040세대가 되었다. 그런데 이번 선거에서 5060세대가 선거의 당선을 결정짓도록 하였다.

여기에서 어떠한 사실을 예견할 수 있는가. 가장 두드러진 사실은 10년 전의 5060세대와 현재의 5060세대의 차이점을 발견할 수 있다. 10년 전의 5060세대들은 이미 은퇴한 후에 정치에 대해서 관심을 가지고 있지만 실제로 선거의 투표에 대해서는 소극적인 반응을 보였다.

그러나 현재의 5060세대들은 정치가 바로 자신들의 실리와 관련되며 정치로 인해서 국가보다는 자신과 자신의 가족과 직접적인 연관성을 가지고 있다는 사고를 가지고 있다. 이것은 5060세대들의 정치의식의 선진화와 정치의식이 상당히 높아지고 있다는 것을 의미한다. 이것은 또한 정치발전과 상당한 연관성을 가지고 있다. 정치발전이란 무엇인가. 정치발전에 대해서 아직까지 대한 명확한 정의는 혼미한 상황에 있기는 하다. 그러나 일반적으로 정치발전이란 하나의 단독적인 행위가 아닌 복합적인 요소를 가지고 있다. 사무엘 헌팅톤은 정치발전을 제도화로 보기는 하지만 정치 발전을 단순히 제도화라기보다는 정치, 경제, 사회, 문화, 역사적인 차원에서의 복합 화된 현상이라고 할 수 있다. 따라서 5060세대들의 적극적인 관심은 한국의 국민의식의 향상과 함께 정치발전이 가속화되는 현상이라고 할 수 있다. 다음으로 중요한 사실은 한국이 고령화 사회이자 보수화 사회로 접어들고 있다는 것을 의미한다. 한국의 정치선진화와 함께 고령화와 함께 보수화 사회에 접어들었다는 것을 의미한다.

앞에서도 언급한 것처럼 한 나라의 경제가 안정되면 될수록 보수화 현상이 나타나게 된다. 한국 역시 보수화 사회의 길로 접어들었다는 것을 의미한다. 보수화 사회에서는 국민들은 급진적인 변화를 싫어하는 성향이 매우 강하다. 따라서 기존의 틀에서 벗어나서 이상적이고 급진적이며 위험한 변화에 대해서는 거부를 하는 경향이 강하게 나타난다. 지난번 대선에서 정권의 교체 가능성이 매우 컸다. 그 이유는 바로 국민들이 기존의 정치인들을 싫어하고 정치에 별로 관여하지 않은 참신한 정치인을 원하고 있었다. 따라서 진보적 성향의 인물을 원하였다. 이러한 정치 상황에서 지금까지 정치와 무관하지만 정치성이 강한 안철수 후보를 국민들은 원하고 있었다. 그러나 문제는 국민들의 보수화 성향으로 인해서 안철수 후보가 정치적 경험이 없기 때문에 혹시 정치적 실패를 가져올지 모른다는 의심을 품기 시작하면서 안철수 후보의 지지율이 마지막에 가서는 떨어지기 시작하였다. 물론 그전에 서울시장 선거에서는 시민운동가가 당선이 되기는 하였지만 진보적 성향이 강한 서울이라는 한정된 지역과 전국적인 대통령 선거와는 완전히 다르다고 할 수 있다.

지난 16대와 18대 대통령 선거를 진보와 보수의 대결구도에 초점을 맞추어보면 노무현 후보와 이회창 후보의 대결은 보수와 진보의 대결에서 진보가 결정적인 역할을 하여 진보가 승리를 한 선거이며 이번 선거에서는 보수가 선거 승리에 결정적인 역할을 하여 보수의 승리라고 할 수 있다.

그러면 앞으로 한국의 정치는 어떠한 형태로 변화를 추구해 나갈 것인가? 이 문제에 대해서 다양한 변수들이 작용을 하고 있다. 선거란 국민들의 당시 순간의 인기에 의해서 결정된다. 정확한 답변은 할 수가 없다.

한국의 경제적인 요소와 남북한 관계의 변수와 저 출산 고령화 현상 등으로 인해서 진보정당이 설 자리가 점차적으로 좁혀져 들어갈 것으로 예상된다. 또한 경제적으로 선진국의 문턱에 들어선 한국은 경제대국으로 앞으로 자리를 잡으면 잡을수록 빈부의 격차는 클지는 모르지만 국민들의 기본적인 생활수준의 차원에서는 빈부의 차이가 좁혀진다. 때문에 대다수 국민들이 모험을 싫어하고 안정된 생활을 원하게 될 것이다. 따라서 한국의 대통령 중심제 정치 제도 하에서 양당정치 제도가 자리를 잡게 될 것은 틀림없다. 그리고 제 3당은 존재할 가능성이 희박하다. 대통령 중심제 하에서 여당 하나 야당 하나의 양당제도가 확립됨과 동시에 보수당인 여당과 진보당인 야당은 모두가 다 보수적인 정당으로 변하게 될 것이다. 이것은 현재 대통령의 모델인 미국식 정치형태로 변하게 될 것이다.

앞에서 이미 언급한 것처럼 미국 역시 진보정당인 민주당과 보수정당인 공화당 모두가 다 보수적 성향이 강한 정당으로 변하였다. 미국과 한국을 비교해 보면 미국의 대통령제 모델을 한국이 점차적으로 수용할 가능성이 있기는 하지만 한국은 남북분단이라는 냉전시대의 존속과 지역감정이 그대로 존재하는 외적인 환경요소로 인해서 미국과는 약간 다른 형의 대통령제로 변하게 될 것이다. 이러한 상황을 종합해 보면 한국의 정치제도는 진보가 보수를 이기기가 매우 힘든 정치 환경이 조성될 것으로 예상된다. 그러나 이러한 보수화된 국민의식을 가진 한국의 내적인 환경요소와 외적으로는 남북한 대치국면의 냉전이 종식되는 상황에서는 국민들의 의식은 북한과의 전쟁을 피해가는 것을 희망하는 동시에 북한에 대해서 한민족 공동체 의식 역시 원하고 있다. 미국과의 관계는 1953년이래로 노무현 정부를 제외하고는 대부분 적극적 순응 정책을 추진해 나오면서 강대국 미국에 대해서 종속적인 관계의 약소국 안보 및 외교정책을 추구해 나오고 있다.

그러나 이것은 한국이 경제적으로 후진국 시절에 추구해 나온 안보동맹정책이다. 현재 한국 국민들은 미국에 대해서 존경이나 멸시를 하지 않고 아무런 의식이 없다. 단지 대등한 한미동맹 관계를 원하고 있기 때문에 누구나 미국에 대해서 너무 의존하는 기존의 정책에서 어느 정도는 탈피하는 외교가 필요하다. 진보정당의 경우는 어느 정도 보수화 성격의 정당으로 변신을 추구해 나가야만 한다. 과거의 노무현 정부처럼 아젠다형 순응정책에서 벗어나서 미국과는 동조관계를 유지하는 전략으로 바꾸어야 국민들이 진보정당을 믿고서 따르게 될 것이다. 남북한 관계에서도 무조건 북한의 눈치를 보면서 남북한 평화를 유지해 나가는 정책에서 벗어나서 북한에 대해서는 어느 정도는 강성을 가지고 대응해 나가는 전략이 국민들의 호응을 얻을 것이라고 기대된다.

4 대통령 5년 단임제의 폐단

한국의 대통령제는 미국식 대통령제를 모델로 1948년 정치제도를 만들었다. 그러나 한국식 대통령제는 미국과 다른 강한 대통령제로 변화되었다. 대부분의 신생국가들의 대통령제는 독재형 대통령제의 형태를 취하면서 대통령에게 너무 많은 힘을 부여하였다. 이승만 정권부터 시작되어서 9개월 간의 장면 내각제를 제외하고는 현재까지 대통령제를 유지해 나오고 있기는 하지만 너무나 많은 문제점을 가지고 있다. 미국식 대통령제는 4년 중임으로 되어져 있어서 4년에 한번 씩 평가를 받고 있다. 그러나 한국은 5년 단임은 어떻게 보면 정책을 추진해 나가기에는 너무 짧은 감이 있다. 또한 초기부터 정책을 일사천리 격으로 밀어붙이지 않으면 정권 말기에는 나타나는 레임덕 현상으로 인해서 일을 하는 기간은 매우 짧다. 그러나 여기서 문제는 대통령제는 미국의 대통령 잭슨이 말한 것처럼 "전리품은 승리자에게"라는 말이 바로 대통령제의 폐단이자 문제점이다. 한번 대통령에 당선이 되면 특별한 범법행위를 제외하고는 모든 권한을 대통령이 가지기 때문에 진보집단과 보수집단을 비롯한 이익집단들은 필사적으로 자신이 미는 후보를 대통령에 당선시키려고 한다. 따라서 후보의 능력에 상관없이 자신이 미는 후보가 당선이 되지 않는 경우에는 5년간은 자신은 이해관계에 개입을 할 수가 없게 되기 때문이다.

따라서 이러한 경우에 진보가 매우 불리하다. 대부분 사회의 기득권층은 보수적인 성향이 강하기 때문이다. 앞에서도 언급한 것처럼 보수는 이미 자신들이 사회적으로 이득을 획득하여 기득권을 가지고 있기 때문에 진보와의 싸움에서 매우 유리한 고지에 있다. 언론기관을 비롯하여 검찰 및 재계에서 영향력을 행사하는 집단은 대부분 보수를 바탕으로 하며 보수 단체 등 보수집단 및 관변단체들과 연계를 맺고 있다. 사설 연구기관을 비롯하여 영향력 있는 연구기관과 브레인 집단들은 정부를 비롯한 보수단체들과 연계되어 있다. 사회기관과 시민단체 역시 관변의 주변을 맴도는 단체들이 더욱 더 영향력을 행사하는 이유는 정부로부터 재정적인 지원을 받아서 활동을 더 많이 할 수 있기 때문이다. 따라서 한국과 같은 아직까지 정치와 경제가 완전히 분리되지 않고 정경유착의 뿌리가 확실하게 제거되지 않은 상황에서 진보단체는 보수단체에 비해서 활동하기가 매우 힘들다. 우선적으로 기대기업들이 정부와 완전한 유착상태는 벗어났다고 하더라도 정부의 눈치를 어느 정도는 보아야만 하는 것이 미국과 다른 한국 경제계의 실태이다. 따라서 기업이 재정적 지원을 주는 단체 역시 여당과 관련된 관변단체와 관련이 있어야만 한다.

대통령 5년 단임제의 폐단은 진보와 보수의 제로 섬 게임을 초래하게 된다. 만일에 선거에서 지는 경우 5년 동안은 진 쪽은 아무것도 이득을 얻을 수 없는 상태에 빠지게 된다. 보수집단과 진보집단간의 이전투구 즉 진흙탕 싸움은 결국은 자신들의 밥그릇 싸움으로 이어지게 된다. 공무원을 비롯한 공공기관과 압력 단체 등에서도 자신들이 운영하는데 보조금을 얻어내기 위해서는 대통령 선거에서 자신들과 코드가 같고 자신이 지지하는 당이 당선되어야 하기 때문이다. 언론기관을 비롯하여 국가에 영향력을 강하게 행사하는 기관은 보수적 성향이 강하다. 예를 들면 한국의 언론기관의 경우 보수주의를 대변하는 조중동 즉 조선일보와 중앙일보 및 동아일보의 3개의 신문이 영향력을 가장 강력하게 행사를 하고 있다. 이처럼 대부분 사회기관을 비롯하여 압력단체들은 보수주의적 성향이 강한 집단들이 진보적 성향의 사회단체들보다도 영향력과 조직이 강하다고 할 수 있다.

얼마 전 노무현 정권에서 가장 강하게 개혁드라이브를 걸때 거기에 대해서 제동을 건 단체가 바로 조선일보라고 할 수 있다. 이것은 보수언론인 조선일보가 정부를 상대로 싸워도 승산이 있을 정도의 강한 영향력을 가지고 있다는 것을 의미한다. 그 이외에 국가가 마음대로 할 수 있는 검찰개혁에 있어서도 진보적 성향의 정권이 보수적 성향의 검찰개혁에 실패를 하였으며, 오히려 개혁을 시도했던 대통령이 퇴임 후에는 역공격을 당하는 일이 발생하였다. 그 외에도 재벌의 경우에도 삼성을 비롯한 가장 영향력이 있는 재벌들 역시 보수화되어져 있기 때문에 강한 보수적 성향을 가지고 있다. 따라서 확실한 통계적 수치로 계산을 할 수 없기는 하지만 한국사회에서 보수와 진보가 미치는 영향력의 비율은 보수대 진보는 6대 4 정도로 볼 수 있다.

5 보수집단과 진보집단의 강한 이분화 현상

한국사회에서 나타나는 현상은 보수와 진보의 강한 이분화 현상이다. 미국을 비롯한 선진국에서는 진보와 보수의 구별이 한국처럼 뚜렷

하게 나타나지를 않고 있다. 그들은 필요에 의해서 진보와 보수가 연합을 하기도 하고 서로 상반된 견해를 가지기도 한다. 그러나 한국의 경우는 진보적 사고를 가진 사람이나 진보적 집단에 속한 사람들은 보수주의자들이나 보수집단의 사람들에 대해서 적으로 생각하고 상대하기를 꺼린다. 보수집단에 대해서는 보수 꼴통 또는 수구적 집단이라고 몰아붙이면서 구제 불능의 인간이기 때문에 대화가 불가능하다는 생각을 가지고 있다. 또한 작가나 사회단체에 종사하는 사람들이 자신이 글을 발표하고자 하는 경우에는 반드시 출판사나 단체가 진보적 성향이나 보수성향이냐 부터 알아보고서 자신의 성향에 맞는 출판사를 찾아야만 한다. 또한 출판사 역시 자신의 글을 발표하는 사람이 자신과 같은 진보냐 보수냐부터 알아보고서 글을 출판시킨다. 만일 그 작가가 자신과 다른 성향을 가진 작가라면 그 글이 아무리 좋은 글이라고 할지라도 출판을 해 주지 않는다.

한국에서 진보와 보수의 대결은 정치적인 차원에서 보면 과거의 당파싸움에 해당할 정도로 심각하다. 과거의 조선조가 망한 원인은 지배계급간의 파벌싸움이 가장 큰 원인 중의 하나이다. 예를 들면 임진왜란의 경우에도 당파싸움 때문에 서로 상반된 의견을 보였기 때문에 일본의 침략에 대해서 정보가 햇 갈려서 결국은 전쟁에 대한 대비를 하지 않았다. 독립운동 당시에도 같은 독립군 간에도 자신과 다른 파벌을 일본군에게 고발하는 사태가 너무 자주 발생하여 독립군들의 활동의 정보가 쉽게 일본군들에게 흘러들어갔다. 해방 이후에도 진보와 보수의 대립이 지금까지 계속되고 있다. 진보가 보수에 대해서 생각을 바꾸기 불가능하다는 생각을 가지고 있는 것처럼 보수는 진보를 종북자로 추정하여 접하기를 꺼리며, 심지어는 빨갱이로 몰아붙이는 경향이 매우 강하다. 이러한 상황에서는 사회적 기반이 강한 보수의 영향력이 기반이 약한 진보보다는 설득력이 크게 작용하기 때문에 진보와 보수의 대결에서 비록 진보의 말이 맞는다는 것을 알면서도, 진보보다는 보수의 의견을 듣고서 밀어주려고 하는 경향이 매우 강하다. 예를 들면 맥아더 동상 철거문제와 미군병사의 효선, 미선에 대한 교통사고와 미군기지 평택이전 문제 등에 대해서 진보주의자들은 무조건 이유 없이 반대의 의사를 나타내면서 거부반응을 보인다.

미국에 대해서 보수주의자들이 대부분 친미적 성향이 있다는 것을 알고서 반미주의적 성향이 강한 진보주의자들은 이유 불문하고 보수주의자들의 사고에 대해서는 반대의 의사를 나타낸다. 반면에 북한 문제에 대해서 보수주의자들은 진보주의자들이 평화통일을 위해서 가지고 있는 의견은 아예 들을 생각도 없이 반대의사를 보이면서 친북 및 종북으로 몰아붙인다. 이러한 남북분단이라는 신 냉전의 종식이라는 국제관계의 변화가 나타나기 전에는 보수와 진보의 이분화 현상은 사리지지 않을 전망이다. 특히 북한의 체제는 정치적으로는 공산주의 체제를 유지하되 경제적으로는 중국의 모델인 자유시장 경제체제를 유지해 나갈 전망이다. 가장 큰 문제는 북한은 김정은 체제 유지를 위해서 군사적인 차원에서 핵무기 개발에 주력을 두면서 국제사회에서 고립을 면치 못할 전망이다. 북한이 핵을 고집하면 할수록 남한에 대해서는 평화와 침략이라는 두 전략을 추진해 나갈 것이다. 이러한 경우 남한에서는 보수와 진보의 대립은 더욱 더 강하게 나타나면서 국민들은 통일 문제에 대해서 더욱 더 보수적 사고를 가지게 될 전망이다.

6 한국의 급속한 정치발전으로 인한 국민들의 정치의식 수준 향상으로 인한 보수화

경제대국 한국은 과거 60년대 이래로 몇 년 전까지 정치 후진국의 면모를 벗어나지 못하고 있는 실정이었다. 경제중진국을 거쳐서 경제 브랜드 세계 10위의 경제대국으로 경제발전을 하면서 정치는 그대로 후진국의 단계에서 발전을 하지 못하였다. 그러나 한국의 경제가 후진국에서 급속한 도약과 발전을 하였듯이 한국의 정치발전도 급속한 발전의 단계에 들어서서 앞으로는 정치와 경제가 같은 수준으로 유지될 전망이다. 현재 고조되고 있는 국민들의 경제, 사회, 문화 등 전 분야에서 높은 의식 수준은 정치 분야에 있어서도 높은 의식을 가지도록 유도되어 가고 있다.

김영삼 정부부터 갑자기 진보를 바탕으로 하는 정치발전의 속도를 수면위에서 높여 나왔다. 15년간 계속된 진보적 사고를 바탕으로 하는 정부의 정책으로 인해서 한국은 상당한 수준으로 정치발전을 하였다. 이제 경제발전과 함께 정치발전도 어느 정도 비슷한 단계로 도약하고 있다. 이러한 경제선진국이자 정치선진국에서는 국민들의 의식은 보수화하는 경향이 있다. 이미 앞에서도 언급한 것처럼 미국의 경우는 초기의 미국사회는 진보를 바탕으로 하여 발전을 하였다. 영국으로부터 독립한 직후인 신생국 미국은 본국인 영국과는 다른 형태의 진보적이고 개혁적인 성향으로 발전을 하였다. 그 이후 미국은 경제대국으로 성장함과 동시에 정치발전의 수준이 경제적 수준과 비슷하게 되면서 미국의 국민들은 보수화 성향으로 바뀌게 되었다. 현재 미국은 보수적 성향의 공화당과 진보적 성향의 민주당 양당이 비슷하게 보수주의적 성향으로 변화되었다. 민주당과 공화당의 성향의 차이는 동전의 앞면과 뒷면 정도의 차이에 불과한 거의 비슷한 보수 성향이라고 할 수 있다. 일본의 경우도 국민성이 점차적으로 보수화 성향으로 변화되고 있다. 2차대전 패전국이었던 일본과 독일을 비롯해 비록 승전국이기는 하였지만 경제적으로 패망을 한 프랑스나 영국 등은 2차대전 직후 초기에는 국민성이 대부분 진보적 성향을 보였으나 점차적으로 경제적인 안정세를 보이면서 국민성 역시 보수화 성향이 지배적으로 변화되었다.

이상의 선진 국가들의 정치발전의 속도와 경향을 분석하면 현재 한국 역시 같은 정치발전과 성향의 모델을 제시할 수 있다. 앞으로 한국의 경우 역시 국민성은 더욱 더 보수주의적 성향으로 변화될 것으로 예상된다. 따라서 장래 한국 사회는 진보보다는 보수가 승리할 가능성이 크다고 할 수 있다.

Chapter 02

파벌주의와 권위주의의 한국정당운영의 비민주성이 정치혁명을 방해한다

현대의 간접민주주의 형태의 민주주의 국가에서는 정당은 불가피한 존재다. 정당의 기원은 고대 희랍의 도시국가에까지 거슬러 올라가 볼 수 있다. 일반적으로 현재 정당의 규모를 갖추고 있는 정당의 기원은 17세기 초의 영국의 휘그당과 토리당 양당에서 찾아볼 수 있다. 이 보수, 자유 양당이 바로 오늘날 서양 민주주의 국가의 양대 정당제도의 기원이라고 볼 수 있다.

한편 한국정당의 기원은 조선 말기의 서구로부터 문호개방의 영향을 받은 조선정치인들 사이에 형성된 정치집단들이다. 그러나 이러한 정치단체들이 정당이라고 불리기에는 많은 문제점을 가지고 있었다. 따라서 정식으로 한국정당의 역사는 해방과 더불어 시작되었다고 볼 수 있다. 그러나 이 40여 년의 짧은 기간 동안 한국정당사는 많은 우여곡절을 겪으면서 방황을 계속하여 왔으며 현재까지도 정착되지 않은 상태에 있다. 이 40여 년 동안의 한국정당의 특성을 요약하면 사무엘 헌팅톤이 말하는 제도화의 정도가 다른 선진국과 비교해 볼 때 아직 정상적인 궤도에 올라있지 않다. 동시에 정당의 분열성, 종속성의 정도가 높으며 권위주의적인 성향이 짙다. 특히 동양의 유교주의적인 전통문화에 바탕을 두고 있기 때문에 정당 운영에 있어서도 조직과 기능, 리더십 및 정책결정 과정에 있어서도 비합리적이고 부패와 타락된 비민주성을 뿌리 뽑지 못하고 있는 실정이다.

현대 민주주의를 대중적 민주주의라고 부르고 있다. 정당은 사회에 있어서의 잡다한 정치이론과 이익을 토론과 합의를 통해서 일원적인 정치의사로 승화시키는 역할을 담당하는 집단으로 이해되고 있다. 현대정치에 있어서 정당제도가 없는 곳에서는 민주정부가 있을 수 없으며 정당은 정치과정에 있어서 민주주의를 창조하고 있다고 인식되고 있다. 40년 이상의 정치경험을 통해서 한국 국민들은 정당이란 필요한 것이며 정당이야말로 사회세력을 정치세력으로 이전하는데 유일하고 중요한 장소로 여겨지고 있다. 따라서 정당이란 한 국가의 전체사회와 결부되어 있기 때문에 정당을 분석한다는 것은 헌법상 성문화되어 있는 민주주의적 제 제도를 분석하는 것보다도 더 어려운 일이다. 이러한 점을 감안하면서 한국의 정당의 특성은 다음의 다섯 가지로 특성 지을 수 있다.

우선 제 1공화국으로부터 현재에 이르기까지 한국정당의 특징은 고도의 인물중심의 정당이라고 특징지을 수 있다. 원래 정당이란 한 개인보다도 어떤 특정계층이나 세력을 대표하여야 한다. 그러나 한국정당은 오로지 현재 집권하고 있거나 앞으로 집권가능성이 있는 개인의 집합체라는 점이다. 이것은 한국의 정당이 정권추구를 위한 개인의 정략에 따라서 이합집산이 극히 심하였음이 잘 입증하고 있다. 또 당의 운영에 있어서도 당의 규율이나 통로를 이용하지 않고 바로 당수와 담당자가 접촉하며 당수의 명령이 바로 규율로 되어버린 인물중심의 계보에 의존하는 경향이 강하다.

한국정당이 인물중심주의와 더불어 가지고 있는 또 다른 특성은 한국정당은 당의 이념 및 목표를 위해서 투쟁하는 것이 아니라 정당에 속해 있는 당원들의 당선을 위해서 노력해 오고 있는 실정이다. 따라서 정당의 이념이나 선거공약은 할 수 있는 정책을 선택적으로 제시하는 것이 아니라 그 당시의 상황을 보아서 유리하다고 생각되는 바의 모든 정책을 임시응변 식으로 제시하고 있는 실정이다. 예를 들면 보수적인 색채를 가지고 있는 정당의 강령이 진보적이 되거나 또는 보수·진보 양당의 이념이 유사하게 되어 버리는 수가 허다하다. 결과적으로 한국에서는 국민들이 투표하는데 요구되는 강령을 전혀 무시해 버리고 인물위주의 선택을 하도록 만들어 버렸다. 이와 같이 정당의 이념 및 목표의 결여는 정당원이 쉽게 정당의 소속감을 잊어버리게 만들며 아울러 정당인 당적을 쉽게 변경하는 소위 정치인의 정치적 지조를 저하시키도록 만들며, 국민들이 보아서는 정치인들에 대한 불신감이 강하게 일어나도록 하고 있다. 따라서 당의 이념은 국민들이 믿기가 곤란하게 하고 있다. 예를 들면 민주당이라고 해서 가장 민주적으로 운영한다고 믿으며 민주정의당이라고 해서 가장 민주적이고 정의롭게 정당을 운영한다고 믿지 않는 실정이다.

다음으로 선진국과 비교해 보면 후진국에서 공통적으로 나타나는 현상인 여당과 야당과의 복잡한 관계가 한국 정당에도 강하게 나타나고 있다. 즉 집권당인 여당이 비 집권당인 야당에 대해서 너무 독선적이며 우월감을 가지고서 정책을 일방적으로 수행해 나간다는 점이다. 따라서 집권당인 여당은 반대당인 야당의 정책을 비방하며 결과적으로 여당은 야당과 협상적인 태도를 버리고 일방적으로 정책을 수행하려고 하며 반대로 야당은 국민과 결탁하여 정외 투쟁 등 대외 극한투쟁 방식으로 정당을 이끌어나가는 경향이 짙다. 특히 한국에서는 그 대립과정은 극한과정으로까지 확대되어 나간 경우가 허다하다.

한국정당이 영미 등 선진국과 비교해 볼 때 특징으로 나타나는 또 하나의 현상은 다당제 현상이라는 점이다. 양당제란 국회를 지배할 수 있는 가능성으로 지닌 정당의 수가 2개로 한정되어져 있는 정당의 형태를 말한다. 민주이론으로 볼 때는 양당제도는 소당 분립의 난립을 막고 국민의 의사를 책임지는 순수하고 무게 있는 정책수행에는 양대 정당제도가 바람직하다. 그러나 한국의 경우는 거의 70여 년 동안 단일 야당으로서 집권당을 강력히 견제할 수 있었던 시기는 거의 없었다.

또 하나 한국정당에 나타나는 특징은 좌파계 정당이 존속하지 못한다는 점이다. 일제로부터 해방과 더불어 6.25라는 일종의 사상전이라고 볼 수 있는 전쟁으로 인해 민족분단이라는 엄청난 비극이 발생하였고 또 남북한이 사상적으로 대립한 결과 6.25를 경험한 국민들 간에는 아직도 사상에 대해서 깊은 관심을 가지고 있다. 따라서 한국에서는 정부뿐만 아니라 거의 대부분의 국민들이 일체의 좌파계 정당이 존속할 수 없도록 하는 정치풍토를 만들었다. 물론 이러한 정치풍토에도 불구하고 혁신계 정당이 나타나기는 하였지만 그 생명이 짧을 수밖에 없는 것이 특징이다. 이상의 5가지를 한국 정당제도에 있어서 나타나는 현상이라고 규정지을 수 있다. 이러한 현상 때문에 한국에 있어서 정당간의 대립과정은 빈번히 극한상황에 접근하고 정당운영에 있어서도 정실에만 치우쳐서, 민주적으로 운영되지 못하고 있는 실정이다. 더욱이 한걸음 더 나아가서 거시적인 차원에서 생각해 볼 때 이러한 한국정당의 특징은 정당인으로 하여금 정권유지가 바로 자기보존의 유지와 동일하다고 보기 때문에 정권의 평화적인 교체를 어렵게 만드는 요소로 등장하고 있다.

한국의 정당은 일제 강점기 시대부터 해방 후 오늘에 이르기까지 우여곡절을 겪으면서 발전과 개선을 시도해 왔지만 아직도 개선해야 할 많은 문제점을 가지고 있다. 거시적인 차원에서 보면 정당운영의 비민주성은 한국국민 및 정치인들이 민주정치에 대한 경험부족, 남북분단의 역사적 비극 및 평화적인 방법에 의하지 않은 정권교체 등을 들 수 있다.

좀 더 구체적으로 보면 다음의 3가지의 내. 외적인 요소로 나누어 볼 수 있다. 첫째, 내적인 요소로서 한국 정당 운영의 비민주성은 개별주의적인 인적유대 관계가 가장 큰 원인라고 볼 수 있다. 이러한 개별주의적 인적 관계는 정당의 비 정책적인 파벌현상을 초래하고 있으며 이러한 파벌주의가 한국정당의 민주적 운영을 저해하는 가장 큰 요소라고 볼 있다. 또 다른 요소로서는 한국 정치 풍토는 전통유고사상에 뿌리를 둔 경험과 전통을 중시하는 고착화된 국민성은 기성정치인들의 가치기준을 고집함으로써 신진 인물의 정계진출을 저해시키는 권위주의적이고 폐쇄적인 정당을 운영하도록 초래하고 있다. 이러한 정당운영 방식이 또한 민주정당의 운영을 저해하는 요소로 볼 수 있다. 다음으로 서양의 선진국과 비교해 볼 때 한국은 정당제도가 도입된 역사가 짧다. 현실적인 면에서 볼 때 한국은 정당을 포함한 정치전반에 걸쳐서 비합리적이고 제도적인 면에서 더욱 더 개선해야 할 많은 문제점을 가지고 있다.

한국정당 운영의 비민주성은 우리 눈앞에 나타나는 단순한 요소들에 기인한다기보다는 우리의 전통, 역사, 문화의 이면에 숨겨져 있는 요소에 근본적인 원인이 있다고 본다. 이러한 요소 중에서도 한국정당의 파벌주의가 가장 큰 원인이라고 볼 수 있다. 현대 정치의 경향은 미첼스의 과두제의 철칙에서 보듯이 지도자의 카리스마적 권위나 금력화의 작용이 강화되는 추세에 있는 것이다. 특히 한국의 정당은 정책적인 전문가에 의해서 구성되지 못하고 명성과 권력 또는 금력이 있는 특정한 지도자적 인물을 중심으로 하여 결성되며 그들은 국가의 이익보다는 당의 이익, 또 당을 이용하여 사리사욕을 추구함으로써 정당의 비 정책적 파벌화 현상을 초래하였다. 그리하여 파벌의 구성은 정치적 지위획득, 정치자금의 조달, 정당영수가 대통령 후보 획득을 위한 이권의 단위로서 탈바꿈함으로써 정당인의 목적이 파벌을 조성하는데 있는 것처럼 되어 버렸다. 샤트 슈나이더가 정당이 미국정치제도를 민주화시킨 점을 들어 정당의 민주화에 대한 공헌은 정당과 정당 간에 나타나는 현상이며 정당 내부에 나타나나는 현상은 아니라고 보고 있다. 샤트 슈나이더의 이론은 바로 한국정당 내의 당내 민주주의가 국가적 민주정치 실현에 공헌하기 어렵고 인간관계 중심으로 형성된 한국적 파벌정당에서는 당내 민주주의 조화가 성립되기 어렵다는 현실을 뒷받침해주는 셈이다.

우리나라에 있어서 이 파벌들이 독특한 양상을 띠면서 우리의 주위와 사회에 범람하여 왔다. 이는 하나인데 사람이 둘 모이면 두 당이 생기고 사람이 넷 모이면 네 당이 생긴다는 말은 한국적 파벌의 양상을 단적으로 표현하고 있다. 적어도 조선중기 이후는 이 파벌로 점철된 역사라 해도 과언이 아닐 것이다. 더욱이 조선말과 일제의 독립투쟁에서도 이 파벌은 한몫을 하였고 상해 임시 정부안에서도 사색 간의 파벌과 지역 간의 파벌로 인해서 서로 갈라졌고 광복 후 건국개각에 이어 현재까지도 당내의 파벌화 현상이 계속되고 있다.

파벌주의와 더불어 정당운영의 비민주성의 원인으로서 권위주의적 정당운영을 들 수 있다. 한국의 정당이 권위주의적으로 운영되는 가장 큰 원인은 한국의 전통 유교문화에서 기인한다고 볼 수 있다. 1948년 현대적 헌법이 제정되기까지 우리의 정치사회는 동질적인 문화에 수직적 사회이동을 경험하지 못한 인민의 무관심과 정치 불참여에서 인민으로부터 아무런 저항을 받지 않고 왕조를 즉 국가권력을 교체하여 왔으며 그때마다 전제군주는 자기의 의도에 맞는 정치과정, 즉 지배구조를 일방적으로 용이하게 통일하여 인민의 의중에 근거하여 억제도 받지 않는 전제권력을 행사하여 왔다. 해방 후 지금까지 정치엘리트들은 우리사회의 민주주의의 생활방식을 과거 수십 년 간 영위해 왔다고 하더라도 정치사회과정에서 볼 때 권위주의적 성격을 탈피할 수 없다. 그러므로 그들은 권위주의적 개성의 지표가 되는 권위에 굴복, 강력한 지도자를 바라는 욕망을 가지고 있다고 볼 수 있다. 그래서 정당은 기능적 의미 외에 재산적 의미를 띠며 그 기능은 권위 있는 개인에게 사물화되는 경향을 보이고 있다. 그리고 이와 같은 과정을 밟아서 취임한 당료들은 공적관계보다는 사적·개인적 관계에 의해서 더욱 효과적으로 관리되는 수가 있다. 이처럼 정당이 개인에게 사물화되는 경향은 권위주의 정당운영의 중요한 요소인 강한 사적관계와 권위주의적인 집행방식으로 전향된다고 볼 수 있다. 정당이 강한 사적관계에 의해서 운영되고 있다는 것은 당의 권력분포를 보면 쉽게 알 수 있다. 정당에서 권력의 분포를 알려면 최고 지도자와 사적인 관계 위주로 만날 수 있는 특권을 가진 사람이 누구인지를 가려내면 되는 것이다. 당 대표와 가장 빈번히 만날 수 있는 사람, 즉 당수와 오래 동안 만나 이야기를 할 수 있는 사람을 가려내어 신빙성 있는 지표를 작성하면 정당권력 구조를 정확하게 파악할 수 있을 것이다. 이처럼 인격화된 권력이 형성되기 쉬운 환경이 바로 한국정당이다.

이러한 인격화된 권력이 군림하는 정당일수록 당 대표에게 권력과 권위를 떠맡기고 그것을 당연시하는 경향이 높다. 따라서 의인주의가 지배하는 정당은 지도자의 명령이 지배하는 정당이며 이러한 현상은 정당운영의 가장 큰 병폐 중의 하나라고 볼 수 있다.

이상에서 언급한 바와 같이 명령이 지배하는 정당 아래에서는 밑으로부터 위로의 자유로운 의사소통은 막히고 오로지 명령에 따라 움직이는 관료조직적인 중앙집권 형식만이 강화되며 하향식의 행정적 지시만이 전횡하게 된다. 따라서 한국과 같은 정치풍토에서는 상부에서 내려오는 지시를 무조건 복종하여야 하는 행동률이다. 사실상 정당운영은 관료조직이라 할 수 없다. 한국의 정치 문화 속에는 권위주의적 경향이 자리 잡고 있기 때문에 위계질서를 떠난 수평적 인간관계를 형성할 수 있는 문화적 기반이 거의 없다고 보인다. 한국의 정당조직에서는 모든 인간관계를 위계적 관계로 볼 수 있으며 이러한 관계 속에서는 복종이 미덕이 되고 또 사회가 요구하는 행동률이기도 하다. 이와 같이 정당 내 권력구조가 관료주의화 된 명령계통으로 이루어졌다는 것은 정당운영을 비민주적으로 만드는 구조적 여건이라고 볼 수밖에 없다.

이상에서 논한 바와 같이 파벌주의와 권위주의 성격과 강한 사적관계의 사회성격을 띤 한국정당은 서구의 민주정당제를 도입하여 민주적 정당운영을 실현하려 하였으나 정당운영 과정에 있어서 권력의 집중화, 의인화 및 관료주의적 정당운영으로 인해서 문제점을 노출하고 말았다. 민주정당이 비민주적으로 운영되는 원인은 민주입헌제도 자체보다는 그 제도를 목적과 목표에 따라 운영하지 못하는 우리의 정치행태에 있다고 볼 수 있다. 그 가장 근본적인 이유는 민주제 도입의 기간이 짧을 뿐만 아니라 어떠한 사회든지 정당 목표의 민주화는 용이하지만 정당운영 절차의 민주화는 많은 시간과 노력이 필요하기 때문이라고 본다.

현재 한국은 과거 군부시대와 3김 시대를 거치면서 그동안 정당의 사유화 현상과 당 대표를 중심으로 하는 권위주의적 정당운영은 어느 정도는 사라지기는 했지만 아직도 가장 큰 암적인 존재는 파벌주의라고 할 수 있다. 여당과 야당 모두가 친박이니 비박이니 친문이니 하는 파벌중심으로 정당이 운영되고 있다. 이러한 파벌주의의 병폐는 민주주의 정당운영을 저해하는 가장 큰 요소이다. 따라서 민주화를 위한 가장 큰 문제는 바로 파벌주의를 청산하는 과제이며 이러한 파벌주의 타파는 거시적인 차원에서 민주주의를 정착시키는 지름길이다.

Chapter 03

민주주의에 침묵하는 자 모두 유죄

아리스토텔레스는 인간은 사회적 동물이라고 했다. 인간은 사회생활을 해야만 하는 운명을 타고났기에 정치적 행동까지 포함하고 있는 것이다. 또한 아리스토텔레스는 민주주의 국가에서 필요로 하는 근본원칙을 제시하고 있다. 즉 정치는 전문인에 의해서 정책이 수립되고 집행해나가는 것이 필요하다. 그 정책이 옳게 수행되고 있는지 아닌지는 민주주의의 사상을 가진 국민들이 판단할 권리를 가지고 있다고 제시한 것이다. 그리하여 만일 기존의 정부가 옳은 정책을 수행해 나가지 못하면 국민들은 다른 통치자를 선택할 권리를 가지는 것이다. 여기에다 아리스토텔레스는 파티에 초대된 손님이 직접 음식을 만든 요리사보다 그 음식의 맛을 더 잘 알며, 또 배를 모는 항해사가 배를 만든 사람보다 좋은 배인지를 더 잘 안다는 예를 들어 현대 민주주의의 기본적 원칙을 다시 확인시키고 있다. 따라서 정치인의 정책수행을 평가하기 위해서는 국민들의 정치의식 수준이 높아야 할 것이 요구된다.

민주주의의 역사는 통치자와 통치당하는 자의 투쟁사라고 볼 수 있다. 고전 민주주의의 전형적 이론인 토마스 홉스의 리바이어던, 존 로크의 시민정부론, 장 자크 루소의 고상한 야만인, 몽테스큐의 삼권분립론, 루소의 사회계약론 등은 통치자와 통치당하는 자 간의 계약, 다시 말해서 개인을 보호하면 최상의 민주주의가 이루어진다는 사상이 토대를 이룬다. 이러한 사상은 미국과 프랑스 헌법의 기초를 이루었다. 그러나 이러한 사상은 많은 문제점을 드러내었다. 그 결과 한 단계 발전한 사상인 존 스튜어트 밀의 최대 다수의 최대 행복론과 토마스 힐 그리인의 사회복지론이다. 이 이론은 통치자와 개인 사이의 계약으로부터 통치자와 다수 민중간의 계약으로 바꾸었다. 통치자에 대해 보다 강한 계약을 체결하여 민중들은 보다 보호를 받을 수 있게 된 것이다. 통치자가 의무를 잘 수행하지 못할 때 국민들은 언제든지 그 권한을 되돌려 받을 수 있다. 권한의 환수권에는 국민의 혁명권 역시 포함되어있다.

여기서 우리가 알 수 있는 것은 개인의 보호든 최대다수의 최대행복이든 간에 통치자의 권력을 약화시켜 국민의 권한을 최대화시키는 것이 근본 목적인 그것을 위해 탄생한 중요한 정치형태가 내각제, 대통령제 등이다. 모두 통치자의 절대권력을 빼앗아 국민에게 양도하는 것이다. 이렇게 양도받은 권력을 국민이 관리할 수 없기 때문에 대신 관리해줄 대표자가 필요한데 그 권한을 양도받은 최고의 책임자가 대통령이냐 수상이냐에 따라서 대통령제와 내각제로 구분된다. 내각제와 대통령제의 정부형태 중에서 어느 쪽이 더 민주적 정부형태인가. 내각제 정부형태와 대통령제 정부형태에 관해서는 정치학자들 사이에서 끊임없이 논란이 되어 왔다. 특히 비교정치학자들 사이에서 어느 제도가 더 우월한지 논쟁거리가 되고 있다. 그 이유는 내각제 정부형태와 대통령제 정부형태는 시대와 지역에 따라서 다양한 형태로 변하기 때문이다. 정치적으로 후진성을 면치 못하고 있는 국가에서 내각제 정부형태라고 하면 우선 빈번한 내각의 해산을 연상한다. 그 때문에 정책의 일관성이 없고 강력한 지도력의 부족으로 정국이 불안정한 상황을 생각한다. 이와는 달리 정치적 후진국에서의 대통령제 하면 무조건 대권만 휘두르는 권력의 화신을 연상한다. 모든 권력이 대통령 1인 치하에 있기 때문에 정치, 경제, 사회, 문화의 모든 분야가 대통령 1인에 지배당하고 있다고 생각한다.

그런데 이러한 내각제와 대통령제에 대한 편견 인식은 큰 문제를 낳는다. 즉 국민들이 자신의 정치체제에 대해서 만족해 하는 것이다. 그리하여 다른 정치제도로의 변화에 대해서 거부감을 갖는 경향이 있다. 이러한 현상은 선진국에서도 나타나고 있는데 그 발생 원인은 어디에 있는가. 내각제는 영국에 기원을 두고 있다. 유럽대륙의 몇몇 국가들도 당시의 정치 상황에 의해 내각제를 채택하였지만 영연방 대부분의 국가들은 영국의 정치 문화에 영향을 받아서 내각제를 채택하였다. 따라서 영국의 내각제 정부형태가 가장 모범이 되었다. 물론 영국은 연방국가 들에게 직간접적으로 자국의 내각제 정부형태를 모델로 삼도록 권유하였다. 그러면 영국의 식민지로 있던 미국은 왜 내각제를 채택하지 않았는가. 초기의 미국 정치지도자들은 내각제 정부형태를 선호하고 내각제를 채택하고자 했다. 그러나 미국의 정치지도자들은 영국의 총독으로 부터 당한 식민치하의 고통 때문에 영국의 정치모델을 채택하고 싶지 않았다. 따라서 미국은 존 로크의 사상인 개인주의와 몽테스큐의 삼권분립론에 기초를 둔 대통령제 정부형태를 채택하였다. 이러한 미국식 대통령제는 미국이 국제사회에서 정치적 영향력이 커지면서 대통령제 정부형태의 모델이 되었다.

그런데 미국식 대통령제를 모델로 삼은 중남미 국가들과 신생 아시아, 아프리카 국가들은 가지각색의 대통령제 정부형태를 탄생시켰다. 그 국가들은 대부분 경제적으로 저개발 국가에 속했는데 갑작스런 대통령제의 도입은 전체주의 국가, 즉 대통령을 왕으로 만드는 결과를 가져왔다. 전체주의란 문자 그대로 통치자 1인이 국가의 모든 분야를 통제한다. 통치자는 1인이 군사권을 통제하고 언론과 기업, 정당, 각종 이익단체 등을 통제하는 것이다. 이러한 1인 지배체제는 민중의 혁명에 의해서 전복되어 무정부주의 상태로 변하기도 하지만, 결국 1인 지배체제로 다시 바뀌게 된다. 정치철학자 하나 아렌트는 이와 같은 연속적인 체제의 변화를 "혁명의 사이클"이라는 이론으로 만들기도 하였다. 그러나 내각제 정부형태의 권력이 대통령제보다 약하다는 것을 의미하지는 않는다.

내각제는 입법부와 행정부 간의 합병이라고 볼 수 있다. 따라서 수상이 의회를 장악하는 능력에 따라 대통령제의 대통령보다 더욱 강한 권한을 누릴 수 있다. 가령 닉슨 대통령을 하야시킨 미국의 워터게이트 사건은 의회와 내각이 합병되어 있는 영국의 내각제 하에서는 발생할 수 없다. 따라서 이러한 점에서 보면 내각제도 문제가 없는 것이 아니다. 제2차 세계대전 당시 영국의 수상 처칠은 루스벨트 대통령과의 대화에서 영국의 경우는 의회의 동의보다도 동료각료들의 승인을 얻어내는 것이 더욱 큰 문제라고 지적한 것은 그 점을 잘 반증하는 것이다. 내각제 대 대통령제를 어떻게 한국정치에 접목시킬 것인가. 내각제와 대통령제에 관해서 한국의 정치제도는 70년간의 우여곡절의 역사를 가지고 있다. 1987년 6.29 선언 이후 한국은 민주화 이후의 민주화를 향해서 달려 나가고 있기는 하지만 이직도 강한 대통제로 인해서 한국의 정치는 후진성의 정치소용돌이 속에서 벗어나지 못하고 있다. 이제 우리에게 필요한 것은 한국의 정치발전을 위해서 국민들의 정치의식 수준에 맞는 정치를 제도화 시키는 일이 가장 시급하다. 서양에서 수백 년의 피를 흘려서 얻은 민주주의의 역사를 신속하게 받아들이기에는 많은 문제점이 있기는 하다. 그러면 정치발전이란 무엇인가. 사뮤엘 헌팅톤은 정치발전이란 바로 제도화를 말한다.

현재 한국에서 일고 있는 내각제냐 대통령제냐에 대한 논쟁은 이러한 정치발전 현상으로 볼 수 있을 것이다. 정치학자 와이너가 지적한 가치를 통합, 엘리트와 대중의 통합, 통합적인 행동 등과 관련지어 볼 수 있는 것이다. 한국은 엘리트와 대중간 정치의식의 격차가 좁혀지고 있다. 그리하여 민주주의 정신의 증가, 정치적 관심의 고조, 민족주의의 증대 등을 보이고 있다. 그러면 현재의 한국 정치상황에서 대통령제와 내각제 중에서 어느 것이 더 적합한 정치제도일까. 한국의 대통령제는 미국식 대통령제의 영향을 강하게 받은 것이다. 그리하여 한국의 대통령제는 유럽의 의회민주주의나 프랑스식 대통령제와는 다르다. 프랑스식 대통령제에서는 의회의 불신임에 의해서 내각을 해산하고 다시 내각을 구성할 수 있다. 그러나 미국식 대통령제를 택하고 있는 한국의 경우 대통령제의 특징으로는 삼권분립에 의한 상호 견제와 균형, 대통령의 책임 있는 정국의 운영 등을 들 수 있다. 그러나 제1공화국부터 현재까지 한국의 대통령제는 많은 문제점을 가지고 있다.

대통령제의 장점은 ① 유권자의 보통선거에 의한 행정수반의 직접선거 ② 대통령의 임기보장에 의한 집행부의 안정 ③ 권력분립에 의한 제한된 정부 등으로 요약할 수 있다. 반면에 대통령제의 단점은 ① 행정부와 입법부의 교착상태 ② 일시적 경직성 ③ 승자만이 모든 것을 가짐 등을 들 수 있다. 정치제도 및 의식이 선진화된 국가에서는 행정부와 입법부의 교착상태가 가장 큰 문제점이다. 그러나 한국과 같이 정치적으로 선진화되지 않은 국가에서는 대통령의 권한이 입법부나 사법부에 비해 상대적으로 강한 데 있다. 대통령은 행정부의 책임자 역할뿐만 아니라 국가원수로서의 역할도 담당한다. 미국의 대통령제도 초기에는 권한이 약했으나 남북전쟁과 1, 2차 세계대전 등 비상사태를 거치면서 점차적으로 강화되었다. 한국의 경우는 전쟁 권까지 포함하고 있어 미국 대통령의 권한보다 더 크다. 따라서 한국의 대통령의 권한은 대권(大權)이라고 부를 정도로 강력하다. 이러한 한국의 대통령제는 경직성과 승자만이 모든 것을 갖는다는 대통령제의 단점은 물론 포함하고 있다. 한국을 포함한 신생국 대통령의 권력은 결국 절대 권력으로 변해 버렸다. 역사학자인 영국의 존 액톤 경은 절대 권력은 절대적으로 부패한다라고 했다. 또한 지난 70년 동안의 한국 대통령제가 남긴 가장 큰 후유증은 지역감정 문제이다. 미국의 인종문제에 해당하는 지역감정 문제는 결국 지역할거주의를 만들어 정치발전의 암적인 존재가 되고 있는 것이다.

한국의 경우 장면 정권 때 내각제를 채택했으나 국민들의 정치의식의 미숙과 내각의 비효율적인 운영으로 단명으로 끝났다. 내각제 역시 대통령제와 마찬가지로 문제점이 있다. 내각제의 가장 큰 문제는 수상의 임기가 제한되어 있지 않다는 것이다. 따라서 내각제 역시 1인의 장기집권의 위험을 배제할 수 없다. 내각제의 또 다른 단점은 삼권이 분리되어 있지 않다는 점이다. 내각제는 입법부와 행정부의 합병이다. 그리하여 경우에 따라서는 입법부와 행정부가 합쳐 권력을 남용할 수 있다. 또한 내각제의 수상은 민주주의의 기본원칙에 위배되는 간접선거에 의해 선출된다. 수상은 다수석을 가진 당의 당수가 되므로 국민의 직접선거에 의하지 않고 최고 책임자가 된다. 따라서 국민이 원하지 않는 경우에도 소속당의 다수의석의 확보에 의해 수상이 될 수 있다.

한국의 경우 이상의 내각제 문제점이 크게 우려된다고는 볼 수 없다. 내각제로 전환하는 경우 우선 대통령 1인에게 집중된 권력을 분산시킬 수 있다. 권력을 국회로 옮김으로써 1인에 대한 권력집중 현상을 막을 수 있다. 또한 내각제가 실현될 경우 국민에게 직접 책임지는 책임정치를 할 수 있다. 그리하여 내각제는 여야의 정권교체가 쉽게 일어날 수 있다. 한국은 그동안 남북분단 등 여러 가지 국내외 여건으로 인해 정치의 보수화 현상을 가져와 세대교체가 일어나기 힘들었다. 그렇지만 내각제로 인해 다당제의 가능성이 커지고, 그에 따라 진보세력의 원내진출이 가능하다. 신진 인물들이 쉽게 국회에 진출할 수 있어 국민과 가까운 국회가 될 수 있는 것이다. 한국이 내각제로 전환할 경우 기대 할 수 있는 또 다른 정치발전은 지역감정을 해소할 수 있다는 점이다. 그리고 금권정치를 막을 수 있다. 한걸음 더 나아가 타협과 협상의 정치로 인해 남북통일에도 보다 유리할 수 있다.

한편 이원집정제에 대해서 살펴보자. 이원집정제는 수상과 대통령이 권력을 분담하는 정치제도이다. 예를 들면 대통령은 국가를 대표하고 전통적으로 국왕의 권한인 외교와 국방을 담당한다. 이에 비해 수상은 실질적인 분야를 담당한다. 한국에서의 이원집정제에 대한 논의는 대개 프랑스식 이원집정제를 모델로 삼고 있다. 프랑스식 이원집정제는 대통령은 국가원수로서의 상징성을 갖고, 수상은 행정부를 총괄한다. 따라서 수상의 힘이 대통령의 권한을 능가한다. 대통령의 권한은 외교와 국방에 국한된다. 한국이 이원집정제를 채택할 경우 대통령의 권한을 대폭 축소하여 국가를 대표하는 상징적인 존재로 만들어야 하고 수상은 권한을 대폭 강화하여 실질상의 권력을 갖도록 해야 한다. 프랑스의 경우 대통령 미테랑과 수상 시라크의 오월동주 시절 시라크의 권한이 미테랑보다 강했던 점은 이원집정제의 모델을 잘 보여주고 있다.

한국은 지금 경제발전과 아울러 국민들의 정치의식 수준이 높아졌다. 따라서 정치제도도 국민들의 정치의식 수준에 맞추어야 한다. 한국정치가 세계 10위의 경제브랜드 가치를 가지고 있음에도 불구하고 아프리카 신생국과 같은 정치후진성을 벗어나지 못하고 있는 이유는 무엇인가. 내각제냐 대통령제냐 등의 정치제도를 떠나서 정치인들이 가지고 있는 의식구조 때문이라고 본다. 서구사회에서는 국가 일을 보기 위해서 정치인으로 발을 내디딘 경우에는 공적인 문제와 사적인 문제를 분명히 구별하여 절대로 공적인 일과 개인적인 사사로운 일과는 구별하고 있다. 그러나 한국은 개인적인과 공적인 일을 합쳐서 하나로 생각하여 겉으로는 공적인 일을 표방하고 사적을 일을 추구해 나간다. 여기서 사적인 일이 깊이 관여되면서 여러 가지 인간관계와 비리가 연루되어 부정이 발생하게 되는 것이다. 한국은 지난 70년 동안 대통령의 권한을 이용하며 인사문제를 비롯하여 뇌물 문제 등의 권력남용으로 인해서 대부분 실패한 대통령으로 끝을 맺고 말았다.

Chapter 04

한국은 현재 선진국형 정치발전 진행형에 돌입했다

최근 고조되고 있는 한국인들의 정부규탄 시위 성향과 행동은 한국의 정치발전의 양상으로 나타난 현상이라고 것을 학술적인 차원에서 설명해보기 위해서 정치발전론의 이론에 적용해 보고자 한다. 1960년대 이래로 정치발전이라는 용어가 비교정치학자들 사이에 논의되기 시작하였다. 그러나 현재까지도 비교정치학의 문헌에는 정치발전이라는 용어에 대한 개념자체가 다양할 뿐만 아니라 혼미한 상태에 있다. 이러한 용어 자체의 혼미성은 정치이론의 정립과 일반사회과학 자체의 발전에 제한을 주고 있다. 정치발전론에 대한 개념을 정립하기에 앞서 몇몇 학자들의 이론을 소개해 보고자 한다. 50년대와 60년대에 있어서 다각적인 연구의 어프로치가 대두된 바 있으나 그것을 다음의 3가지로 특징 지워서 개관해 볼 수 있다. 첫째로 체계 기능적인 어프로치에 의존한 발전연구로서 예를 들면 알몬드와 파웰(Almond and Powel)의 비교정치(Comparative Politics: A Developmental Approaches)와 데이브 에프터의 근대화정치(Politics of Modernization)에서 찾을 수 있다. 둘째의 어프로치는 사회학적 어프로치로서 공업화, 도시화, 직업의 유동성의 증거 등 근대화의 일부이면서 정치발전에도 함축적인 의미를 지니고 있는 현상을 말한다. 대표적인 예로서 칼 도이치의 논문 사회 근대화와 정치발전(Social Modernization and Political Development)과 다니엘 러너의 전통사회의 통과(The Passing of Traditional Society: Modernizing The Middle East) 등을 들 수 있다. 셋째는 역사적 어프로치로서 두 개 이상의 사회를 비교하면서 정치발전과 관련시켜 보려고 노력한다. 대표적인 학자로서 시일 블랙(Cyril Black)의 근대화의 변화(The Dynamics of Modernization)와 바링턴 무어의 독재와 민주주의의 사회적 기원(Social Origins of Dictatorship and Democracy) 등을 들 수 있다.

정치발전 연구의 접근방법 외에 학자들 간에 정치발전의 개념의 정의에 의견이 분분하다. 알몬드는 정치발전의 개념정립에 크게 공헌한 학자이다. 그는 정치발전을 분석하는데 세 가지의 기준, 즉 구조의 다양함, 하부구조의 자치, 문화의 세속화 등을 들고 있다. 알몬드의 의견과는 대조적으로 루시안 파이는 정치발전을 3가지 요소 즉 타당성, 국가의 통합 및 참여 등으로 분류하고 있다. 파이의 분석 방법에 따르면 정치발전이란 정치제도와 관련하여 개인 간의 평등성의 증가, 환경과 관련하여 정치제도의 수용능력의 증가 및 정치제도 내에서의 제도와 구조의 다양성의 증대 등을 들 수 있다.

사뮤엘 헌팅톤도 정치제도 내에서의 정치발전의 개념을 타당성, 애국심, 민주성, 동원성의 4가지로 분류하고 있다. 헌팅톤은 타당성은 특수성으로부터 일반성으로의 전환 및 산만성으로부터의 특수성 및 기능의 다양성과 대중의 동원성도 정치발전을 뜻한다고 강조하고 있다. 헌팅톤과 알몬드 외에 정치발전의 개념정립에 공헌한 학자로서 로버트 워드와 와이너 교수를 들 수 있다. 워드의 주장에 따르면 정치발전이란 기능의 차이점이 높은 정도를 말하며 정치구조나 정치역할의 통합을 의미한다고 한다. 또 와이너 교수에 따르면 정치발전이란 다섯 가지의 통합 즉 국가의 통합, 지역의 통합, 가치의 통합, 엘리트와 대중의 통합 및 통합적인 행동을 의미한다고 주장한다.

이상의 학자들의 접근방법 및 개념 등을 통합해 볼 때 계속해서 정치발전이란 무엇이냐 하는 것에 대해서 혼미한 상태에 있다. 일반적으로 이상의 학자들의 의견을 종합해 볼 때 정치발전이란 단독적인 현상이라기보다는 사회. 경제적 차원과 함수관계로 파악하여야 한다는 것이다. 즉 어떤 일방적인 관계로 보다는 상호작용을 통해서 일정한 역사적 시점으로 형성되는 과정을 보려는 것이며, 종속적이거나 독립적인 관점을 벗어나 상호연관적인 현상을 보려는 것이다. 이상의 학자들의 개념을 정리해 볼 때, 정치발전이란 사회에서 요구하는 증가추세와 맞추어서 정치제도의 수용능력의 성장과정 현상이라고 할 수 있다. 성장에 대해서 여러 가지 형태로 취할 수 있으나 우선 정부기능의 다양성, 조직 면에서의 복합화, 정치제도의 자율성 증대 등을 뜻하는 것으로 볼 수 있다. 결론적으로 말하면 정치발전이란 정치의 제도화를 말하며 정치수용 능력이 성장과정을 통해서 지방의 도시화, 국민들의 교육수준의 증가, 구 가족 제도의 붕괴 및 언론보도의 공정성 등을 통해서 국민들이 보다 정부에 대해서 합법성의 요구의 증대, 국민들의 민주주의 정신의 증대 및 정치적으로 민주주의의 갈망 및 동원성 등의 요소로 규정지어서 특징지을 수 있다.

1980년대부터 나타나기 시작한 한국에서의 국민들의 정부에 대한 강한 민주화 요구현상도 이론적인 차원에서 보면 한국 정치발전의 한 현상이라고 가정할 수 있다. 이러한 가설의 설정 즉 1980년대부터 시작된 한국 국민들의 강한 민주화 요구현상과 한국의 정치발전은 상관관계를 가지고 있다는 가설을 입증하기 위해서 1945년부터 2016년까지 70년간 한국의 역사를 몇 가지 단계로 나누어서 적용하고자 한다. 즉 제 1단계는 1945년 해방 후부터 1960년의 학생혁명을 통해서 이승만 정권의 붕괴 및 장면정권의 설립, 제 2단계는 1961년 5.16 군사정권의 수립 및 1979년 제4공화국의 붕괴까지 그리고 제3단계는 1980년 제5공화국의 설립과 강한 민주화 요구 발생 및 1987년 민주화 이후 현재 민주화가 요구가 최고로 고조될 때까지의 3단계로 나누어서 설명해 보고자 한다.

제1단계는 1945년부터 1960년까지 즉 제 1, 2공화국까지의 기간을 말하며 이 기간 동안의 한국사회를 정치 발전론적 차원에서 고찰해보면 정치조직의 제도화의 기능의 전문화가 결여된 상태라고 볼 수 있다. 즉 정치조직의 비제도화 및 기능의 비전문화도 정치적 불안정 및 비효율적 및 정치적 비민주화라고 특정 지을 수 있다.

이러한 정치발전의 단계에서는 행정부의 우월한 중앙집권적 형태 즉 모든 권력이 중앙에로 집중되고 있다고 볼 수 있다. 따라서 이러한 정부 형태 하에서는 국민들의 정부에 대한 태도, 정당 투표 및 사법부의 법의 적용 등에 대해 부정적인 시각으로 보이고 있다. 따라서 이러한 정치발전 단계 하에서는 친인척 관계, 사회적 신분 및 사회계급 등에 따라서 법의 적용이 강하게 작용하여 공식적인 채널보다는 비공식적인 채널을 통해서 모든 일이 처리된다고 할 수 있다. 이 기간에 한국사회는 일제 식민지 상태에서 벗어난 지 얼마 되지 않은 상태에서 정치적으로 불안정, 정치적 조직의 비제도화 및 기능의 비전문화 상태에서 이승만 정권의 행정부의 중앙집권적 일당 독재형태 및 친인척에 의한 모든 일의 처리 및 실업자의 증가 및 경제적인 면에서 저개발국의 형태 등으로 특징 지워 볼 수 있다.

제2단계는 1961년부터 1987년 6.29 선언까지 제 3. 4, 5공화국기간 동안을 말하며 이 기간 동안 정치 발전론적 측면에서 보면 경제발전에 의한 농촌붕괴 및 도시 농촌의 통합 현상이라고 할 수 있다. 제3공화국 정부는 박정희 정권의 강력한 통제에 의한 경제 발전에 치중한 결과 비약적인 도약을 하였으며 이러한 경제발전은 각 분야에 복합적인 기하급수적인 발전을 하도록 만들었다. 특히 1970년대 정부의 조국 근대화 작업 및 새마을 운동은 농촌의 도시화 현상 및 농촌과 도시간의 격차를 좁히는 데 기여하였다. 이러한 한국의 경제발전은 새로운 사회계급 즉 1960년대 이전 농업국에서 1960-1970년대의 공업국으로 바뀌면서 중간층의 계급이 농민에서 다양한 직업을 가진 중산층의 탄생을 초래했다. 이러한 새로운 중간층의 직업으로서 의사, 교사, 은행원, 회사원, 학생, 교수 등 다양한 직업을 낳도록 하였으며 이들 중산층의 의식 또한 새로운 의식을 갖도록 만들었다.

새로운 의식을 가진 중간층은 한국정부의 정치적인 문제에 대해서 보다 적극적인 자세를 보이면서 정부의 비민주적 처사에 대해서 부정적인 관점을 가지고 보면서 보다 강한 민주화를 요구하고 나섰다. 이러한 현상은 1980년대 말 제5공화국 말에 더욱 심하게 나타난 현상이다. 1988년 즉 제6공화국 등장 이후 지금까지를 한국정치 발전에 있어서 제3기라고 할 수 있다. 제2단계는 3. 4공화국이 강력한 형태로서 경제발전에 치중한 결과 비약적인 경제발전을 하였으며 1988년 6.29 이후는 1980년대의 경제발전에 의한 정치발전의 성장기간이라고 규정지어 볼 수 있다. 정치발전이란 성장을 말하며 정부기능의 확장, 조직 면에서 복잡화, 정치제도의 자율성 등을 들 수 있다.

그러면 1980년대 이후에 일어난 민주화 현상은 왜 한국정치 발전 현상의 결과라고 규정지을 수 있을까. 정치발전을 이론적인 차원에서 보면 와이너 교수의 몇 가지 지적 사항인 가치의 통합, 엘리트와 대중의 통합, 통합적인 행동등과 관련지어 볼 수 있으며 사뮤엘 헌팅톤이 지적하는 정치발전의 개념 즉 합법성, 민족성, 민주성, 동원성 등의 특징과도 관련지어서 고찰해 볼 수 있다. 와이너 교수가 지적하고 있는 정치발전 요소의 형태들 중에서 한국은 제3, 4공화국을 통해서 이룩한 급격한 경제성장으로 인해서 엘리트와 대중간의 정치의식의 격차가 좁혀지고 가치관의 일치 및 민족정신이 고조된 결과 1980년대 표출된 강한 민주화 요구도 한국의 정치발전의 한 형태라고 규정지을 수 있다. 1970년대의 한국의 급속한 경제발전은 한국 국민들에게 정치적 타당성의 고조, 민족주의 정신의 증가, 민주주의 정신의 증가 및 사회이동성의 증가 현상을 초래했으며 이러한 현상은 1980년대 이후 정치발전 현상을 초래했으며 현재 한국의 엘리트 및 국민들 사이에 일고 있는 강한 민주화의 요구도 민족주의 정신의 고조, 민주주의 정신 및 정치적 타당성의 증가현상의 결과이며 한국의 정치발전이라고 규정할 수 있다.

한국은 지금 경제발전과 아울러 국민들의 정치의식 수준이 높아졌다. 따라서 정치제도도 국민들의 정치의식 수준에 맞추어야 한다. 한국정치가 세계 10위의 경제브랜드 가치를 가지고 있음에도 불구하고 아프리카 신생국과 같은 정치후진성을 벗어나지 못하고 있는 이유는 무엇인가. 내각제냐 대통령제냐 등의 정치제도를 떠나서 정치인들이 가지고 있는 의식구조 때문이라고 본다. 서구사회에서는 국가 일을 보기 위해서 정치인으로 발을 내디딘 경우에는 공적인 문제와 사적인 문제를 분명히 구별하여 절대로 공적인 일과 개인적인 사사로운 일과는 구별하고 있다. 그러나 한국은 개인적인과 공적인 일을 합쳐서 하나로 생각하여 겉으로는 공적인 일을 표방하고 사적을 일을 추구해 나간다. 여기서 사적인 일이 깊이 관여되면서 여러 가지 인간관계와 비리가 연루되어 부정이 발생하게 되는 것이다. 한국은 지난 70년 동안 대통령의 권한을 이용하며 인사문제를 비롯하여 뇌물 문제 등의 권력남용으로 인해서 대부분 실패한 대통령으로 끝을 맺고 말았다.

이제 대한민국 국민들의 정치문화와 의식수준은 선진국 수준으로 달려 나가고 있다. 모든 권한은 국민이 가지고 있으며 이미 대한민국 국민들은 실정법이나 국가의 제도 없이도 스스로 사회규칙을 잘 지켜나갈 수 있는 정치의식 수준을 가지고 있으며 스스로 실정법이 아닌 자연법에 따르고 지킬 수 있는 정치의식 수준에 도달했다. 단지 국민들의 생명과 재산을 보호해줄 편의적인 제도가 필요하다. 이러한 제도를 만들어서 잘 운영해 줄 사람을 국민들이 세금을 내서 관리하는 하인들이 필요하다. 그 하인들이 바로 정치인들이다. 정치인들에 대한 국민들의 생각은 정치인들이 더 이상 국민을 대표하는 사람들이 아니다. 그들은 단지 국민들의 일을 도와줄 고용인에 불과한 것이다.

수천 년 동안 피를 먹고 자라서 성숙한 민주주의 국가로 성장한 서양국가들의 국민들의 의식은 정치인을 높이 보거나 하지 않고 단지 자신들을 위해서 일해 줄 하인들을 뽑는다는 생각을 가지고 있다. 동양 삼국 중에서 서양 문물을 일찍 받아들인 일본의 경우는 정치인에 대해서 높이 평가하지 않는다. 유독 한국이 과거 조선시대부터 내려온 관존민비 사상이 아직까지 답습되면서 또한 군사독재정부가 계속되면서 정치인에 대해서 높이 평가하는 경향이 얼마 전까지 남아있기는 하다. 그러나 글로벌 시대에 한국국민들의 정치의식 수준은 서양인들의 의식수준으로 향상되어지고 있기 때문에 정치인을 높이 평가해서는 안 되며 정치인들이 약속을 지키지 못하는 경우에는 언제든지 바꾸어 버릴 수 있는 사고가 필요하다.

서양 정치 선진국 국민들과 다른 정치 후진국 국민들의 정치에 대한 사고는 행동하는 양심의 차이라고 할 수 있다. 서양인들은 정치인들이 잘못을 저지르는 경우 그들을 영원히 추방시키는 적극적인 행동을 한다. 반면 중국을 비롯한 동양인들은 그냥 앞에서 보고 뒤에서만 빈정되는 행동을 한다. 그리고 동시에 정치인들이 부정을 저지르는 경우에는 그냥 넘어가기가 일수이다. 왜냐하면 동양인들은 정치인들과 싸우는 경우 자신과 가족이 해를 입을까 두려워서 그냥 넘어가고 혹 정치인들이 큰 잘못을 저지르는 경우 감옥에 보내는 벌을 주더라도 금방 그 사실에 대해서 잊어버리고 얼마 후에는 그 정치인들이 다시 나타나 전에 저지른 죄보다 더 큰 죄를 저질러서 국민들에게 사기를 쳐서 피해를 주는 악순환이 되풀이된다. 그 이유는 바로 행동하지 않는 사고 때문이다.

막스 베버는 말한다. 행동하지 않는 동양인들을 세계의 역사에서 빼버리자고, 동양사회를 수천 년 동안 왕을 비롯한 위정자들이 국민의 인권을 유린하는 것을 알고도 국민들은 그것을 묵인하였다. 그 결과 위정자들이 기고만장하는 독재정치를 저지르고 말았다. 만일 민주주의에 행동하지 않고 침묵하는 자는 모두가 그 침묵에 대해서 책임을 져야만 한다. 인류의 역사를 통해서 민주주의를 발전시킨 것은 보수와 진보의 대결구도 속에서 보수와 진보 모두가 인류의 민주주의 역사발전에 기여했다고 할 수 있다. 그러면 진보와 보수 어느 쪽이 민주주의 발전에 크게 하였는가. 여기에 대해서 객관적이고 가치중립적인 시각에서 보면 진보주의가 인류의 민주주의를 발전시키는 데 더욱 더 기여했다는 가설을 설정할 수 있다. 이러한 가설을 역사적으로 검증하기 위해서 본론에서 진보와 보수에 초점을 맞추어서 이 글을 전개해 나가고자 한다.

한국의 경우는 해방 후 처음으로 진보정당인 민주노동당이 제도권에 진입하는 데 성공하였다. 광란의 역사 속에서 인류의 민주주의 역사를 발전시킨 보수·진보주의를 논하고자 한다. 그리고 인류의 민주주의 발전을 위해서 왜 진보가 더한층 기여를 해왔으며 동시에 민주주의를 위해서 왜 인류는 진보를 하여야만 하는가는 역사적 사실을 토대로 한 규범적 접근법을 사용하여 이 글을 전개해 나가고자 한다. 근현대사를 통해서 당시 진보주의 사상가들의 사상과 현재 우리나라가 처해 있는 입장을 접목시켜서 문제를 해결해 나가는 데 도움이 되리라고 기대한다. 또한 세계화시대에 동·서양의 보수·진보주의 사상가들의 사상을 이해함으로써 현재 보수와 진보로 갈라진 이분화된 사회에서 우리가 나가는 방향에 지침서가 되도록 방향을 제시하고자 한다. 현재 한국의 민주주의는 글로벌 세계 10위권의 경제대국이라는 명칭에 비하면 너무나 초라한 후진국형 정치현실을 벗어나지 못하고 있으며 그 원인은 바로 진보와 보수의 대결 구도 속에서 진보가 항상 매우 불리한 입장에 처해서 보수와 힘겨운 싸움을 계속해 나가고 있기 때문이다. 이러한 진보의 불리한 한국의 정치 환경을 극복하는 청사진을 제시하고자 한다.

Chapter 05

민주주의의 역사는 진보혁명의 역사다

인류의 역사는 마르크스가 주장한 것과 같이 필요에 의한 인간의 작용과 반작용의 노동의 연속이라고 규정하고 있다. 마르크스와 헤겔의 변증법과 연관 시켜서 우리는 과거와 현재와 미래의 역사를 규명해 볼 수가 있는 것이다. 인간은 필요에 의한 작용과 반작용의 연속의 과정 속에서 인간은 내면에 존재해 있는 인간 본연의 욕망을 달성하기 위해서 힘에 의한 투쟁을 계속해 나왔다. 인간의 역사를 필요한 목적을 달성하기 위해서 힘에 의한 투쟁을 작용과 반작용과 연관시켜 생각할 수가 있다. 인간이 자기가 필요로 한 것을 달성하기 위해서 노력을 한 후 목적을 달성한 후에는 그것을 놓치지 않고서 계속해서 현상을 유지해 나가려고 한다. 서양의 역사를 그리스 초기의 역사로부터 현재까지를 단계적으로 분석해 보면 우리는 몇 단계를 거치면서 진화되어 왔다고 할 수 있다. 그리스 초기의 자연주의 사상 시대부터 도시문화국가를 거쳐서 천 년간 계속된 신 중심 사회의 문화를 거치면서 인간의 역사는 많은 광란의 역사를 거치게 되었다.

인문주의 사회의 복귀인 르네상스 시대를 거치면서 본격적인 민족국가 중심사회를 이루면서 개인의 중요성이 부각되고 인류의 역사는 소용돌이의 역사가 계속되었다. 이러한 소용돌이는 인간사회가 더욱 발전적인 단계를 마련하는 계기가 되었다. 개인의 중요성은 혁명의 역사라는 광란의 역사의 연속을 불러오면서 인류 3대 혁명을 일으키게 된다. 인류의 역사는 끊임없이 계속되는 필요에 의한 인류의 작용과 반작용의 연속인 것이다. 이러한 역사 속에서 인류는 끊임없는 갈등을 계속하면서 발전해 나가는 것이다. 거시적으로는 국가와 민족의 패권을 위해서 투쟁을 계속해 나가는가 하면 국내에서 자신의 기득권을 위해서 끊임없는 변화를 추구해 나가고 있다.

사르트르는 인간은 태어나서부터 죽는 날까지 만족스럽게 살지를 못한다고 한다. 그것은 인간이 지구상에서 지층의 압축에서 무기질에서 생겨난 결과 불만족한 상태에서 조금이라도 모자라는 것을 메우기 위해서 끊임없는 변화를 추구해 나가는 것이다. 인간은 누구나 완벽하지 못하기 때문에 불만인 것이다. 이러한 인간의 불만은 결국 인류의 역사를 광란의 역사로 만들었다. 불만에서 시작된 인류의 역사는 다른 동물과 다르게 발전의 원동력을 가져오게 되었다. 인간이 다른 동물과 다른 점은 항상 불만족한 상태에서 삶을 유지해 나가는 것이다. 이러한 불만족한 현상은 인간이 다른 동물과 다른 고도의 문화를 창조하게 만든 것이다. 공리주의자 존 스튜어트 밀의 말을 인용하면 만족스러운 돼지보다는 불만족한 소크라테스가 되라는 말이 있다. 인간은 항상 불만족스럽기 때문에 이상을 지향하고 그 결과 다른 동물과 다르게 개인과 사회를 발전시키는 원동력을 만든 것이다.

인간은 불완전한 존재이다. 이러한 불완전한 인간은 스스로 완전해 지려고 노력을 한다. 니체는 인간이 완전한 초인이 되기 위해서는 천국인 하늘과 가까이 할 것이 아니라 천국인 하느님을 부인하여만하고 동시에 땅과 가까이 하는 사고를 가져야만 한다는 주장을 펴고 있다. 인간은 의식 상태에서 완전해 지려고 노력을 한다. 인간이 가지고 있는 실존은 자아의식과 무의식으로 구성되어져 있다. 무의식은 의식을 향해서 끝없는 질주를 시도하고 있다. 무의식은 인간이 불완전하다는 것을 알고서 완전한 의식을 향해서 질주해 나가고 있지만 의식과 무의식의 갭은 영원히 일치할 수 없는 갭이 남아져 있다. 인간은 단 한번 의식과 무의식은 일치를 하며 그 단계가 바로 죽음인 것이다. 인간은 죽음을 통해서 완전한 인간으로 변화되는 것이다.

인간에 대한 평은 결국 그 인간이 죽은 후에 다른 사람에 의해서 평가되는 과제인 것이다. 칸트는 영혼 불멸설을 주장하고 있다. 왜냐하면 인간이 죽은 후에 그 사람에 대한 평을 하기 위해서이다.

인류의 역사는 광란의 역사이다. 그 광란의 역사 속에서 인간의 불완전을 어느 정도 바로 잡아서 올바른 길로 들어서게 만든 것이 바로 정치라고 할 수 있다. 따라서 인류의 역사가 존재하는 한 정치는 필요악으로 남아서 인류의 발전에 기여하게 된다.

인류의 역사를 통해서 동서양의 문화의 차이점은 동양은 정적인 정치 문화라고 할 수 있으나 서양의 정치는 동적인 정치 문화라고 할 수 있다. 동양인들은 정치에 대해서 침묵을 지켜 나오면서 위정자에게 절대적인 복종으로 일관하는 민중 침묵의 정치였다. 그것은 중국의 경우 천자인 왕이나 천자로부터 권력을 위임받은 지방영주들에게 잘못하는 경우 전 마을의 씨족들이 멸족을 당하였다. 그러나 서양에도 절대적 권력을 가진 위정자에게 잘못 보이는 경우 목숨을 잃는 엄한 벌이 주어졌다. 막스 베버는 동양의 역사를 인류의 역사에서 빼버리자는 말을 할 정도로 동양인들은 인류의 발전 역사에 기여를 하지 못했다는 것이다.

그러면 왜 서양의 역사는 위정자에게 달려드는 혁명을 감행할 수 있으며 동양의 역사는 왜 침묵으로 일관하는 역사의 연속이었을까.

그 원인은 가장 크게는 서양의 수도사 문화를 바탕으로 하는 기독교 정신이라고 할 수 있다. 서양기독교 문화는 동양사회에서 주류를 이루고 있는 공맹사상이나 불교사상과는 근본적으로 다른 사고를 가지고 있다. 동양사회의 주류를 이루고 있는 유교사상은 공자와 맹자의 사상을 바탕으로 하고 있다. 당시 공자가 살던 시대는 중국이 춘추전국시대로 사회의 안정을 가장 중요시 여기는 사고를 바탕으로 하고 있다. 그러다 보니 사회의 안정성이란 윗사람에게 절대적인 복종을 바탕으로 하여야만 한다는 것이다. 일본의 경우도 현재 일본사회에서 노조가 크게 활성화 되지 못하는 원인은 바로 회사의 사장은 자신의 부모와 같이 자기를 먹여 살리는 인물로 생각하는 유교적 사고를 바탕으로 하기 때문이다.

유교사상을 바탕으로 공자 사상과 맹자 사상 중에서 맹자가 어느 정도 혁명적인 사고를 가지고 천자가 잘못하는 경우에 혁명을 할 가능성을 열어 놓기는 하였지만 동양의 유교사상의 주류는 공자사상이기 때문에 절대적 안정 사회를 희망하는 유교사상이 사회발전을 크게 저해하였다. 인도에서 발생하여 일본과 한국 등 동남아시아 지역에서 번성하는 불교 역시 사회의 현실참여 보다는 자신의 수련을 통해서 스스로 부다가 되는 사상을 바탕으로 하고 있기 때문에 사회에 대한 현실 참여를 거부하고 있다. 중국의 중원천지를 처음으로 통일한 진시황제가 가장 먼저 완성한 작품인 만리장성의 축은 무엇을 의미하는가. 바로 동양인들의 사고인 도전이 아닌 응전의 사고를 보여주고 있다. 앞으로 계속해서 진군해 나가는 정신이 로마의 정신이라면 더 이상 앞으로 진군하지 말고 여기서 방어만 하겠다는 정신이 바로 만리장성을 쌓은 진시황의 사고이자 동양인들의 사고인 것이다.

서양의 기독교 정신은 모세의 탈 애굽에서 시작된다. 모세가 탈 애굽을 한 원인도 바로 정치적으로 박해를 당하는 민족을 가만히 보지 못하고 정치적인 자유를 찾아서 애굽을 떠나서 젖과 꿀이 흐르는 가나안 땅으로 이주를 하였다는 사실은 문화적으로 의식주를 떠나서 인간에게 필요한 자유를 더욱 더 중요시 여기는 것이다. 이것은 불교나 유고와는 다른 기독교의 인간이 가지고 있는 자유에 대한 적극적인 현실참여를 잘 나타내고 있는 것이다. 이스라엘 민족이 중동으로 이동을 하여 로마의 지배하에 들어가서도 그들은 인간에게 가장 중요한 자유인 정치적인 자유를 희망하는 과정에서 로마의 박해를 가장 심하게 받기 시작하였으며 특히 다른 지배 국가들과는 달리 이스라엘 민족에 대한 박해를 더욱 더 가혹하게 하였다. 이러한 상황에서 이스라엘 민족은 자신들이 바라는 구원자를 기대하였으며 그 구원자가 바로 예수라는 지도자라고 할 수 있다.

이스라엘 민족이 원하는 지도자는 바로 그들에게 자유를 찾아주는 정치적 지도자를 원하면서 기독교라는 종교적 자유를 바탕으로 하여 정치적 독립을 원하였다. 이것은 구약의 모세가 이집트를 탈출하여 독립하는 정치적 독립과 같은 맥락에서 이해할 수 있다. 만일 기독교가 강한 자유를 향한 현실적인 정치성을 외면한 종교라면 기독교는 그 당시 지배당한 민족들이 가지고 있는 다신교 중의 하나의 종교에 불과하였다. 만일 기독교가 로마의 체제를 위협할 정도로 강한 자유를 희망하는 종교가 아니었다면 로마는 체제가 붕괴될 정도의 위협을 느끼면서 313년 콘스탄틴누스 황제는 로마에서 기독교를 국교로서 인정을 하였을까. 사실상 로마는 거대한 왕국으로 지배체제를 구성하여 각 지역의 정복민족들 중에서 우수한 인재를 고루 등용하고 어느 정도의 지배민족에게 자유를 허용하고 있었다. 그러나 기독교를 바탕으로 하는 이스라엘 민족은 현재와 같은 강한 절대적 자유를 희망하면서 로마는 기독교를 공인 로마 국교로서 인정을 하였다. 따라서 천 년 간 계속된 중세 기독교 중심의 사회는 이미 인간의 자유를 바탕으로 형성되었다고 할 수 있다. 로마에서 만들어서 시행된 로마법은 인간의 존엄과 가치를 가장 존중하는 법이라고 할 수 있다. 또한 로마에서 왕정으로 복귀하기 전에 공화정제도에서도 로마는 이미 민주주의제도를 채택하고 있었다. 아우구스투스에 의한 왕정복귀에서도 로마는 기독교를 바탕으로 하는 인간의 자유를 존중하는 왕정을 시행하였으며 네로와 같은 폭군이 나오는 경우 왕좌에 추방시켰다.

이렇게 천 년 간 계속된 중세 수도사 문화를 단지 인간의 발전을 저해한 원인을 어디에다 두고 있는가. 이것은 현대의 역사에서 과학과 기술적인 잣대에서 볼 때 발전의 속도를 늦추었다는 것이다. 너무나 인간 본연의 자세를 버리고 신에게만 의존하였다는 점에서 암흑시대라는 것이다. 그러나 인간의 자유와 관련하여 이미 서양의 민주주의와 현대 혁명이 일어나는 원동력은 수도사 문화를 이루는 기독교 정신이라고 할 수 있다. 현대 문명과 국가의 탄생을 알리는 30년 종교전쟁의 원인은 결국 인간에게 가장 소중한 자유를 찾기 위해서 종교자유 해방 전쟁이 일어났으며 미국 땅 신천지가 탄생한 원인도 좁은 의미에서의 종교의 자유이기는 하지만 거시적인 차원에서는 인간 본연의 자유를 찾기 위해서 유럽을 출발하였다고 할 수 있으며 이것은 모세가 정치적 자유를 찾아서 민중을 이끌고 가나안 땅을 밟은 것과 같은 맥락에서 이해 할 수 있다. 현재 미국이 가장 중요시 여기는 것은 바로 자유주의를 전 세계 심는 일이다. 미국인들은 자유와 관련된 일이면 무슨 일든지 참여를 하려고 하며 이것은 자신들이 반드시 수행해 나가야할 의무라고 생각한다. 이것은 미국인들이 가지고 있는 기독교 정신의 일부라고 생각할 수 있다.

따라서 비록 천 년 간의 중세 기독교 정신을 바탕으로 하는 암흑시대는 인간의 자유의 역사에는 퇴보하지 않았다고 할 수 있다. 동양사회가 오로지 천자에게만 의존하던 시대와는 완전히 다른 차원의 역사인 것이다. 인간이 하느님에게만 의존하여 인간 본연의 자세로 돌아와서 인간은 과학과 기술을 바탕으로 하는 계몽주의적 사고 역시 자유라는 천 년간 계속된 기독교 정신을 하부구조로 하여서 과학과 기술을 발달시켜 나갔기 때문에 인간의 제 2의 혁명인 산업혁명을 일으킬 수 있었다. 따라서 인간의 제 2의 혁명인 산업혁명은 단순히 자유를 바탕으로 하지 않는 사고를 바탕으로 하여서는 이루어질 수가 없는 것이다. 영국에서 가장 먼저 산업혁명이 일어나서 다음으로 순차적으로 자유를 바탕으로 하는 유럽 국가들에게 전파된 원인은 영국이 가장 자유주의를 바탕으로 하는 민주주의가 발달하였기 때문이다.

현재 세계 패권국인 미국이 영국에서 일으킨 산업혁명을 영국이 완성하지 않고 미국에서 산업혁명을 완성한 이유는 바로 미국이 자유주의를 바탕으로 하는 기독교 정신 때문이라고 할 수 있다. 알렉산더 해밀턴에 의한 중상주의냐 와 토마스 제퍼슨의 중농주의냐를 어디에 정책의 방향을 잡느냐에 문제가 있는 것이 아니라 국가를 떠난 전적인 민간인이 지배하는 체제로의 전환이 바로 자유를 바탕으로 하기 때문이다. 산업혁명으로 인해서 동양과 서양의 격차는 점점 더 벌어져서 결국은 동양의 맹주인 중국이 영국 등 산업혁명이 일어난 서양 국가들의 식민지나 다름없는 국가로 전락하고 말았다.

여기서 우리가 알 수 있는 것은 전통 유교사상을 바탕으로 하는 자신의 자유를 침해하는 국가에 대해서 그대로 순종과 침묵하는 국가는 발전을 할 수 없다는 것이다. 서양의 민주주의의 발달사는 로마 교황 이후에 지배세력으로 완전히 전면에 부상한 왕에 대해서 자유를 바탕으로 하는 왕의 국민의 자유권 박탈을 기준으로 하여 서로 간의 힘의 대결이라고 할 수 있다. 국민의 자유는 생명권과 재산권이 가장 큰 이슈가 되었다.

세계 3대 혁명인 영국의 명예혁명과 프랑스혁명과 미국의 독립혁명 모두가 왕의 국민에 과도한 세금과 식민지 국민들에 대한 과도한 세금문제에서 시작되어서 혁명으로 번져 나갔다. 결국 혁명의 원인은 고전 혁명이론의 저서인 크레인 브린톤의 혁명의 해부에서 혁명의 원인은 국가의 재정적자의 원인을 가장 큰 원인으로 보고 있다. 사실상 왕은 국민들로부터 세금을 걷어서 그 세금을 가장 합리적으로 운영하여 국민들이 잘 살 수 있도록 만들어줄 의무를 가지고 있다. 만일 왕이 이러한 세금관리 정책에 실패 하는 경우에는 비록 그 왕의 인품이 훌륭한 왕이라고 할지라도 왕좌에서 물러나야만 한다. 그런데 당시 대부분의 왕들은 왕권신수설을 믿고서 자신은 타고난 국가의 주인이라는 생각을 가지고 있었다. 프랑스혁명을 일어나게 만든 루이 16세의 선조인 루이 14세는 짐이 국가다. 라는 말로서 국가의 재정의 축을 내었으며 루이 16세에서 국가 재정 적자를 메우기 위해서 국민들에게 많은 세금을 요구한 것에서 프랑스혁명이 일어난 것이다.

또한 영국의 명예혁명도 왕이 의회와 세금문제로 마찰을 일으키면서 혁명이 발생하였다. 미국의 독립혁명도 영국 정부가 식민지인 미국 보스 톤의 차에 대해서 세금을 과하게 매기면서 혁명의 발단이 되었다. 이처럼 왕과 국민간의 관계에서 국민의 자유를 침해하는 행위에 반기를 드는 혁명적 행동은 기독교 정신을 바탕으로 하고 있다. 중세봉건 사회에서도 농노와 영주 간에는 비록 불평등한 조약이기는 하지만 영주는 농노들의 생활권 및 자유를 보호할 의무를 지니고 있었다. 이것은 기독교적 관점에서 하나의 계약이라고 할 수 있다. 만일 영주가 계약을 위반하는 경우 농민들은 영주에게 반기를 들고 혁명을 일으킬 수 있는 권리를 부여 받기는 하였지만 이것이 후세에 와서 시민사회 혁명의 원동력이 된 것이다.

따라서 서양 민주주의의 발달은 기독교 중심의 문화를 바탕으로 발전되기는 하였지만 근세에 일어난 유럽의 혁명과 현대 공산주의에서 주장하는 혁명은 완전히 다르다고 할 수 있다. 프랑스혁명과 미국 혁명과 영국의 혁명 등 3대 혁명을 제외하고 20세기에 일어난 레닌 혁명을 비롯한 카스트로 혁명과 모택동 혁명 등 소위 공산주의 국가를 창설하는 공산주의 혁명을 다른 차원에서 이해 할 수 있다. 공산주의 혁명과 앞의 세계 3대 혁명의 차이점은 기독교 정신을 바탕으로 한 혁명과 반 기독 교 정신을 바탕으로 하고 있는 혁명이다. 서양 기독교 정신의 탄생은 모세가 탈애급과 유태민족의 로마정부에 대한 저항 및 청교도인들의 종교탄압에 항거하여 출 유럽행을 감행한 바로 그 정신인 것이다. 그 기독교 정신은 행동하는 양심을 바탕으로 하는 진보적 사고인 것이다. 만일 그들이 진보적 사고를 바탕으로 목숨을 내건 저항을 하지 않았더라면 현재 미국은 탄생하지 않았을 것이며 약 1천 년간 계속된 신중심의 인류 역사는 그대로 유지해 나갔을 것이다.

Chapter 06

서양혁명의 이론을 제공한 사상가들

중세 신 중심사회에서 민족국가 중심사회로 넘어가면서 교황권에 대해서 개인의 권리를 보호하는데 위협적인 존재가 바로 왕권의 강화에 있었다. 왕은 교황을 대신에서 왕권신수설 등 인간 위에서 군림하는 절대적 존재로 인권을 침해하는 가장 위협적인 존재로 등장하게 되었다. 왕권강화에 비례해서 개인을 보호해야 한다는 사상이 서서히 부각되면서 개인과 국가 간에는 마찰이 생기기 시작했다. 이러한 개인을 국가인 통치자로부터 보호해서 국가가 국민의 생명과 재산을 보호하지 못하는 경우 국가는 통치권을 국민에게 내주어야만 한다. 국민들은 그 통치권을 국민들의 생명권과 사유재산권을 보호할 수 있는 다른 통치권자를 선택하여 그 통치권을 인계하여야 한다. 이 과정에서 통치자가 통치권을 인수하지 않을 경우 국민은 무력적인 힘의 행사인 혁명을 하여야 한다.

실제로 왕을 중심으로 한 국가의 통치자들은 국민들의 인권을 유린하였다. 이러한 단계에서 근세 유럽 국가들의 국민들에게 혁명 사상을 가지도록 사상을 전달한 사상가들이 많이 있었다. 이들 진보적 사상가들의 도움으로 근세 유럽은 세계 3대 혁명인 영국의 명예혁명, 프랑스혁명, 미국의 독립혁명이 성공을 거두었다. 이러한 사상가들이 있었기 때문에 인류의 민주주의는 또 한 단계 올라서게 되었다. 이 시대의 대표적인 사상가로서 토마스 홉스, 존 로크, 장 자크 루소를 들 수가 있다. 홉스의 사상은 영국의 명예혁명을 일으키는 원동력이 되었다. 로크의 사상은 미국 혁명의 원동력이 되었다. 특히 미국인들의 기본사상과 미국 헌법은 로크의 개인주의 정신인 로키안 패러다임을 기초로 삼고 있다. 프랑스혁명은 루소의 사회계약론인 일반의사의 정신으로부터 일어났다.

토마스 홉스(Thomas Hobbes)

근세 서양의 계약론 사상을 대표하는 토마스 홉스는 1588년 영국의 말메스버리에서 태어나서 1659년 91세에 죽었다. 1640년 영국의회에서 왕의 절대 권력을 지원하라는 명령에 반기를 들었다가 파리로 추방되었다. 파리에 11년간 머물면서 대표작인 리비아디안(Leviathan)을 저술하여 런던에서 1651년 출간하였다. 리비아디안에서 그의 무신론적 입장은 영국교회로부터 크게 비난을 받았다. 1660년 왕정이 회복된 후 홉스는 왕으로부터 용서를 받기는 했으나 리비아디안은 교회로부터 계속적인 적대감을 불러 일으켰다. 의회에서 그 문제에 관해서 재심한 결과 아무런 죄가 없다는 판결이 내려져 그 이후 홉스는 그의 생애를 평안하게 보낼 수 있었다. 홉스의 생애 동안 일어난 정치적 사건들은 그 시대가 불안정한 시대였다는 것을 보여주고 있다. 1645년까지 왕과 의회 사이의 내란, 1648년의 두 번째 내란, 1649년 찰스 1세 처형, 1654년부터 1658년까지 크롬웰의 섭정, 1660년의 회복 등 정치적인 격동기의 연속이었다. 이러한 시대와 관련하여 그의 사상은 이 시대를 역력히 나타내고 있다. 그의 혁명적이고 진보주의 사상에서 그가 안정된 정부형태의 강조 및 국민들의 정부에 대한 복종 등을 강조한 이유를 이해할 수 있다.

토마스 홉스에 의하면 인간의 행동은 그들의 성격이나 환경에 의하여 결정되며 이성의 기능은 그들의 욕망을 달성시키는 데 목적을 두고 있다. 홉스는 인간성은 세 가지의 경험에 근거를 두고 있다. 첫째, 인간의 모든 자발적인 행동의 기본적인 동기는 욕망과 혐오에 있다. 욕망과 혐오는 두 가지 상충되는 형태인 감각과 의사의 혼합적인 수단에 의해서 이루어진다. 두 번째로 인간들은 직접적으로 얻을 수 있는 목적을 위해서 뿐만 아니라 장래의 욕망을 만족시킬 수 있는 확신을 위해서 행동한다. 인간의 행동 목적은 한번 즐기기 위해서 하는 것이 아니라 장래의 욕망을 확신하기 위해서 행동한다. 셋째로 인간들은 결과에 대한 지식을 얻음으로서 이성의 기능을 가지고 있다. 홉스에 의하면 지식은 경험으로부터 일반화시켜서 얻는다. 인간들은 그들의 욕망을 얻기 위해서 가장 효과적인 수단을 생각한다. 홉스는 권력에 대한 인간의 욕망은 인간의 다른 욕망과 똑같이 강렬하다. 그러나 권력에 대한 욕망은 이성의 사용에 따라 도출된 욕망이다. 인간이 장래의 욕망을 만족하기 위한 꿈을 실현하기 위한 결과로부터 나왔다.

홉스가 도덕적인 경험에 대한 인간성을 바탕으로 분석한 것은 찾아 볼 수가 없다. 그러나 경험을 묘사한 단어들은 비도덕인 개념을 분석한 것처럼 보인다. 홉스는 인간성을 분석하기 위해 두 가지 단계인 사회생활 전 단계와 사회생활 후의 두 단계로 나누어서 분석하고 있다. 우선 사회생활에 들어가기 전 단계에서는 사람들은 어떤 조직사회의 일원이 아니다. 선이란 사람들의 기본적인 욕망에 대한 목적이며 악이란 사람들이 싫어하거나 꺼리는 것을 말한다. 따라서 홉스는 이 단계에서는 선과 악에 대한 독자적인 기준이 없다고 한다. 인간의 욕망과 회피가 인간에게 선과 악을 결정한다. 그러나 사람이 사회 안에 살고 있다면 선과 악이란 주권을 구성하고 있는 사람과 사람에 의해서 결정된다.

홉스는 인간의 능력이 서로 다르면서 인간은 각자의 이익을 추구하기 때문에 정부의 강압적인 행위가 없다면 인간은 전쟁상태에서 살 수 밖에 없는 것이다. 개인 각자가 각자에 대해서 서로 싸움을 하고 있는 상태 다시 말하면 만인의 만인에 대한 투쟁 상태인 것이다. 이러한 상태는 개인 각자가 끊임없이 싸움을 한다는 것을 의미하는 것이 아니라 개인 각자는 끊임없이 공격을 받고 위험을 안고 있으며 개인 각자가 힘을 가지고 있지 않다면 아무런 안전을 확보할 수가 없다. 홉스는 이런 상태 하에서는 문명된 삶의 추구란 불가능하며 인간의 생활은 고독하고 가난하고 불쾌

하며 야만적이며 불충분하다는 것이다. 홉스는 이러한 것이 자연 상태에서의 인간의 조건으로 보았다. 이런 조건은 만일 인간이 정치적인 조직단체에 속한다고 하지 않으면 이러한 상태가 계속되는 것이다.

정치적 조직단체가 없는 상태에서는 이러한 결과들이 항상 계 속 되어진다. 이것을 입증하기 위해서 홉스는 야만인 생활과 독립된 주권국가의 행동에 관해서 언급하고 있다. 인류학적 연구에 의하면 가장 원시적인 사회에 있어서까지 기본적인 사회생활이 있으며 도덕 규율이 있다. 아리스토텔레스가 인간은 사회적 동물이라는 말을 보아도 알 수 있다. 여기에다 홉스는 주권국가의 행위에 대해서까지 언급함으로서 더욱 더 큰 의미를 가지고 있다. 최근까지 국제적인 분규가 발생 했을 경우 유엔의 상임위원회에서 그 문제를 해결하고자 했다. 일반 국가들은 그들의 행위가 올바른 것인지 아닌지 하는 것을 판단하도록 요구하는 것을 말한다. 개인은 개인각자에 의해서 행해진 행동이 도덕에 맞는지 아닌지 하는 기준에 따라서 벌을 받는다. 이러한 법에 대한 두려움이 없을 때는 다른 사람의 이익을 무시하는 이기심이 더욱 증가되어 버릴 것이다.

홉스는 인간은 이성을 가지고 있으며 그 이성을 사용함으로써 자연 상태에서 벗어 날 수 있다. 이성이란 행동의 목적으로 선정하는 것이 아니다. 이성은 단지 인간의 욕망에 의해서 결정되는 것이 아니라 인간이 갈망하는 목적을 가장 합리적으로 얻을 수 있는 것을 말한다. 이러한 이성으로부터 나타나는 일반적인 법칙을 자연법이라 한다. 홉스가 보는 자연법에 대한 자신의 정의는 자연법이란 이성에 바탕을 둔 교훈 또는 일반 법칙이다. 자연법이란 인간생활을 파괴하는 것을 금지하는 법칙 또는 가장 잘 유지 할 수 있도록 되어있는 일반적인 법칙이나 교훈을 의미한다. 이러한 관점에서 홉스는 암시적인 관점에서 금지란 용어를 사용하고 있다. 홉스는 이성이란 어떠한 권위나 인간이나 신에 의해서 금지되어 있는 것을 뜻하는 것이 아니다. 이성이란 자연적으로 그들의 생명을 유지하려는 욕망이나 생명을 유지하기를 원한다면 무엇을 피해야만 하는 것을 보여주는 것이 이성을 의미한다. 자연법에 불복종하는 것은 도덕적으로 잘 못된 것이 아니라 단지 비합리적인 이유 때문이다. 그 이유는 자연법에 불복종한다는 것은 인간의 생명을 유지하려는 것과 일치하지 않기 때문이다.

홉스는 몇몇 자연법에 관한 이론을 제안했다. 인간은 무엇을 얻는 과정에서 평화적으로 얻고자 하고 있다. 그러나 그가 평화적으로 얻을 수 없을 때에는 모든 수단과 방법을 가리지 않고 그 것을 얻으려고 노력하며 결과적으로 볼 때 그는 전쟁에 이르게 된다. 이러한 전쟁을 막고 평화적으로 해결하기위한 자연법이 존재한다. 다음으로 우리는 자신을 방지하는 자연권이 존재한다. 홉스는 이러한 자연법에 의해서 인간은 이웃들과 평화적으로 살 수 있으며 실제로 그렇게 될 수 있다고 보았다. 그러나 인간 각자가 적법한 방법에 의해서 사는 것은 불가능 하다는 것이다. 자연법 내에서 인간은 다른 사람이 원하고자 할 때 자기도 역시 그것을 원하고 있다. 모든 사람들은 평화적으로 그것을 얻기를 원하고 있다. 그리고 모든 사람들이 평화적인 방법으로 자기 자신을 방어하는 것이 필요하듯이 팔에 쌓여있는 물건에 대해서 자기가 얻을 수 있는 만큼 다른 사람에 우선하여 그것을 막을 권리가 있다. 법치국가에서 사람이 평화와 안전을 필요로 한다면 다른 사람의 평화와 안전을 충족시키기 위해 노력해야 한다. 만일에 사람이 자연 상태가 계속되기를 원하면서 그의 생활을 유지해 나가기를 원한다면 다른 사람들도 그렇게 되도록 해야 한다. 그의 자유와 관련된 모든 사람들이 원하는 물건이 하나만 있다면 그것은 모든 사람들이 가지기에는 한계가 있다. 만일 한사람이 다른 사람의 힘을 줄이려고 노력한다면 자신들의 안전을 위해 힘과 재능을 발휘함으로써 전쟁상태를 가져오는 결과를 가져올 것이다. 따라서 홉스는 인간에게는 자연권이 부여되어있기 때문에 자연권을 이용하여 권리를 유지해 나갈 수 있다. 또한 자신의 생명을 유지해 나가기 위해서는 자신의 힘인 자연권을 사용할 수 있다.

홉스가 말하는 자연권이란 그 힘을 가장 잘 발휘하려고 하는 것을 말하는 것이 아니라 자유를 그렇게 얻도록 하는 것이다. 홉스는 자유에 대해서 자유란 외적인 장애 다시 말하면 외적인 방해가 없는 것이라고 정의를 내리고 있다. 인간이 판단과 이성에 의해서 그의 힘을 사용할 때 그를 방해하는 것을 없애는 것을 말한다. 홉스의 새로운 이론은 인간은 그가 할 수 없기 때문에 하기를 원하는 것으로부터 막아진다. 자연 상태에서 인간은 어떤 상상과 심리에 의해서 행동의 제약을 받고 있는 것이 아니라 강제적으로 할 수 없기 때문에 하지 않는다는 것이다.

홉스는 인간은 모든 것을 할 권리를 가지고 있다는 것이다. 따라서 인간은 인간 각자에게 부여된 자연권을 모든 것에 행사할 수 있다. 홉스는 인간은 인간에게 주어진 권리를 사회계약이라는 방법에 의해서 양도가 이루어진다. 인간은 인간이 필요하다고 생각할 때는 인간이 가지고 있는 모든 권리를 그 권리를 행사할 수 있는 사람이나 기관에다 그것을 양도하여 권위를 부여할 수 있다. 홉스는 인간이 각자의 권리를 포기하거나 각자의 권리를 다른 곳으로 양도할 때는 인간은 자신의 이익을 위해서 양도한 기관에 방해를 해서는 안 되며 반드시 그 사람 또는 그 기관에 복종하여야만 한다는 것이다. 인간의 이러한 권리 포기나 권리 양도는 자신의 의사이며 자신의 행동인 것이다. 홉스는 인간에게 부여된 이러한 권리는 자연권이며 자연권을 양도하려고 하는 사람은 그가 양도한 자연권을 행사하는 사람에게 방해되는 행동은 하지 말아야 한다. 더욱이 양도받은 기관이나 사람이 그 권리를 잘 행사할 수 있도록 도와주어야 한다. 그러나 인간은 자기가 가지고 있는 권리를 강압에 의해서 양도한 사람에게는 복종할 의무를 가지고 있다고 보지 않는다. 그가 처음 생각했던 의도와 모순되는 경향이 있을 때는 자연권을 다시 돌려받거나 그것을 유보시킬 수 있다.

홉스의 생각은 인간의 행동은 개인적인 욕망과 혐오에 의해서 결정된다. 인간은 그의 자연권을 다른 사람에게 양도함으로서 그의 욕망을 충족시킨다면 그가 가지고 있는 권리를 양도하여야 한다. 홉스는 인간이 그의 자연권을 유보 또는 양도하는 가장 근본적인 이유와 목적은 단지 자기 자신의 안전을 위해서이며 그것만이 그의 생명을 유지하는 일이다. 권력 또는 권리 상호간의 전도를 홉스는 계약이라고 부르고 있다. 어느 한쪽이 계약을 이행하기 전에 한쪽에서 먼저 계약을 이행하면 다른 쪽은 맹약이 되는 것이다. 여기에서 중요한 것은 의무에 관해서이다. 의무라는 것은 육체적이거나 정신적인 강요를 의미하는 것이 아니라 합리적인 방법에 의한 강요로서 한쪽에서 공약한 것을 이행하면 다른 편에서도 이미 계약된 부분을 이행하는 것을 말한다. 홉스에 의하면 인간은 천성적으로 탐욕이나 욕망이 너무 강하기 때문에 어떤 강압적인 힘이 없이는 그들의 계약을 지켜나간다는 것은 보장할 수가 없다. 대부분의 사람들은 강압적인 칼이 없이 단지 말로만의 계약으로 모든 사람의 안전을 확보할 수가 없다. 만일 계약의 이행을 믿을 수 없다면 인간은 자연 상태나 마찬가지로 모든 불이익이나 위험을 감수하여야 한다. 홉스는 이러한 두려움으로부터 사람들을 지키기 위해서 공동의 힘을 만들어 공동의 이익을 추구해 나가도록 그들을 지시하도록 하자고 한다. 이것을 홉스는 정부라고 부르고 있다.

그러한 공통적인 힘을 모으는 유일한 길은 사람들의 모든 힘과 권력을 한사람 또는 한 집단으로 모으는 길이다. 국민들의 뜻을 감소 시켜서 그들의 목소리를 한곳으로 모아서 국민들이 그곳에 복종하도록 하는 일이다. 홉스는 이러한 목적을 수행하기 위해서 각자는 다른 사람들과 협의하여 어떠한 제도를 만들어야 한다는 것이다. 국민 각자는 어떤 한사람에게 자기의 권리를 다스릴 사람에게 자기의 권리를 수여하여야 한다. 이렇게 권리를 물려받은 사람 또는 집단은 그러한 계약 조건에 따라서 행동하여야 한다. 홉스는 이것이 단체의 기원이라고 본다. 이러한 권한을 양도받은 사람 또는 구성단체를 홉스는 주권이라고 한다.

홉스는 암시하기를 어떠한 환경에 따라서 사회계약을 취소한다는 것은 합법적으로 본다. 주권에 대한 국민들의 의무는 주권이 그들을 보호할 수 있을 때 까지만 가능하다. 주권이 그들을 보호할 수 없을 때에는 누구도 철회할 수 있다. 국민들이 안전을 위해서 가지고 있는 자연권을 주권자에게 양도할 수 있다. 그러나 주권자가 그들의 목적을 달성하지 못할 때는 복종자인 국민들은 주권자에게 준 권리를 양도받아서 그들의 생명과 안전을 보호 해 줄 수 있는 다른 주권자에게 그들의 권리를 양도할 수 있다. 주권자와 국민들 간의 계약을 깨뜨릴 수 있느냐 아니냐의 문제와 관련하여 홉스의 견해는 일관성이 없으나 강하고 안정된 정부를 희망하는 그의 의도와는 다소간 다른 표현이다. 이와 관련하여 홉스의 또 다른 견해는 사회계약은 되돌려 받을 수 없는 것이다. 어떠한 조건 하에서도 양도한 권력을 주권으로부터 되돌려 받는다는 것은 불가능한 일이다. 국민들이 그들의 행동과 판단에 의하여 만든 계약은 그들 사이에 새로운 계약을 만든다는 것은 합법적인 일이 아니다. 주권자의 허가 없이는 새로운 계약을 만든다는 것은 불가능하다. 사회계약에 의해서 주권자에게 주어진 권력의 양도를 다시 취소시킨다는 것은 불합리한 일이다. 홉스의 사회계약은 분명히 일관성을 잃고 있다. 그러나 분명한 것은 홉스는 안정되고 강한 정부를 희망하고 있다. 홉스가 강조하는 있는 점은 주권의 필요조건은 절대적이며 자격을 따질 필요가 없으며 정부가 소유하고 있는 주권의 힘은 안정되고 질서 정연한 사회를 구성하고 있어야 한다. 그러나 정부가 처음의 의도대로 국민을 위해서 권력을 행사하지 않더라도 주권은 그대로 유지하고 소유할 수 있다는 것을 의미하는 것은 아니다.

홉스의 진보적 사상은 그의 이상국가론의 개념을 정리 하려고 노력하고 있다. 대부분의 진보주의 사상가들은 이상적인 국가 또는 순수한 이상론을 단지 도덕적인 차원에서 추정해 보려고 노력을 시도했다. 그러나 홉스는 이상이란 개념을 순수한 합리적인 이상이란 차원에서 간주하고 이상 국가를 그들의 욕망을 달성하기 위한 가장 효과적인 수단으로 간주하고 있다. 홉스의 견해에 의하면 정부의 목적은 도덕적인 형태에서 이상 국가를 유지하는 것이 아니라 국민들의 근본적인 목적을 충족시켜주는 것이다. 그의 대표작인 리비아디안에서 홉스는 그의 이론은 절대적인 권력인 강한 정부는 사회계약에 의해서 국민들의 요구에 의해서 성립된 정부를 의미한다. 인간의 욕망을 넘어서 평화와 안전을 보장 한다는 관점에서 국민들로부터 양도되어서 수립된 정부라는 것을 정당화시키고 있다. 홉스는 현존하는 국가는 바로 이러한 국가를 말하며 도덕적인 국가란 현존하는 국가와는 달리 인간의 이상적인 면에만 치중하고 현실적인 면에는 약하다는 것이다.

이러한 관점에서 볼 때 홉스의 사상은 도덕적인 사상과는 거리가 먼 실용적인 사상이다. 그의 사상은 비도덕성에다 초점을 맞추어서 인간의 목적을 극복시키는 활용성에다 중점을 두고 있다. 그의 사상은 조직적인 정부를 정당화시키는 데 근본 목적을 두고 있다. 홉스는 국민 개인적인 차원에서보다 국가적인 차원에다 그의 사상의 기초를 두고 있다. 그의 사상은 순수한 정치를 순수하게 인간의 욕망의 사실만을 적용하여 문제를 해결하고자 했다. 그의 사상은 도덕적인 면과는 완전히 독립성을 유지하고 있다. 따라서 홉스의 사상은 그의 전임자들이 주장하고 있던 도덕적인 사상과는 맥을 달리한다.

로크(John Locke)

미국 혁명과 미국사회형성에 가장 크게 영향력을 행사한 진보적 사상가는 존 로크이다. 존 로크(John Locke, 1632-1704)는 영국 웨스트 민스트 학교와 옥스퍼드의 크리스천 교회에서 교육을 받은 후 의학을 공부하였다. 로크는 1666년 안토니 코터의 개인비서가 되었으며 후에 샤프베리의 개인 의사가 되었다. 1672년 그가 개인 의사로 있는 샤프베리가 맘모스 공작의 왕위 계승 음모에 관련되자 로크는 그 음모에 전혀 관련되지 않았음에도 불구하고 영국을 떠나도록 권고 받았다. 1684년 찰스 2세는 로크가 1659년 이래로 계속 누리어온 학문적인 이득을 박탈 시켰으며 제임스 2세는 그를 해외 망명으로부터 소환시키려고까지 했다. 그러나 로크는 윌리엄 오렌지왕의 승낙을 받고서 영국으로 돌아왔다. 로크는 신앙에 관한 연구를 비롯하여 시민정부이론 등 다수의 정치적인 논문을 제외하고는 인간의 이해에 관한 수필집이라는 제목의 지식론에 관해서도 큰 공헌을 하였다. 로크의 사상은 그 시대의 상황을 잘 반영하고 있다. 홉스와 마찬가지로 불확실하고 위험한 영국 내란기에 살았기 때문에 모든 것을 압도할 만큼 강한 정부를 정당화시키려고 고심했다. 비록 1688년 전에 일어난 혁명은 도덕적인 가치를 더할 때만 정당하다는 로크의 견해에도 불구하고 로크는 스튜어트왕조 아래서 박해를 받았다.

로크의 사상은 정부는 사회를 붕괴하지 않으면서 혁명에 의해서 정부는 제거될 수 있다는 것이다. 어떤 정부도 어떤 특정 조건하에서는 이러한 방법에 의해서 교체되는 것이 정당하다. 로크의 이러한 사상은 백년 후 영국의 식민지였던 미국이 영국의회를 인정하는 것을 거절하는 것을 정당화시키는 데 상당한 영향을 끼쳤다. 또한 로크의 사상은 영국과 미국의 정치적 독립을 초래하는 이론적인 바탕이 되었다. 로크와는 대조적으로 홉스는 기존 정부의 혁명에 의한 전복은 무정부상태를 초래한다고 했으나 1688년의 영국의 혁명은 그러한 무정부상태와 같은 참극은 초래하지 않았다. 그와는 반대로 1688년의 혁명은 영국 사람들에게 주권의 변화와 왕정을 약화시킨 반면 의회를 그만큼 강화시켰다. 이러한 변화들은 영국에서 정부의 중요성을 보여주었다. 그 결과 폭력 없이 정부를 전복하여 소위 명예혁명에 성공하였다. 대다수의 영국국민들은 명예혁명을 환영하여 영국은 국민들로부터 환영받는 정부를 구성하게 되었다.

존 로크 자신도 이러한 혁명을 정당화시켜 정부의 권위와 정당성을 도덕적인 법칙에다 의존하도록 하고 있다. 이러한 그의 사상은 로크의 시민

정부이론의 책에서 찾을 수 있다. 여기에다 다시 이름을 붙여 시민정부의 신기원에 관한 고찰과 목적이란 책을 저술하였으며 이 책은 1688년의 명예혁명 2년 후인 1690년에 출간되었다.

로크의 진보사상은 홉스와 마찬가지로 이상국가에 관한 이론이다. 그러나 홉스와는 도덕적인 이론에서는 의견을 완전히 달리한다. 홉스의 이상 국가는 합리적인 사고에 의한 이상을 의미하며 로크의 사상은 도덕적인 관점에서의 이상을 의미한다. 로크의 이론은 자연법의 사상에다 근거를 두고 있다. 이 자연법은 도덕적인 특성에다 근거를 두고 있다. 로크는 근본적으로 이상 국가를 도덕적인 면에서의 이상국가라고 간주하고 있다. 그는 근본적으로 도덕법이 존재하는 가정을 정당화시키려고 하고 있다. 로크에 의하면 자연 상태란 그 자연 상태를 지배하는 자연법을 가지고 있으며 자연법은 모든 사람이 지켜나가야 한다. 자연법은 모든 인간을 가르치고 있으며 모든 인간은 동등하고 독립되어 있다. 어느 누구도 다른 사람의 생명을 헤치거나 자유나 재산을 침범해서는 안 된다. 모든 인간은 전능하고 현명한 사람이 명령과 직업에 의해서 보내졌다. 따라서 인간은 그의 재산을 비롯하여 모든 것이 다른 사람에 의해서 만들어진 것이 아니고 바로 그 전지전능한 사람의 작품이다. 따라서 로크는 자연법이란 신의 의사라는 의견을 가지고 있다.

로크의 사상의 접근방법은 홉스의 사상과는 근본적으로 다르다. 자연 상태에서는 다른 사람과는 관계없이 다른 사람의 의사를 떠나서 자연법의 범위 내에서 그들이 생각한대로 한다. 자연 상태에서 인간은 그들이 소유하고 있는 것을 처분하고 마음대로 행동할 수 있는 완전한 자유를 누릴 수 있다. 자연 상태란 사람들이 정부에 복종하지 않고 사는 상태를 말한다. 홉스의 자연 상태에서의 개념은 자연 상태란 합리적인 계산 하에서 논리적인 감각에서 인정하고 있다. 반면 로크의 자연법은 도덕법이기 때문에 홉스의 절대적인 주권의 법칙을 거부하고 있다. 홉스는 만일에 사람이 합리적이라면 자신의 이익을 위해서 그들의 무한정한 힘을 그들의 주권기관에다 양도해야 한다. 반면 로크는 다른 사람에게 어느 누구도 자신이 가지고 범위의 권력을 넘어서는 안 된다. 또한 어느 누구도 다른 사람에게 독선적이고 절대적인 권력을 양도해서는 안 된다는 것이다. 로크는 자연 상태에서 인간은 다른 사람의 생명, 자유, 재산을 침범하는 독자적인 권력을 가져서는 안 된다. 단지 자연법은 그 자신의 보호 및 남을 도우는 일을 해야 하며 이러한 일은 입법에 의해서 행해져야 하며 공공적인 선을 위하는데 국한되어야 한다.

로크의 견해에 의하면 모든 정부는 자연법이란 정의가 내려진 도덕적인 기준에 복종하여야만 한다. 만일 정부의 행동이 이러한 도덕적인 기준과 마찰이 생길 경우 자멸이 있다. 어떠한 정부도 그가 하고 싶은 대로 하고 통치할 수 있는 절대적 권한은 갖고 있지 않다. 또한 어떠한 개인도 자기가 하고 싶은 대로 행하는 절대적 권리를 갖고 있다고 할 수 없다. 로크의 사상은 기존의 왕의 신성한 권한의 법칙에 정면으로 도전하고 있다. 기존의 일반적인 사상인 왕은 절대적으로 죄를 저지를 수가 없다.

왜냐하면 왕의 권한은 신으로부터 나왔으며 왕의 행동이 신의 의지로부터 나왔기 때문이다. 이에 대해 로크는 왕은 틀리기 쉬운 인간이며 왕은 도덕법에 따라서 행동하는 인간이며 도덕법을 파괴하기 쉽다. 반면 홉스의 견해는 정부의 권위는 도덕적인 면에서는 한계가 없다. 홉스는 개인의 이익을 위하고 공공의 질서나 안전을 위해서 정부에 국민들의 절대적인 권력을 양도하여야 한다. 만일에 정부가 공공의 질서나 안전을 유지하지 못하는 경우 국민들은 그들의 이익을 위하여 정부에 복종하는 것을 거부 하여야 한다. 또한 홉스에 의하면 반란을 정당화시키기 보다는 복종하는 것이 더욱 이익이 된다는 것이다. 그러나 홉스의 이러한 견해는 그의 개인적인 위험과 경험이나 자연적인 소시민적 개성이 더욱 그의 마음속에 작용하고 있기 때문이다.

정부의 권위의 역량에 대한 홉스와 로크의 차이점은 홉스가 로크보다는 더욱 원칙을 주장하고 있다. 어쨌든 두 사람은 매우 다른 차원에서 혁명을 인정하고 있다. 홉스는 반란이란 개인의 이익추구라는 근거에서 정당화 될 수 있다. 만일에 정부가 정당한 자연법을 수행하지 못할 때는 혁명의 정당성을 인정하고 있다. 반면 로크는 정부가 도덕적인 면에서 자연법에 위배되는 행위를 하였을 때는 혁명이 가능하다는 것이다. 그러나 두 사람 모두 정부가 어떠한 환경 하에서도 죄를 범하지 않는다고 생각하지는 않았다. 홉스는 정부는 통치할 강권을 가지고 있으며 이러한 목적을 수행하기 위해서 정부는 결정을 집행할 강권을 가지고 있다. 한편 로크는 정부는 이러한 강권을 가지고 있기는 하지만 그 강권에 복종하도록 건의하는 대다수의 강권이 사용될 때만 정부는 강권을 행사할 수 있다. 만일에 정부에서 그들이 받아들인 도덕적인 원칙들을 수행하지 않는다면 그 동의를 국민들이 유보할 수 있다. 홉스는 로크보다도 국민이 동의를 취소 할 수 있다는 점을 덜 강조 하고 있다. 홉스는 국민의 동의의 취소는 아주 예외적일 때만 가능하다는 것이다.

홉스와 로크의 동의와 권위는 상대적 중요성의 강조에 따라서 차이가 있다. 그 차이점은 의심할 필요 없이 홉스는 강하고 안정된 정부만이 모든 사람들의 기본적인 이익을 위하는 일이며 추진하는 정책이 일반 도덕적인 차원에서 법과 불일치한다는데 따라서 반란을 정당화시키려고 하고 있다. 반면 정부의 대중으로부터 동의의 원칙은 정부에 의해서 자연법의 준수를 확인하는 것이 필요하다는 로크의 강한 견해보다는 홉스의 견해가 덜 분명하다. 로크는 정부는 개인 한 사람 한 사람의 동의에 기초를 둘 수가 없다. 개인 한 사람 한 사람은 정부의 의무의 개념에 의견을 달리 하기 때문이다. 로크는 정부의 권위는 국민다수의 동의에 달려있으며 국민 다수가 결정적인 정책 권력을 가지고 있다는 것이다. 집단에서 한사람의 동의에 의한 행동은 단지 한사람의 의견이며 집단에서 다수의 동의에 의해서 움직여졌을 때는 각자는 모든 사람의 동의에 의해서 뭉쳐졌다고 할 수 있다.

이러한 관점에서 볼 때 로크의 사상은 분명히 민주주의 사회에 대해서 밝히고 있다. 귀족 국가에서는 몇 사람이 힘과 폭력에 의해서 다수를 지배하고 있다. 그러나 민주주의에서는 어떤 개인의 어떤 행동에 의해서 의사가 결정될 수 없으며 다수의 지지를 받고 있는 의견이 분명히 수행되어야 한다. 따라서 로크는 한 사회에 소속되어있는 시민 각자는 다수의 지배 원칙을 받아들이는데 동의하여야 한다. 로크는 다수 지배원칙과 그가 이해하고 있는 자연법 사이의 잠재적인 불일치를 인정하는 것 같지 않다. 로크의 자연법이란 도덕적인 법 즉 어느 누구도 다른 사람의 생명, 건강, 자유, 재산을 해쳐서는 안 되는 법을 의미한다. 이러한 논리에 의하면 다수는 다른 사람을 해칠 권리를 가지고 있다는 것이 불가능하지 않다. 로크는 자연권이란 다수의 의견의 권리라고 정의를 내리고 있다. 로크는 자연권의 일반적인 개념을 근본적인 민주주의 법칙과 결부시켜 나갔다. 따라서 로크의 국가에 관한 이론은 실질적으로 현대 민주주의 헌법의 정확한 분석이 되었으며 자연권의 상대성의 인정은 어느 사회 어느 시대에서나 인정되어졌다.

민주주의의 기본 요소는 개인의 권리는 신성한 것으로 인정되었으며 정부나 어떤 집단에 의해서 침해받았을 때 개인의 이러한 권리들을 보호해 준다. 민주주의는 로크가 보았던 것과 같은 자연권은 아니다. 그러나 국민이 동의하는 가장 중요한 의무는 개인의 권리가 결국은 독재적인 폭력의 행사에 의해서 희생되어서는 안 된다. 로크의 다수 지배에 관한 원칙은 그의 사상의 기본 원칙을 바꾸지는 않았다. 그의 이론의 기본원칙은 개인이나 정부 모두가 도덕법에 복종하여야 한다. 개인은 일관성이 없고 불확실하며 잘 모르는 다른 독재자에게 복종하여서는 안 된다는 것이다. 로크와 홉스는 사상 면에서 많은 유사성이 있다. 그러나 로크의 의무에 관한 이론은 홉스의 이론과는 정반대의 입장에 있다. 홉스에 의하면 주권에 의해서 한번 제정된 법률은 상당한 효력을 가지고 도덕은 법의 기초이다. 그러나 로크에 의하면 자연법의 개념으로서 도덕은 시민이 복종해야만 하는 기본법 이다. 만일에 시민법이 시민들이 가지고 있는 도덕법과 모순이 있다면 시민들은 시민법에 복종해야 할 의무가 없다. 도덕적인 관점은 정치에 있어서 중요한 역할을 한다. 로크의 이론은 도덕법에 기초를 두고 있기 때문에 더욱 포괄적이며 함축적이다. 정부의 정당성으로 볼 때 로크의 이론은 홉스의 이론보다 더욱 세련된 것처럼 보인다. 그러나 로크의 이론의 약점은 그가 독립된 도덕의 기준을 부활시키는 중요성에 있는 것이 아니라 도덕의 기준을 어떻게 확인하고 정의를 내리느냐 하는 것이다. 로크는 자연법과 신의 의사에 관해서 언급했다. 로크는 자연법과 신의 의사가 모든 인간사회의 기본 원칙이 된다는 것이다. 로크가 자연법과 신의 의지가 가장 중요한 법칙이라면 자연법과 신의 의사에 관해서 어느 정도의 독선적이며 명백한 한계 및 기준을 내세울 수 있는 설명이 필요하다.

로크는 혁명은 자연법이 정부에 의해서 침해 되었을 때 정당화 될 수 있으며 혁명의 원인에 대한 설명과 행동이 정당화 될 수 있다. 정부가 국민의 도덕법에 의해서 제정된 범위 내에서 운영될 때 국가의 권위는 인정되며 모든 국민은 그 법률에 복종하는 의무를 가지고 있어야 한다. 따라서 국민이 도덕법의 지배를 원하거나 국가의 단합을 유지하기 위해서는 국민은 정부에 복종하여야 한다. 그러나 다수 국민의 의견이 소수의 시민 투쟁의 연속이 된다면 잠재적인 혁명도 이룰 수가 있다. 로크는 혁명은 몇 가지 원칙만 제시되면 가능하다는 것이다. 가령 시민들이 믿고 있는 점에 반하는 입법을 국민들이 발견했을 경우 국민들은 그러한 법률을 폐지해 버릴 강력한 힘을 계속해서 가지고 있다. 로크에 의하면 국민과 정부사이에는 신뢰가 가장 중요한 요소로 작용을 한다. 만일 정부가 신뢰에 위배되는 행동을 한다면 그 신뢰는 몰수되어져야만 한다. 또한 그 권력은 당연히 그들의 안전과 보호를 가장 잘 지켜줄 수 있는 사람들의 손으로 양도하여야만 한다. 로크는 정부의 목적은 모든 사람들을 지역사회 속으로 통합시킨다. 또한 국민들을 정부 속으로 몰아넣으며 자연 상태에서와 같이 국민들이 원하는 재산을 보호하는 일이다. 로크는 재산은 사람들의 생명과 자유와 부동산을 의미한다. 정부의 근본 목적은 개인의 생명, 자유, 재산을 보호하는 일이다. 정부가 그러한 목적을 달성하지 못했을 때는 다수의 의견에 따라서 기존의 정부는 제거되고 다른 정부로 대체되어야 한다.

로크의 사상은 홉스의 사상과 같이 국가의 기원을 설명하는데 있어서 개인들을 합리적인 관점에서 인공적이고 너무 단순하게 평가하고 있다. 로크 사상의 영향은 정부의 권리에 관해서 분명히 했으며 1688년 명예혁명 이래로 영어를 사용하는 국가들에 크게 퍼져 나갔다. 로크의 사상의 영향은 모국인 영국보다도 외국에 크게 영향을 주었다. 특히 로크의 자연법의 원칙은 미국 헌법으로 명문화시킬 정도로 헌법으로 규정하고 있다. 불문법의 국가인 영국에서는 홉스의 사상인 무한정 주권이론의 원칙에 더욱 가까이 하고 있으나 실제로는 영국 헌법은 도덕 법칙을 강요하고 있다. 로크의 사상의 기여는 정부의 도덕적인 책임을 규명하는 데 있다. 로크의 사상은 중세를 통해서 받아졌던 도덕법의 부활이다. 로크의 도덕법은 현재의 민주주의에 의해서 받아지고 있는 모든 민주주의 원칙들에 대해서 규정하고 있으며 더욱 나아가서는 국제사회의 유엔 헌장의 인권에 관한 부분까지 연장시켜 나가고 있다. 존 로크의 사상은 새로운 형태에 있어서 플라톤의 정의에 관한 규정을 적용하고 있다. 다시 말하면 도시국가에서 철인 왕에 대항해서 개인의 보호를 추구하고 있으며 약자가 강자에 의해서 침해되어서는 안 된다. 정부의 가장 기본적인 요소는 힘의 기능의 행사에 있는 것이 아니라 도덕 행위에 있어서 인간 문제의 실현인 것이다.

루소(Jean Jack Rousseau)

프랑스혁명의 원동력을 가져온 루소의 사상을 이해하기 위해서는 다른 사상가들과는 달리 그의 특수한 성격과 남다른 인생 경력을 이해하지 않고서는 불가능하다. 루소가 살아온 주위환경은 그의 정치사상에 지대한 영향을 미쳤다. 그가 살아온 생애를 깊이 앎으로서 그의 난해하고 일관성이 결여된 사상을 이해할 수가 있다. 장 자크 루소는 1712년 캘빈교의 중심지인 제네바에서 시계 수리공의 아들로 태어났다. 태어나자마

자 루소의 어머니는 죽었다. 루소가 10살이 되었을 때 그의 아버지는 대소동을 일으킨 뒤 루소를 버리고 달아나 버렸다. 부모 없이 어린 시절을 제네바에서 보내면서 루소는 이 직업 저 직업을 전진하면서 거짓말뿐만 아니라 남의 물건을 훔치는 일도 서슴없이 해냈다. 루소가 16살이 되었을 때 제네바를 빠져나가는 것이 필요하다고 느낀 루소는 파리로 갔다. 루소의 천부적인 미남형과 재치는 많은 사람들을 사귀었으며 특히 여자 친구들을 많이 사귀었다. 그러나 그의 사교성은 언제나 오래가지 못했다. 루소의 가장 큰 후원자는 마담 위렌이었다. 마담 위렌의 도움으로 루소는 많은 양의 공부를 독학으로 해냈다. 이러한 공부과정에서 그는 오페라도 쓰고 비록 프랑스 아카데미에서 거절되기는 했지만 음악 작곡도 했다.

루소의 생활은 다른 사람들과는 완전히 다른 생활을 했다. 그의 독특한 성격 때문에 자주 마찰을 일으켰다. 그는 일생동안 다섯 자녀를 두었으며 부인의 만류에도 불구하고 낳는 즉시 고아원으로 보내 버렸다. 이러한 루소의 비인간적인 행위는 그의 유명한 참회록에서 많이 후회를 하고 있다. 특히 그는 플라톤의 공화국에서 모든 자녀들의 공동 소유화에 대해서 긍정적인 반응을 보이고 있다. 1749년 디존 아카데미가 주최한 수필대회에서 과학과 예술은 인간의 도덕에 공헌을 했는가 또는 퇴화시켰는가?라는 제목의 콘테스트에서 루소는 그의 특유의 고집을 살려서 과학과 예술은 인간의 도덕의 청결에 도움을 주지 못했다는 입장을 취했다. 당시는 계몽주의로서 모든 것이 문명과 과학만이 인간의 도덕과 발전을 가져온다는 시대였다. 루소의 이러한 진보적 입장은 당시 사회에 있어서는 하나의 큰 충격이었다. 아카데미수필 대회에서 입상은 루소의 인생을 바꾸어 놓았다. 루소는 이 순간부터 나를 새로운 세계에서 새로운 사람으로 탄생시켰다라고 말하고 있다. 이 논문에서 루소는 인간의 순수성과 착함은 문명에 의해서 부패되어 버렸으며 파리사회를 무서운 속도로 망쳐가고 있다는 것이다. 결국 루소는 사회 자체를 부인하고 있다. 1754년 두 번째 경기에서 디존 아카데미 후원회에서 했던 것과 같이 인간 불평등 기원론의 논문을 제출했다. 이 연구 논문에서 루소는 비록 입상은 하지 못했지만 인간 불평등 기원론의 논문은 그를 더욱 유명하게 만들었다. 이 논문에서 루소는 그의 기본사상을 대담하게 잘 드러내고 있다.

1755년 백과전서파가 주최한 정치경제에 관한 연구에서 루소는 그 유명한 사회계약론을 나타내고 있다. 여기에 인기도를 타고서 루소는 1762년 그의 가장 유명한 책인 사회계약론과 에밀을 출간하였다. 말년의 루소는 학문적인 업적을 거의 찾아볼 수가 없다. 1766년 루소는 흄의 초청으로 영국으로 갔다. 그러나 두 사람 사이의 불화로 인해서 방황하였다. 1768년 루소는 술주정뱅이이자 게으른 테레사와 결혼했다. 이후 8년 간 파리에 머물렀으나 건강 악화로 인해 파리에서 약 10마일 떨어진 에몬빌이라는 마을의 오두막에서 머물면서 건강을 관리했다. 1778년 5월 루소의 가장 오랜 친구이자 적이던 볼테르가 죽자 루소는 나는 자네와 운명을 같이 한다고 보네, 자네가 세상을 떠났으니 나도 곧 따라가야지 라고 말했다. 볼테르가 죽은 후 두 달 뒤인 7월 2일 루소도 죽었다. 그의 처 테레사는 1801년까지 살았다.

루소의 정치사상의 기본인 자연으로 돌아가라는 그 자신이 사회에 대해서 거부 반응을 보였던 성격이 바로 사회에 대한 그의 사상으로 표현하고 있다. 그의 사상은 그의 성격과 같이 일관성이 없다. 그의 논문의 제 1 장과 2장의 개인주의 사상과 제 3 장의 전체주의 사상의 모순점 또한 사회계약론과 다른 논문들과의 모순점 등이 일관성 없는 그의 사상을 잘 반영하고 있다. 루소는 체계적이지 못한 사상가이며 공식적인 논리 전개 면에서는 세련되지 못했다. 루소의 인간성과 사회에 관한 논문은 많은 난해성을 가지고 있다. 인간의 도덕과 관련된 문제나 국가관에 관한 그의 사상은 비교적 일관성이 있다. 루소의 논문에서 자연 상태에 관해서 더욱 급진적인 사상을 전개해 나가고 있다. 루소가 자연 상태로 돌아가라고 부르짖은 이유는 사회의 제도나 관념 때문에 인간의 순수한 도덕성은 타락되긴 했지만 마음 속 깊은 곳에서 아직까지 순수한 도덕성이 깃들어 있다고 보기 때문이다. 자연 상태란 이러한 목적을 달성하기 위해서 고안되어졌다. 그러나 루소는 현대의 자연법의 세속성이나 종교적 형태에는 순응하지 않았다.

루소는 신학에 바탕을 둔 자연법을 부정하였다. 로크나 토마스 페인의 자연권 같은 인간의 행복 추구 역시 무시하였다. 이러 한 관점에서 보면 루소는 로크나 홉스보다 더욱 고전적이라 할 수 있다. 루소는 순수한 선과 덕에 있어서 홉스의 인간 보호 면에 치중한 것보다 더욱 관심을 가지고 있기 때문이다. 그러나 근본적으로 볼 때 도덕의 지표이며 기준인 이성을 거부했기 때문에 고전학파와 현대학파와는 의견을 달리했다. 루소는 자연 상태에 대해서 서술하고 있다. 인간 중에서 단지 생각만하는 인간이야말로 타락된 인간이다. 인간의 의식이란 사회법에 대항해서 자연의 특성에 따르고자 한다. 인간의 이러한 합리성은 논리적이거나 이해 타산적은 아닌 것이 분명하다. 자연 상태에서 인간은 거의 논리나 이해타산은 염두에 두지 않은 순수한 야만인과 같은 것이다. 따라서 자연 상태에서 인간의 욕망은 현대의 인간들보다 덜 욕정적이며 덜 폭력적이다. 특히 루소는 그의 논문에서 밝히고 있듯이 자연 상태에서 인간은 더욱 동물에 가깝고 평범하기 때문에 섹스에는 더욱 관심이 없다. 루소는 인간사회는 도덕적인 윤리관이 중시되며 육체적인 면은 소홀히 한다고 생각하지만 사실은 그렇지 않다. 남녀 간의 사랑은 야만인들이 하는 것보다 더욱 난폭하며 무절제하다고 본다.

자연 상태에서 인간은 자만심이 없을 뿐만 아니라 순수하다. 그러나 자연인은 자유가 없다. 완벽한 상태에서 인간은 그의 순수성을 잃어버리고 인공에 의해서 감염되어진다. 인간은 자유롭게 설 수 있는 능력을 소유하고 있으나 그 보다 더 우수한 동료들에 의해서 노예가 되어 버린다. 사회에서의 인간은 자연 상태에서 인간들보다 자유를 누릴 훨씬 더 나은 조건을 가지고 있기는 하지만 한편으로는 위험한 조직 상태에 있다. 따라서 사람들은 진정으로 자유를 추구하고 있다. 루소는 그의 사회계약론에서 자유를 정의하기를 우리 자신들의 자유를 위하여 우리들이 만들어놓은 법률에 복종하여야 하는 것이 바로 자유를 얻는 길이다. 이러한 자유의 개념은 주관적이다. 루소가 추구하는 자유는 쾌락주의자들과 같이 단순한 쾌락을 추구하는 것이 아니다. 또한 인간이 자연 상태에서 단순히 선을 추구하는 것이 아니라 고전적 의미에서의 도덕인 자기 자신을 더욱 강하고 능력 있고 잘 관리할 수 있는 덕을 의미한다. 이러한 목적은 사회를 위하여 필요하며 또한 일부 사회에 의해서만 만들어진다. 루소의 윤리관은 단순히 감정적인 윤리관이 아니라 칸트 이전에 이미 수립되었던 복종에 관한 순수 윤리관이다. 루소의 윤리관에 관한 기준은 상대적이다. 그의 이론은 확고한 기준을 가지고 있지 않다. 이러한 그의 절대적인 기준의 결여는 전체성을 요구하고 있다. 루소는 개인이 혼자서는 노예로부터 결코 해방될 수 없다. 어떤 주어진 사회에서 우리 모두는 자유로울 수도 있으며 또 우리 모두가 노예가 될 수도 있다.

루소의 사회계약론은 정치학적 관점에서 상당히 이해하기 어려운 부분이 많다. 예를 들면 인간은 자기가 쇠사슬에 묶여 있다는 것이 정당하다고 느끼는 사회에서는 인간은 자유로워질 수 있다는 구절은 이해할 수 없으며 또한 개인과 전체 사이의 확고한 모순은 이해하기가 힘이 든다. 루소의 사회계약의 정의는 사회계약이란 개인 각자가 관여하는 전체가 된 하나의 도덕이나 하나의 집단을 만드는 것을 의미하며 개인은 그의 모든 권리를 전체 사회에다 양도해 버리는 것이 사회계약이다. 루소는 주권이란 개인 각자를 보호할 특수한 문제점을 가지고 있다. 개인각자는 국가의 구성원으로서 행동할 뿐만 아니라 주권자로서 행동하여야 하는 이중성을 가지고 있다. 주권이란 법에 기초를 두고 있기 때문에 법에 구속될 수가 없다. 또한 주권이란 개인들의 집합체로 구성되어 있기 때문에 그것을 어느 누구에게 양도하거나 어느 누가 쪼개서 가질 수 있는 것이 아니다. 주권이란 항상 모든 것이 복합되어져 있기 때문에 어느 누구도 반드시 복종하여야 한다.

루소의 사회계약은 인간 각자는 각자와의 계약을 통해서 계약을 하고 있다. 개인은 국가의 일원으로서 뿐만 아니라 주권자로 행세하는 두 가지 역할을 수행하고 있다. 주권도 역시 법률의 일원이기 때문에 어떠한 법률에도 제약을 받지 않는다. 주권이란 개인들이 구성요소로 되어 있기 때문에 그것에 반해서 어떤 이익을 가지는 것은 있을 수 없다. 주권을 구성하고 있는 개인들은 항상 모든 것을 할 수 있다는 관념은 이해하기가 힘이 든다. 루소는 주권은 능력 면에서 일반의사에 따라서 움직이기 때문에 주권에 따르는 사람이 바로 건전한 시민이다. 루소의 사회계약론은 개인 각자는 사회계약론을 체결하면 체결하는 순간부터 자연적 자유를 포기하여한다. 루소의 자연적 자유란 인간을 유혹하는 모든 무한대의 자유를 말한다. 사회계약의 체결로 인해서 인간은 무한대의 자연적 자유로부터 일반의사에 의해서 인도되는 한정된 시민자유로 바뀌게 된다.

루소의 의견에 의하면 일반의사는 공동이익의 완전한 표현이다. 개인 누구나 일반의사에 참여하여야 하며 개인은 개인 의사를 가지고 있다. 개인의사란 공동적이 아니고 특수하며 이기적이기 때문에 매우 위험하다. 개인의사는 공동전체를 파괴할 위험성을 내포하고 있다. 누구든지 일반의사에 복종하기를 거부하는 사람은 전체의사에 의해서 복종하도록 만들어야 하며 이것은 개인을 자유롭게 하는 일이다. 이렇게 하는 것이 모든 시민을 정당하도록 하며 일반의사 없이는 우둔하고 비합리적이다. 루소의 문제점은 어떠한 확실한 도덕성을 가지고 있지 않으면서 인간이 일반의사에 복종하는 자유를 박탈당하여야 하는 점이다. 또한 독재자를 막기 위해서 개인 각자는 독재화 되어야 한다. 그러나 루소가 의도하는 것은 자유사회에서 인간의 자유를 지키는 것이 그의 사회계약론의 근본 목적인 것이다.

루소 사상의 가장 큰 문제점은 일반의사에 관한 논의이다. 루소의 일반의사는 항상 바르고 일반대중에게 유리하도록 지시하고 있느냐 하는 문제이다. 더구나 일반의사가 현 사회에서 부조리한 것과 올바른 것을 정확하게 판단할 수 있느냐 하는 것이다. 추상적이고 낭만적인 루소는 철학적이고 깊이 있는 사고가 부족했다. 따라서 루소는 일반의사는 모든 것을 해결할 수 있다고 생각했다. 루소가 만들어놓은 일반의사는 루소 자신도 정확히 모르고 있는 것 같다. 또한 루소는 누가 또는 무엇이 우리를 자유롭게 만들고 있는지 정확하게 파악하지 못하고 있다. 일반적으로 볼 때 루소의 일반의사는 해석하는 관점에 따라서 다양하다. 일반 의사를 이해하는 가장 좋은 방법은 우리가 하루의 생활을 위해서 아침 7시에 일어나도록 강요하는 것이 일반의사이다. 반면 특수의사는 늦잠을 자도록 강요한다. 또한 자동차의 운전수가 술집에 갔을 때 술을 못 마시도록 하는 것이 일반의사이며 술이 취해서 운전수의 기분이 좋도록 만드는 것이 특수의사이다. 따라서 일반의사와 특수의사의 차이점은 일반의사란 무조건 사회와 관련시켜서 옳은 일이며 특수의사는 그렇지 않다.

주권을 일반의사와 관련시켜 설명 할 수 있으며 주권도 일반의사에 따라서 움직인다. 예를 들면 축구 경기 팀에 팀장이 어떤 신호를 주면 그 팀의 구성원들은 자기 맡은 직책에 따라서 행동한다. 루소의 주권이란 축구팀에서 각 선수가 자기가 맡은 일을 하는 개인 각자의 일을 나타내는 것이 아니라 그 전체를 나타낸다. 사회에서 주권이란 어느 개인의 역할이나 개인 집단을 의미하는 것이 아니라 전체를 나타낸다. 루소에 의하면 주권이란 양도할 수가 없는 것이며 주권은 나눌 수가 없다. 일반의사는 절대적으로 일반적이어야 한다. 그러나 문제는 일반의사는 항상 만장일치를 나타내고 있느냐 하는 것이다. 일반의사는 항상 만장일치를 나타내고 있는 것이 아니라 한 가지 반드시 필요한 것은 일반성을 무시하고 있는 것은 배제하여야한다. 일반의사는 항상 올바른 것이다. 그러나 사람들은 생각하는 면에서 항상 똑바르게만 하도록 하지 않는다. 일반 사람들의 의사는 항상 자신의 선을 위하여 추구하고 있으며 항상 그것이 무엇인가를 생각해 보지는 않는다.

일반의사와 전체의사는 구별하여야 한다. 전체의사란 개인의사를 전체로 모아놓은 것을 뜻한다. 일반의사란 만장일치를 통해서 발견하는 것이 아니라 만장일치는 통하지 않더라도 확신되는 수가 많다. 의사의 일관성이란 투표자의 숫자에 담겨있는 것이 아니라 공통적인 이해가 더 중요하다. 그것은 목적에 있어서 뿐만 아니라 본질에 있어서도 일반적이어야 한다. 각 투표는 계산되어져야 하지만 그 표의 분석이 우리들에게 어떤 절대적인 것을 제시하지는 않는다. 루소는 단순한 양을 가지고 질을 따지기를 싫어했으며 일반 의사를 인정하는데 일반성을 어기는 것은 고려할 대상으로 삼지 않았다. 초기의 사회계약에서 루소는 일반 시민 각자는 자기의 의사를 충분히 전달하기 위해서 파벌이나 도당을 피해야 한다고 했다. 그러나 대부분의 사람들은 무엇이 일반의사인지 잘 이해하지 못하고서 투표를 하는 것은 실질적인 면에서 일반의사와 관계가 있다. 일반사람들은 일반의사에 복종함으로서 도덕과 자유를 누릴 수 있다. 그러나 일반인들은 그것을 느낄 때까지는 그렇게 할 수가 없다. 모든 사람들은 도시가 그러한 조건을 갖출 때까지는 동등하다고 할 수 없다. 도시에서의 일반의사란 전체 사람들 중에서 보다 우수한 사람 즉 입법자를 통해서 이루어질 수 있다. 입법자는 개인의 의사가 방황하는 것으로부터 막을 수 있다. 입법자의 이미지는 플라톤의 철인왕과 같다고 생각한다. 루소는 입법자는 위대한 인간의 재능이 얻을 수 있는 가장 완벽한 지위에 있다고 생각했으며 정치인을 높이 찬양하고 있다. 플라톤의 철인 왕과는 달리 정치인의 탁월성은 직접 다스리는 것이 아니라 법을 통해서 정치능력을 발휘해야 한다. 정치인은 그의 개인적인 목적 때문에 정치를 하면 재능이 더럽혀 질는지 모른다. 정치인이 제출한 법률은 국민들로부터 심판을 받아야 한다. 만일 국민들은 정치인이 제출한 법률에 심판을 하지 않으면 정치인들에게 구속되어져 버린다.

루소의 종교관은 시민종교가 애국심을 조성하는 가장 효과적인 형태이다. 입법자들의 지혜는 순수하게 금지되어진 권위가 가미되어져야 한다. 이러한 경우는 신이 입법자들의 지혜를 대변해주기 때문에 더욱 권위가 부여되어진다. 루소의 시민 종교는 사람들을 예속시키겠다는 것이 아니라 시민들이 자유를 지킬 수 있도록 만든다. 시민종교는 입법자가 일반 의사를 대중적인 분위기가 조성되도록 만드는 창구역할을 하고 있으며 동시에 특수의사를 배제 할 수 있도록 하고 있다. 루소는 모든 것이 신비로 시작해서 정치로 끝난다고 말하고 있다. 그는 그의 정신적 고통에 사로 잡혀 그의 유명한 참회록에서 모든 것이 정치와 관련되어져 있다는 점을 강조하고 있다. 이점은 루소가 인간사회에서 일반의사와 관련한 현실정치의 중요성을 강조하고 있다. 루소가 만든 일반의사는 모든 것을 분리하거나 모든 문제에 대답을 할 수가 없었다. 루소의 사상은 많은 부분이 불완전하다.

루소는 사회계약론에서 건설적인 철학의 역할과 국가이론을 제시했다. 루소는 그 문제를 해결하기 위해서 몇몇 형태를 만들었다. 사회계약론에서 루소는 인간은 태어날 때는 자유롭게 태어났으나 어느 곳에든지 쇠사슬에 묶여져 있으며 자기 자신이 주인이라고 느끼는 사람은 단지 노예와 같을 뿐이다. 또한 어떻게 하면 이러한 인간사회를 변화 시킬 수 있으며 무엇으로 그것을 합법적으로 보상받을 수 있는가 하는 문제를 제시하고 있다. 자유와 평등이 자연 상태의 특징이며 무엇이라고 하든지 문명국에서는 자유와 인간의 평등은 존재하지 않는다. 루소는 자유와 평등이 이미 사라졌음을 정당화했다. 인간의 자유와 평등은 정부가 완전히 제도화된 후에 어느 정도 명맥을 유지해 나가고 있다. 루소는 그의 교육사상 저서인 에밀에서 자연과 정치사회, 자유와 권위는 절대적으로 논리적인 모순성을 가지고 있다고 밝히고 있다. 사회계약론에서 루소는 이러한 것들을 서로 분리하거나 분석할 수 없는 개념이라고 설명하고 있다. 개인들이 서로 계약을 이루고 있는 상태가 사회이다. 루소의 이러한 사상은 홉스와 로크로부터 강한 영향을 받았다. 홉스는 사회계약론의 논리를 바탕으로 강력한 군주제를 만들었으며 루소는 이것에 대해서 강력하게 경고를 했다.

루소의 사회계약에 의하면 인간 모두를 하나의 전체로서 보고 일반의 사라는 최고의 지휘자를 통해서 사람을 다스리고 통치하자는 것이다. 루소는 인간들의 전체를 한 인간의 신체에 비유하고 있다. 하나의 신체로서 개인 각자는 전체의 분할할 수 없는 한 부분으로 간주하고 있다. 개인들은 각자의 행동을 통해서 이러한 도덕적인 신체가 구성되어져 있으며 루소는 이것을 신체정치라 한다. 일반의사는 국가, 주권, 권력으로 매여져 있는 동시에 다양한 구성원으로 이루어져 있다. 루소는 그의 사회계약론에서 완전한 자유를 발견하고 있다. 루소는 인간은 자신은 자신을 포기함과 동시에 자기 자신을 누구에게도 주지 않는 사회계약 체결 방법을 사용하고 있다. 각 자가 포기한 모든 권리를 집단이 얻음으로서 더 큰 기관에 그들의 권리를 유보함으로서 그들이 잃어버린 권리 이상의 것을 얻는다는 점에서 루소의 사상은 의미를 지니고 있다.

Chapter 07

혁명에 필요한 보수와 진보 : 보수와 진보의 역사적 기원

인류의 역사는 초기의 혈연집단에서 시작하여 이차집단인 이익사회를 형성하면서부터 시작되었다. 혈연사회를 넘어서 이익사회를 형성하게 된 동기는 인간은 자신이 혈연사회에서 느끼는 물질적인 한계를 극복하기 위해서 이익사회를 형성하게 된 것이다. 마르크스는 인류의 역사를 필요에 의한 작용과 반작용의 노동의 역사라고 규정하고 있다. 인간은 필요에 의해서 작용을 하면 반드시 다른 사람에 의해서 반작용을 받기 마련이다. 부족한 것을 채우기 위해서 하는 작용의 행동에 의해서 반작용을 받는 쪽은 대응을 하기 마련이다. 인간은 불완전한 존재이기 때문에 개인간의 능력차이가 있을 때는 반드시 강하게 된 자가 약자를 위협하게 마련이다. 강자는 자신의 생명과 재산을 유지해 나가기 위해서는 자신이 만들어놓은 기득권을 지켜나가기 위해서 약자를 억압하여야 한다.

인류의 역사는 부족한 것을 서로 가지기 위한 투쟁의 역사인 것이다. 만일 인간이 부족하지 않고 완전한 상태에서 인간으로 지구상에서 존재하고 있다면 인류의 역사는 달라졌을 것이다. 따라서 부족한 것을 서로 가지기 위해서 인간 사이의 갈등이 생기게 되었다.

토마스 홉스는 자연 상태에서 인간을 만인의 만인에 대한 투쟁의 역사라고 규정하고 있다. 이것을 좀 더 강하게 표현하면 인류의 역사는 광란의 역사라고 표현할 수 있다. 토마스 홉스에 의하면 인간은 자연 상태에서는 타인과의 전쟁상태라고 규정하고 있다. 이것은 인간은 무의식 상태에서 타인의 모든 것을 침해하여 자신의 것으로 만들어 보려는 무한한 욕망을 가지고 있으며 이러한 욕망을 통제하지 않는 경우에는 인간은 전쟁상태나 마찬가지가 상황이 일어난다는 것이다. 실존주의 사상가인 사르트르에 의하면 인간의 무의식의 깊숙한 내면 속에는 항상 부족한 것이 존재하고 있다. 죽는 날까지 항상 필요한 것을 메우기 위해서 끊임없는 노력을 하고 있는 본능이 잠재해 있다. 실제로 인간은 99퍼센트의 풍부한 생활을 하고 있어도 만족해하지 못하며 나머지 부족한 1퍼센트의 목적을 달성하기 위해서 끊임없는 노력을 하고 있는 것이다. 사실상 99개를 가진 사람은 1개를 가지고 겨우 생존해 나가는 사람으로부터 그 1개까지 빼앗아서 100개를 채우고 싶어 하는 욕망을 가지고 있다.

염세주의 철학자이며 허무주의 사상가인 니체에게 영향을 준 쇼펜하우어는 인간의 욕망은 바닷물을 마시는 것과 같은 것이라고 표현하고 있다. 바닷물은 마시면 마실수록 더욱 더 갈증을 느끼며 인간의 욕망은 가지면 가질수록 더욱 더 가지고 싶어 한다. 사실상 현대 자본주의 사회에서 자본가인 대기업의 고용주와 그 기업에서 일하는 고용인과의 관계에서 보면 고용주인 재산가가 고용인인 노동자보다 훨씬 더 돈과 물질에 대한 욕망이 강하다. 고용주는 노동자들의 노동력 착취를 통해서 더욱 더 많은 재산을 축적하려고 한다. 이러한 인간의 무한한 욕망은 인간 사이에 갈등을 초래하고 자신이 가지고 있는 것에다 더 많은 것을 차지하려는 욕망이 존재하고 있다. 인간사회에서 다른 사람보다 많이 가진 것을 유지해 나가려는 집단과 덜 가진 집단은 많이 가진 자로부터 빼앗으려는 양자 간의 갈등현상은 인류 역사를 만들어 나가고 있다.

진보와 보수의 역사는 인류가 사회를 형성하면서 시작되었다. 보수는 인간의 사유재산과 생명문제, 남녀 간의 차별문제, 인간 개인 간의 능력문제, 소수 엘리트 통치문제, 인간존재의 불완전성 등에 있어서 그대로 유지해 나가면서 기득권을 지키려는 성향을 보수주의라고 한다. 반면에 진보는 사회의 급격한 변혁을 통해서 기득권층이 가지고 있는 특권을 빼앗아서 고루 고루 분배하자는 성향을 진보주의라고 규정할 수 있다. 보수와 진보간의 작용과 반작용을 되풀이 하면서 인간사회는 발전을 거듭해 오고 있는 것이다. 진보는 큰 그림을 그리겠다는 이상주의적 접근법을 사용하고 있다. 또한 추상적인 사고방식을 가지고 있다. 반면에 보수는 현실적인 접근법과 눈앞에 보이는 구체적인 생각을 가지고 있다. 보수는 역사를 옆으로 나가지 못하게 하는 현상유지를 바탕으로 한 발전을 원한다. 반면에 진보는 역사를 바로 한 단계 높이 끌어 올려보려고 노력한다. 진보로 인해서 인류의 역사는 내적인 면에서나 외적인 면에서 많은 발전을 거듭해 왔다. 그러나 보수는 인류의 역사가 진보로 인해 옆으로 급속하게 나가서 인류를 파멸의 길로 나가는 것을 막아주는 제동장치 역할을 해서 인류의 발전에 공헌해왔다.

만일에 보수 없이 진보만이 인류의 역사를 이끌어 왔다면 인류의 역사는 어떻게 되었을까? 경제학자 조셉 슘페터는 발전을 위해서는 창조적인 파괴가 절대적으로 필요하다고 한다. 진보는 인류의 모험과 파괴라는 개혁과 혁명을 항상 동반하고 있다. 개혁과 혁명은 인간사회를 혼란에 빠질 위험을 가지고 있다. 보수는 개혁과 혁명에 대해서 제동을 거는 브레이크 역할을 하여 왔기 때문에 인류가 파멸의 역사가 아닌 발전의 역사를 만들어 나가는데 중요한 역할을 하고 있는 것이다. 인류의 역사는 대부분의 기간 동안 보수 세력이 역사를 이끌어 왔다. 진보에 의해서 시작된 역사는 안정을 찾으면서 보수그룹에 의해서 역사를 이끌어 가면서 서서히 대다수 국민의 지지를 받기 시작한다. 얼마 후 사회는 보수화 사회로 변한다. 보수화 사회에서는 기득권층이 다수의 국민을 착취하면서 다시 진보주의자들에 의한 혁명이 요구되면서 사회는 혼란기에 빠진다. 무정부 상태에서 혼란한 사회는 얼마 후 안정을 찾으면서 역사는 인류를 위해서 한 단계 발전을 더 하게 된다. 혼란한 사회에서 안정된 사회로 들어서면서 기득권층인 보수 세력이 다시 등장하면서 사회를 이끌어 나가게 된다. 인간의 역사는 이렇게 보수와 진보의 연속을 되풀이 하면서 발전을 거듭해 오고 있는 것이다. 여성 정치 철학자인 하나 아렌트는 그녀의 저서 「전체주의」에서 혁명의 사이클을 주장하고 있다.

인간은 이상주의 정부 수립을 위해서 진보주의자들의 주도하에 혁명이 일어나며 무정부 상태에 빠지게 된다. 무정부 상태는 다시 정상의 정부로 돌아가면서 보수주의가 집권을 계속하게 된다. 보수는 다시 진보에 의해서 혁명이 일어나는 사이클을 되풀이 하게 된다.

그레샴의 법칙에서 악화는 양화를 구축한다고 한다. 악화와 양화를 보수와 진보로 추정해 볼 수가 있다. 경제학자 그레샴의 법칙에서 은화와 금화를 똑같은 가격에 만들어서 유통을 하면 결국에는 금화의 통화량은 줄어들고 은화만이 남아서 유통된다는 것이다. 이것은 가치가 적은 은화가 가치가 있는 금화를 쫓아내어 버린다는 것이다. 인류의 역사를 그레샴의 법칙을 적용하여 보면 인간의 불평등을 없애려는 이상주의적 사고인 진보는 금화에 비유할 수 있다. 반면에 현실적으로 적용가치가 더욱 더 큰 보수적 사고는 은화라고 할 수 있다. 인간사회에서 누구나 평등하게 다 잘 살 수 있는 사회를 만들어 나가는 것이 바로 사회정의를 실현하는 사고인 금화인 것이다. 그러나 인간의 본성은 쇼펜하우어의 말처럼 금화와 은화가 똑같은 가치로 유통 되어질 때 값어치가 큰 금화는 유통을 시키지 않고 자신의 집에다 두고서 다른 물건으로 만들어 버리려고 한다. 반면에 값어치가 적은 은화만을 유통시키는 것이 바로 인간이 가지고 있는 본성인 것이다. 결국은 금화는 없어져 버리고 은화만 살아남아서 유통 시장 속에서 활기를 치고 있는 것이다.

인류의 역사를 그레샴의 법칙에다 비유하면 이상주의적 사고이며 금화에 해당하는 진보는 현실적인 본성을 중시하는 은화인 보수에 밀려서 사라지게 되는 경우가 더욱 더 많았다. 인류의 역사는 보수와 진보 양자 모두를 악화와 양화로 만드는 것이다. 광란의 역사 속에서 인류의 발전을 위해서 보수와 진보는 모두 공헌을 계속해 나가고 있는 것이다. 진보는 무정부와 혁명의 시기에 악화로 등장하여 양화를 쫓아 버린다. 반면에 보수는 안정된 시기에 기득권을 행사하는 악화로 등장하여 양화를 쫓아 내어 버린다. 인류의 역사는 광란의 역사이다. 이러한 광란의 역사 속에서 인류의 발전을 위해서 역사를 앞서간 보수와 진보주의자들은 역사적으로 그들의 업적을 높이 평가하여야만 한다. 그들은 그들의 생명과 모든 명예를 담보로 하여 역사에 도전한 인물들이다. 역사에 앞서간 인물들은 기존의 역사와는 화해하기를 거부한 인물들이다. 동양사회의 기본사상을 형성하고 있는 공자와 맹자의 사상인 공맹사상을 비롯하여 공맹사상에 비유되는 현대 서양사회의 사상의 기반을 제공했던 그리스 도시국가 시대의 플라톤과 아리스토텔레스의 사상 역시 진보와 보수의 대조적 사상을 이루고 있다.

역사적으로 진보와 보수는 언제부터 생겼으며 어떻게 분리를 하여야 할까. 우리 인간의 역사는 사회를 형성하면서부터 진보와 보수가 형성되어 졌다고 할 수 있다. 보수라면 영어로 보수(conservatism)이며 진보는 자유주의(liberalism) 또는 개혁주의(Progressivism)라고 말할 수 있다. 보수라는 말의 의미는 어느 정도 윤곽이 드러난 상태에서 공감대를 형성해 나간다고 할 수 있다. 그러나 진보라는 의미는 여러 가지 의미를 가지고 있기 때문에 역사적인 차원에서 진보를 규명하는 일은 쉽지가 않다. 학자들 간에도 진보라는 의미는 혼미한 상태에 있다. 진보와 보수를 구분할 수 있는 카테고리를 어디에 잡을 것인가 부터가 문제이다. 일반적인 진보와 보수에 대한 카테고리는 인간의 불평등, 능력 있는 소수의 통치, 사유재산의 신성불가침, 이성에 대한 불신, 인간존재의 불완전성 등을 들 수가 있다.

진보와 보수에 대한 개념은 사회와 시대에 따라서 달라질 수가 있다. 또한 사회체제에 따라서 보수는 무분별한 진보에 대한 신중하게 제동을 거는 브레이크장치로 생각될 수도 있다. 일반적으로 진보와 보수는 인간의 어느 시대 어느 국가에도 존재해 나오고 있다. 인간의 개인 자신을 보더라도 개인의 환경에 의해서 보수적인 사상에서 진보적인 사상으로 바뀌게 된다. 국가도 마찬가지이다. 국가가 불안정한 시기에는 진보적인 성향의 국가의 모습을 보인다. 그러나 국가가 점차적으로 안정된 국가로 변하게 되면 보수적인 성향을 띄는 국가로 된다. 세계 유일 초강대국 미국의 경우 영국으로부터 독립 초기에는 종주국 영국보다는 진보적 성향의 국가였다. 그러나 점차적으로 보수화 경향으로 흘러서 미국도 현재는 보수적인 국가로 분류된다.

서구 역사를 통해서 진보와 보수에 대한 견해는 다양하다고 할 수가 있다. 일반적으로 서양사의 경우 진보의 역사는 프랑스혁명을 전후해서 진보와 보수를 구분하는 경향이 생겨났다. 영국의 사상가이자 보수주의의 대명사인 에드먼드 버크를 우리는 보수주의 대명사로 부른다. 버크하면 우선 정치인이자 사상가로서 프랑스혁명에 대해서 부정적인 시각을 가지고 반대를 한 대표적인 인물이다. 버크의 대표작인 「프랑스혁명에 관한 고찰」에서 프랑스에서 사회변화를 혁명에 의한 급진적인 변화를 원하지 않고 있다. 버크는 사회의 변화를 급진적이 아닌 점진적인 방법에 의한 변화를 요구하고 있다. 진보적인 사상은 사회변화를 요구하는 과정에서 보수보다는 과격한 변화를 요구하고 있다. 당시 프랑스혁명이 과격한 방법으로 진행되자 구라파 각국들은 그 파장이 다른 국가까지 미치는 것을 염려하여 국가들이 연합군을 보내 혁명을 진압하려고까지 생각하게 되는 단계까지 갔다. 그러나 프랑스혁명을 계기로 확실하게 구분된 진보와 보수주의는 이미 그보다 수천 년 전에 모태를 형성하고 있었다. 일반적으로 현재의 서양인들의 사상의 모태를 형성하고 있는 사상은 고대 그리스 시대에 형성되었다. 그리스 도시국가 시대의 아리스토텔레스, 플라톤, 소크라테스의 사상이 현재 구라파 인들의 사회문화적 사상을 형성하고 있다. 현재 우리나라의 사회문화적 사상의 뿌리를 형성하고 있는 공맹사상을 바탕으로 한 유교문화와 같은 맥락에서 생각할 수 있다.

플라톤과 아리스토텔레스 이전에 이미 인류가 1차 집단인 혈연집단을 벗어나서 2차의 이익집단인 도시사회 문화를 형성하면서 역사는 진보와 보수의 대결 구도의 장으로 형성되었다. 이미 기원전 수천 년 전에 초창기 서양사회에서는 보수와 진보의 대결구도를 형성하였다. 보수와 진보의 대결구도는 지역적으로 보아도 교통이 편리하고 외부의 사람들이 잦았던 곳에 위치해 있던 곳은 일반적으로 사회전체가 진보적인 성향의 집단을 형성하였다. 그 반면 외부와의 교통이 원활하지 못한 곳은 보수적인 성향이 강했다. 사상적인 면에서도 초기 그리스 시대는 연구의 대상이 인간이 생활에 필요한 요소를 연구대상으로 삼았다. 사실상 인간 자체가 무엇이며 무엇을 위해서 살며 어디를 향해서 가고 있는가를 연구하는 것보다는 인간을 둘러싸고 있으며 인간에게 필요한 요소를 대상으로 연구하기 시작했다. 인간주변에 있는 자연을 연구대상으로 삼으면서 초기의 사람들은 인간보다도 자연이 더 중요한 요소로 생각하게 되었다. 초기의 이러한 사회의 영향으로 시민사회를 이끌어 가는 사람은 자연을 다스릴 수 있는 사람이었다. 당시 인간은 자연에 의존해서 살아야 하는 시대였다. 자연에 의해서 인간은 존재하고 있으며 자연보다는 인간의 비중이 훨씬 약하다는 주관을 가지고 시작한 단계의 시대부터 보수와 진보의 역사는 시작되었다.

이러한 시대에 탈레스를 우리는 진보 역사의 시조라고 한다. 그리스 사회에서 토속적인 신앙을 믿던 사회에서 처음으로 만물의 근원은 물이다. 라고 주장함으로서 그리스 사회에 획기적인 변화를 가져왔기 때문이다. 그 후 상당히 오랜 동안 탈레스의 만물의 근원은 물이다. 라는 주장은 깨어지지 않고 지속되었다. 따라서 우리는 탈레스를 서양사에 최초의 진보적인 사상가라고 할 수가 있다. 탈레스의 사상인 만물의 근원은 물이다. 라는 이론은 수세기 후에 깨어지면서 많은 이론가들이 자연에 대한 나름대로의 이론을 내어 놓았다. 그런데 이러한 새로운 사상을 내놓은 많은 사상가들은 당시의 환경으로 보아서는 상당한 용기를 가지고 주장을 내세워야 한다. 왜냐하면 남보다 앞서서 내놓는 이론이란 그 당대의 사회에 모든 면에서 행세를 하면서 살아가는 보수적인 사고방식을 가진 사람들로부터 거부감을 일으킬 뿐만 아니라 보수 세력이 유지하고 있는 명예를 위시하여 많은 기득권들을 박탈할 소지를 지니고 있기 때문이다. 따라서 어느 시대 어느 사회이든지 진보주의자들은 보수주의자들로부터 많은 반감을 싸게 되고 결국은 사회로부터 추방당하는 경우가 허다했다. 서양의 초기 역사를 떠나서 우리의 역사를 보더라도 조선시대의 조광조 등이 진보적인 개혁을 주장하자 기득권 세력인 보수 세력이 반발하게 되면서 진보주의자들이 대거 숙청당하는 보수와 진보의 대결이 가져온 사화가 바로 비근한 예라고 생각할 수가 있다. 진보는 언제나 초창기에는 기득권을 형성하고 있는 층을 비롯하여 현상의 안정을 유지하려는 일반인들로부터 많은 비난을 받으면서 이단자로 몰려서 당대 사회로부터 인정을 받지 못한다. 그러나 대체로 진보주의자들은 당대에는 인정을 받지 못하지만 후세 사회에서 그들의 업적이 인정되는 경우가 더 많다.

현재 서양사회에서 정신적인 토대를 만들어 놓은 도시사회의 그리스 3대 철인인 소크라테스, 플라톤, 아리스토텔레스의 진보 및 보수주의적 사상도 당대에는 크게 반발을 일으켰다. 특히 소크라테스는 플라톤과 아리스토텔레스에게 직접적인 영향을 준 스승이었음에도 불구하고 그는 그 당대 그리스 사람들로부터 배척당했다. 소크라테스가 배척을 당하고 아테네 광장에서 화형에 처해진 근본적인 원인이 바로 그의 앞선 사상인 진보적 사상 때문이다. 그의 앞선 생각은 당시 같이 지식을 팔아서 먹고사는 보수적인 지식인들인 소피스트들로부터 반감을 사게 만들었다. 소크라테스의 죽음도 결국은 보수와 진보의 대결구도 속에서 기득권을 유지하려는 보수 세력에 밀려난 결과인 것이다.

제자인 플라톤 역시 그가 소유하고 있는 인격과 명문집안 배경으로 보아서 그는 그리스 정계로 나갈 수 있었음에도 불구하고 그의 진보적인 사상 때문에 보수 세력에 의해 그의 꿈이 좌절되고 말았다. 예수 역시 진보주의 사상을 가진 대표적인 인물이었기에 로마사회에서 보수 세력에는 위협적인 인물이었다. 예수의 죽음도 결국 기득권을 유지하려는 보수 세력에 의해 희생된 경우이다. 그러나 예수의 사상은 그 후 서양 중세사회를 천 년간 이끌어온 신 중심 사회를 만들어 내었다. 또한 소크라테스와 플라톤의 사상도 그 후 서양사회의 기초를 이루는 사상으로 발전하게 되었다. 인류의 역사는 수천 년간의 기록을 가지고 있기는 하나 사실상 예수의 출현 이후의 약 이천년간 세계가 확실하게 인류에게 사회와 문화적인 발달을 보여주고 있는 것이다. 이러한 관점에서 우리가 생각할 수 있는 것은 이 천년 중에서 약 반의 기간에 해당하는 중세 신중심의 천 년간의 사회가 현재 서양사회에 얼마나 지대한 영향력을 나타내고 있는가 하는 것을 알 수가 있다. 신 중심사회에서는 인간은 단지 신의 하인에 불과한 신과 주와 종의 관계를 형성하고 있었다. 초기 그리스시대는 인간은 신의 아들로 간주하던 시대에 비하면 인간의 근본적인 가치가 많이 추락한 사회이었다. 이러한 신 중심 사회에서 가장 보수 기득권층이 바로 교황을 중심으로 한 교회의 종사자들이었다.

보수기득권층에는 어느 누구도 감히 저항할 수가 없었다. 이러한 신 중심시대에 사회의 기득권층에게 도전장을 내고 교회의 개혁에 도전장을 낸 사람들은 대부분 교회 관계자들 이었다. 물론 교황과 왕 간의 권력을 두고서 갈등을 빚기는 했으나 이것은 자신의 이익을 위한 권력투쟁이라고 간주 할 수 있다. 부패한 기득권층의 교회의 개혁을 주장하고 나선 사람들을 우리는 진보주의자라고 할 수 있다. 중세 초기의 성 아우구스티누스나 중세 후기의 성 토마스 아퀴나스를 들 수가 있다. 아우구스티누스는 초기 플라톤 철학을 부활시키면서 교회가 부패에 빠지지 않고 올바르게 교권을 확립하여 사회를 이끌어 나갈 수 있도록 기초를 확립한 중도적 진보주의자였다. 또한 성 토마스 아퀴나스는 중세 후기의 아리스토텔레스 철학을 교회에 접목시켜 아리스토텔레스 철학을 부활시킨 진보주의자였다. 이 두 사람은 진보적인 성향의 인물이지만 교황을 중심으로 한 교회종사자라는 한계 때문에 급진적인 진보주의 성향은 나타내지 못했지만 그들이 쌓아놓은 공적은 중세 신 중심사회에서 그들을 뛰어 넘을 인물은 아무도 없다.

그보다도 우리는 정통 교회와 교황의 권위에 도전한 루터나 캘빈을 진보주의자라고 할 수가 있다. 루터나 캘빈이 끼친 영향력은 상당히 지대하다. 그들이 부패한 교권에 도전함으로서 서양사회는 민주주의 사회로 진일보하는데 결정적인 역할을 하였다. 또한 신 중심에서 인간중심으로 복귀하면서 신 중심 국가에 반대하고 민족국가를 형성하는데 결정적인 역할을 한 마키아벨리를 우리는 진보주의자로 분류를 할 수가 있는 것이다. 신중심사회가 서서히 넘어가고 르네상스와 함께 인간 본연의 인간 중심 사회로 복귀하면서 민족국가의 탄생을 가져오게 되었다. 민족을 중심으로 한 민족국가가 형성되면서 인간사회에 등장한 것이 왕을 중심으로 한 절대군주 이었다. 이러한 왕의 절대 권력은 막지 않으면 안 될 사회의 가장 큰 문제로 대두하게 되었다. 왕을 중심으로 한 기득권층의 절대 권력에 맞서서 대항한 대표적인 진보주의자들은 토마스 홉스와 존 로크 및 장 자크 루소를 들 수가 있다. 민족국가사회의 출범과 함께 나타난 왕의 권력은 왕권신수설에까지 비약되는 단계로 왕권이 강화되는 사태에까지 가게 되었다. 짐이 곧 국가라는 루이 14세를 비롯하여 서양국가에서 왕이 곧 법이며 국민과는 통치자와 피통치자의 관계를 떠나서 주종관계를 형성하게 되었다.

이러한 절대 권력에 대항하여 일어난 진보주의자들은 앞에서 설명한 토마스 홉스와 존 로크 및 장 자크 루소를 들 수가 있다. 이들이 만든 사회계약론은 결국 구라파 근세의 3대 혁명인 영국의 명예혁명과 미국혁명 및 프랑스혁명의 3대 혁명을 일으키는 원동력이 되었다. 이 3대 혁명은 궁극적으로 민주주의를 한 단계 끌어올리는 데 큰 공헌을 하였다. 절대 권력자에 대한 권력의 재제는 또 다른 문제를 발생하게 되었다. 이것이 바로 제 2의 인류혁명인 개인에서 사회전체를 보호하는 공리주의인 것이다. 이러한 공리주의를 대표하는 진보주의자들은 벤덤과 존 스튜어트 밀과 이상주의론자이며 사회복지주의자 창시자인 토마스 힐 그린을 들 수가 있다. 공리주의는 인간의 진보적 사상이 한 단계 발전한 상태를 지향하기 위해서 나온 진보사상의 혁명이다. 군주독재로부터 개인을 보호하는 차원을 넘어서 개인과 사회를 모두 보호하는 사상이 바로 공리주의 사상인 것이다. 이들의 사상은 현대의 복지주의사회의 기본 개념을 형성하였다. 현대의 전 세계 인구의 3분의 1에 해당하는 인구가 믿는 공산주의 사상의 모태가 되는 헤겔과 마르크스는 실로 인류사회의 획기적인 변화를 초래한 진보적인 사상가였다. 공산주의 사상은 현실사회의 부조리를 타파하기 위한 하나의 유토피아적인 사상이자 진보적인 사상이었다. 헤겔과 마르크스는 모두가 뛰어난 이론가이자 사상가이다. 마르크스의 사상은 물론 적중되지 못한 이론이자 사상이지만 그가 추구한 계급 없는 이상사회의 실현은 인류사회의 발전을 위한 혁명적인 사상임에 틀림없다. 레닌 또한 마르크스 사상을 발전시켜 현실적으로 혁명을 통한 이상사회의 실현을 향한 진보주의의 전도사였다. 마르크스 사상의 전파는 전 세계의 삼분의 일을 공산주의 국가로 만들었으며 마르크스의 사상적인 후손들은 현대 사회에 대해서 비판적인 시각으로 사회를 바라보았다. 그 대표적인 진보적인 사상가가 프랑크푸르트 학파의 창시자 마르쿠제와 사르트르를 들 수가 있다. 마르쿠제는 소련을 비롯한 공산주의 체제와 미국 등 현대의 자본주의 사회의 체제를 바꾸기를 원한 진보적인 사상의 혁명가들이었다.

인류의 역사는 한마디로 요약하면 광란의 역사인 것이다. 국내적 차원에서는 통치자와 피 통치자의 싸움, 국제적 차원에서는 항상 힘의 불균형 상태에서 나타나는 국가 간의 끊임없는 전쟁, 개인 간의 능력의 차이로 인한 사유재산권 침해, 인류의 반반씩을 차지하는 이성간의 불인정 등으로 인한 갈등 등이 모여서 인류의 역사를 지속해 나가고 있다. 인간사회의 모순된 사실들이 작용과 반작용을 거치면서 인류의 역사는 광란의 역사를 만들어 버렸다. 이러한 모순들이 모여서 지탱해 나가는 광란의 역사에 인류의 민주주의 역사를 바로 잡기 위해서는 진보가 보수보다 훨씬 더 필요하다. 그러나 진보와 보수의 대결구도에서 항상 진보는 보수에게 밀려나는 경향을 보여 왔다. 진보와 보수의 대결에서 진보가 보수에 밀리는 원인을 보수와 진보가 가지고 있는 의식구조를 분석하여 볼 필요성이 있다.

Chapter 08

혁명을 위한 접근법 : 진보는 이상주의적 접근방법 Vs. 보수는 현실주의적 접근방법

민주주의 역사 발전을 위해서는 진보가 보수보다 더욱 더 필요함에도 불구하고 보수와 진보의 대결구도에서는 진보가 보수를 이기지 못하는 원인을 방법론적 차원에서 그 원인을 찾을 수 있다. 보수와 진보의 구별은 역사적 관점에서 접근하는 방식에 따라서 다양하다. 일반적인 관점에서 보수는 현실을 중요시하는 접근방법을 택하고 있다. 역사적으로 볼 때 보수주의자들은 현실에 대해서는 보다 구체적으로 파고들어서 보다 합리적인 방법으로 역사에 대해서 접근하고 있다. 따라서 마구잡이식 변화를 요구하는 진보에 대해서 강한 브레이크를 거는 제동장치의 역할을 한다. 보수적인 접근법은 현실주의적 접근법이라고 할 수 있다. 그리스의 아리스토텔레스를 생각해 볼 수가 있다. 아리스토텔레스는 비록 당시에 사회에 대해서 개혁을 주장한 진보주의자임에 틀림없다. 그러나 그의 접근법은 현실주의적인 접근법을 사용하고 있다. 예를 들면 오렌지 하나를 보더라도 오렌지의 빛깔만 보는 것이 아니라 오렌지의 속을 들여다보고서 그 오렌지가 싱싱한 오렌지인지 아닌지를 구별해 내는 접근법을 사용하고 있다.

보수주의자의 대표로 불리는 에드먼드 버크를 생각해 보자. 그는 전적으로 프랑스혁명에 대해서 반대를 했다. 그의 사상은 철저하게 현실주의에 의한 점진적인 변화를 요구하고 나섰다. 프랑스혁명에 관한 고찰에서 그는 급격한 개혁은 구라파 사회 전체의 붕괴를 가져오며 구라파의 역사를 광란 속으로 몰아넣는다고 주장하고 있다. 일반적으로 보수는 현실에 적합한 부분부터 서서히 개혁해 나가는 방법을 말한다. 반면에 진보는 이상주의적인 접근법을 사용하고 있다. 진보주의자의 예로서 그리스의 플라톤을 생각해 볼 수가 있다. 플라톤의 접근법은 이상적 접근법을 사용하고 있다. 오렌지가 싱싱한 오렌지인지 아닌지를 구별하는 과정에서 플라톤은 오렌지의 빛깔만보면 알 수 있다는 것이다. 따라서 싱싱하고 맛있는 오렌지는 오렌지의 겉모양인 빛깔로서 분석이 가능하다는 것이다. 플라톤과 같은 진보주의적 방식은 많은 실수와 오류를 범할 소지가 있는 것이다. 플라톤은 통치자를 철인왕의 통치를 주장하고 있다. 그의 주장은 인격만 갖추고 있는 철인은 현실 정치를 이끌 수 있다고 생각하고 있다. 이러한 그의 이상주의적 접근법은 현실과 괴리를 왔다. 그의 여성관도 현실과 괴리가 있는 여성관을 바라보았기 때문에 그는 현실과 괴리가 있는 플라토닉 러브에 빠져 버린 사람이 되었다. 이상과 현실은 괴리가 있기 마련이다. 보수주의자들의 일반적인 접근법인 현실적 접근법은 너무 현실에 급급한 나머지 발전적이지 못하다. 또한 발전에 필요한 모험을 꺼리는 접근방법인 것이다.

우리가 경제학이나 정치학의 학문과 관련시켜서 생각해 볼 수가 있다. 경제학자나 정치학자는 사회의 정치현상이나 경제현상을 이론을 만들어서 이론에 적용해서 현실 문제를 해결해 나가려고 한다. 이론은 현실문제 뿐만 아니라 앞으로 현실 문제를 이상적으로 끌어 올려놓고서 좋은 방향으로 가도록 노력하고 있다. 따라서 경제학자나 정치학자의 이론은 이상주의적 접근방법인 것이다. 그런데 현실로 실무를 담당하는 정치인이나 경제인들은 현실의 문제를 직접 다루기 때문에 현안 문제를 보다 합리적인 차원에서 일을 처리한다. 또한 모든 정치나 경제현안 문제를 보다 구체적으로 파악해 낸다. 그들은 너무 현실의 이해 문제와 연관 시켜 나가기 때문에 큰 모험이나 실수는 하지 않는다. 그러나 역사적이고 거시적인 차원에서는 실무자들은 크고 중요한 문제를 해결하지 못하는 봉착상태에 빠진다. 예를 들면 1930년대 초에 전 세계가 경제공항상태에 빠지자 실무경제인들 사이에서 해결책을 찾았으나 그 해결책을 찾아내지 못했다. 그러나 경제공항 타개책을 찾아낸 사람은 현실 실무경제인 출신이 아닌 진보주의 이론가인 영국의 경제학자 케인즈가 그 문제를 해결하게 되었다. 케인즈의 이상주의적인 접근법은 실무자들은 도저히 생각해 낼 수 없는 이론이었다. 케인즈의 이론은 거시적인 차원에서의 큰 그림을 그림으로서 전 세계가 겪고 있었던 경제공항을 해결해 냈다.

정치도 마찬가지이다. 실무 정치가들은 실무적이고 현실적인 차원에서 정치에 접근해 나가기 때문에 큰 그림을 그리지 못한다. 그 큰 그림은 바로 이상적인 차원의 정치발전인 것이다. 정치발전을 위해서는 현실적인 접근법도 중요하지만 모험이 수반된 이상적인 접근법이 필요하다. 따라서 거시적인 차원에서 정치발전은 이론적인 접근법을 병행하여야 한다. 혁명은 인류의 발전을 위해서 진보주의자들이 선택한 파괴적인 선택인 것이다. 인류의 발전을 위해서는 어느 정도의 파괴는 필수적인 요건이다. 여성 정치 사상가이자 철학자인 하나 아렌트는 그녀의 대표적 저서 「전체주의」에서 혁명가는 이상주의자이며 파괴는 창조를 위한 파괴라고 주장하고 있다.

「혁명의 해부」라는 저서로 우리에게 알려진 크레인 브린튼은 혁명은 인류가 이상과 목적을 위해서 초창기 단계로서 필요한 파괴인 것이라고 말하고 있다. 또한 경제학자인 슘페터는 새로운 기술개혁과 발전을 위해서는 파괴가 필요하며 이것을 창조적인 파괴라고 한다.

사실상 인류의 역사는 더욱 진보적인 발전을 위해서는 어느 정도의 모험과 어느 정도의 파괴는 필요하다. 파괴에 의해서 우리인간은 한 단계씩 발전을 하였다. 서양의 경우도 세계 3대 혁명을 통해서 인간은 인류의 민주주의를 발전시켜 나갔다. 따라서 인류의 발전을 위해서는 합리적이고 현실적인 접근법인 보수와 이상주의 접근법인 진보가 모두 필요하다. 사회의 발전을 위해서 진보는 이상적으로 큰 그림을 그린다. 그리고 진보에 대해서 보수는 보다 구체적이고 합리적이며 현실적인 차원에서 진보에 대한 강력한 제동장치인 브레이크를 걸때 보수와 진보는 인류의 역사의 발전을 가져오게 되는 것이다. 인류의 역사는 마르크스가 주장한 것과 같이 필요에 의한 인간의 작용과 반작용의 노동의 연속이라고 규정하고 있다. 마르크스와 헤겔의 변증법과 연관 시켜서 우리는 과거와 현재와 미래의 역사를 규명해 볼 수가 있는 것이다. 인간은 필요에 의한 작용과 반작용의 연속의 과정 속에서 인간은 내면에 존재해 있는 인간 본연의 욕망을 달성하기 위해서 힘에 의한 투쟁을 계속해 나왔다.

인간의 역사를 필요한 목적을 달성하기 위해서 힘에 의한 투쟁을 작용과 반작용과 연관시켜서 생각할 수가 있다. 인간이 자기가 필요로 한 것을 달성하기 위해서 노력을 한 후 목적을 달성한 후에는 그것을 놓치지 않고서 계속해서 현상을 유지해 나가려고 한다. 목적을 달성해서 현상을 유지해 나가려는 계층을 일반적으로 기득권층이라고 부른다. 기득권층은 작용에 의해서 한정된 것을 소유함으로서 일단 목적을 달성하였기 때문에 반드시 그것을 필요로 하는 다른 계층으로부터 반작용을 받게 된다. 반작용을 가하는 계층을 진보라고 한다. 진보는 인간의 내면에 깔려 있는 기득권층이 소유하고 있는 것을 다시 찾으려는 욕망이 잠재해 있는 것이다. 그러나 표면에 나타나는 것은 내면에 잠재해있는 욕망보다는 사회적 개혁과 혁명 등을 통해서 사회의 급진적인 변화를 요구하고 나서는 것이다. 과거 프랑스혁명이나 레닌혁명 등 인류역사의 많은 혁명을 통해서 보수와 진보의 대결구도는 이러한 맥락에서 계속되고 있는 것이다. 미시적인 차원에서는 작은 개인들로 구성된 집단에서부터 거시적인 차원에서는 국제간에서 발생하는 세계전쟁에 이르기까지 우리는 이러한 보수와 진보의 대결구도로 규정할 수가 있는 것이다.

국제관계에서도 독일의 두 차례에 걸친 2차세계 대전은 기존의 보수적인 국제사회를 유지하겠다는 구라파 보수국가와 그 기득권을 뺏어 보겠다는 새로운 진보 층과의 힘의 균형이 깨어진 결과 일어난 세계대전인 것이다. 국내적인 차원에서 보면 불란서 혁명 등 많은 혁명도 통치권이라는 기득권을 쥐고서 그 통치권을 계속해서 유지해 나가겠다는 기득권층과 그 통치권을 다시 양도 받아서 다른 층에 넘기겠다는 피 기득권층 간의 갈등에서 일어난 현상인 것이다.

권력구조적인 관점보다도 사회발전적인 차원에서 보면 사회를 점진적인 차원에서 서서히 변화를 추구해 나가자는 사상이 바로 보수적인 사상인 것이다. 반면에 좀 더 급진적인 차원에서 변화를 추구해 나가자는 사상이 진보적인 사상인 것이다. 서양의 역사를 그리스 초기의 역사로부터 현재까지를 단계적으로 분석해 보면 우리는 몇 단계를 거치면서 진화되어 왔다고 할 수 있다. 그리스 초기의 자연주의 사상 시대부터 도시문화국가를 거쳐서 천 년 간 계속된 신 중심 사회의 문화를 거치면서 인간의 역사는 많은 광란의 역사를 거치게 되었다. 계속된 사회를 변화시키는 과정에서 주도적인 역할을 한 사람들이 바로 진보적인 사상가들이다.

진보주의자들은 사회전면에 나서거나 뒷면에서 사회의 변화를 요구하고 나섰다. 사회의 변화를 요구하는 초기의 진보적 사상가들은 누구든지 사회에 대해서 배척을 당했다. 진보적 사상은 이상적인 접근법을 사용하기 때문에 현실적이고 합리적인 대다수의 당시 사회로부터 소외를 당하게 된다. 따라서 그 당대에는 진보의 전도사들은 환영을 못 받았지만 후세의 사회에서 그들의 사상은 빛을 보게 되는 것이다. 인문주의 사회의 복귀인 르네상스 시대를 거치면서 본격적인 민족국가 중심사회를 이루면서 개인의 중요성이 부각되고 인류의 역사는 소용돌이의 역사가 계속되었다. 이러한 소용돌이는 인간사회가 더욱 발전적인 단계를 마련하는 기반을 구축하게 되었다. 진보냐 보수냐를 규정짓는 명백하고 현존하는 사상을 가름하는 척도도 더욱 분명하게 되었다. 에드먼드 버크냐 토마스 힐 그리인 사이의 진보성과 보수성을 명백하게 규정지을 수 있게 되었다. 보수주의자들을 대표하던 버크는 프랑스혁명을 인류전체 사회를 파괴하는 행위라고 규정지었다. 보수주의자들이 당시 생각하는 위험성을 가진 프랑스혁명은 진보주의자들이 이루어 놓은 인류의 정치 사회의 역사를 한 단계 발전시키는 데 크게 공헌한 역사적 사건인 것이다. 인류의 역사는 끊임없이 계속되는 필요에 의한 인류의 작용과 반작용의 연속인 것이다. 이러한 역사 속에서 인류는 끊임없는 갈등을 계속하면서 발전해 나가는 것이다. 거시적으로는 국가와 민족의 패권을 위해서 투쟁을 계속해 나가는가 하면 국내에서 자신의 기득권을 위해서 끊임없는 변화를 추구해 나가고 있다.

사르트르는 인간은 태어나서부터 죽는 날까지 만족스럽게 살지를 못한다고 한다. 그것은 인간이 지구상에서 지층의 압축에서 무기질에서 생겨난 결과 불만족한 상태에서 조금이라도 모자라는 것을 메우기 위해서 끊임없는 변화를 추구해 나가는 것이다. 인간은 누구나 완벽하지를 못하기 때문에 불만인 것이다. 이러한 인간의 불만은 결국 인류의 역사를 광란의 역사로 만들었다. 불만에서 시작된 인류의 역사는 다른 동물과 다르게 발전의 원동력을 가져오게 되었다. 인간이 다른 동물과 다른 점은 항상 불만족한 상태에서 삶을 유지해 나가는 것이다. 이러한 불만족한 현상은 인간이 다른 동물과 다른 고도의 문화를 창조하게 만든 것이다. 공리주의자 존 스튜어트 밀의 말을 인용하면 만족스러운 돼지보다는 불만족한 소크라테스가 되라는 말이 있다. 인간은 항상 불만족스럽기 때문에 이상을 지향하고 그 결과 다른 동물과 다르게 개인과 사회를 발전시키는 원동력을 만든 것이다. 역사적인 시각에서 조명해볼 때 우리 인류의 역사는 진보와 보수의 갈등에서 발전하게 되었다. 보수와 진보는 모두 인간사회의 발전을 위해서 기여하고 있다. 그러나 보수는 보다 합리적인 차원에서 점증적인 변화를 요구하고 있다. 반면 진보는 이상적인 차원에서 급진적인 변화를 요구하고 있는 것이다. 일반적으로 안정된 사회일수록 보수적인 사상이 주류를 이루고 있다. 미국의 경우도 건국 초기에는 진보와 보수는 상당한 차이가 있었다. 그러나 사회가 안정되면서 진보와 보수는 같은 길을 걸어가게 된다. 현재 미국의 진보를 대표하는 민주당과 보수를 대표하는 공화당은 동전의 앞면과 뒷면 정도의 차이에 불과하다.

● ● ●

Chapter 09

서양역사에서 진보와 보수의 대결

인류의 역사를 통해서 보수와 진보의 존재 원인은 철학적인 관점에서 헤겔의 변증법적 관점에서 생각해 볼 수 있다. 헤겔의 변증법적 논리를 적용하면 인간 존재의 불완전성과 인간존재의 불완전성을 보상 받으려는 욕망 때문에 보수와 진보는 인간이 지구상에 존재하면서 시작되었으며 인류문명이 태동되면서 진보와 보수는 시작되었다. 정치 사회학적 관점에서 볼 때 국가가 형성되고 정치체계가 수립된 이후에 보수와 진보가 나타난 현상이기는 하지만 실지로 보수와 진보에 대한 역사는 그보다 훨씬 이전이라고 할 수 있다. 보수와 진보를 볼 때 보수는 기존의 전통을 지키려는 사고를 바탕으로 하여 형성된 사고이며 진보는 진취적인사고라기 보다는 기존의 전통을 허물고 새로운 사고로 대처해 나가려는 사고를 의미한다.

헤겔의 변증법의 사고 역시 고대 자연주의 시대의 만물은 항상 변한다라는 사고를 바탕으로 형성되었다. 또한 고대 자연주의 시대에 만물은 가장 작은 입자인 원소로 형성되었다는 사고는 후에 원자설과 양자 설 등 후세 과학은 이들의 이론을 바탕으로 형성되었다. 자연 과학적인 차원에서가 아닌 사회과학 차원에서 볼 때 헤겔의 변증법적 사고는 얼마 후에 나타난 마르크스의 사고인 유물론적 변증법에 직적접인 영향을 미치고 있다. 하나의 유기체는 다시 갈등으로 인해서 이분화 되며 그 이분화는 다시 하나로 합치지고 다시 이분화 되는 변증법적인 관점에서 보수와 진보의 역사에 대한 모델을 설정해 볼 수 있다.

정치철학자 하나 아렌트는 그녀의 저서인 「전체주의의 기원」에서 보면 우선 보수라는 집단이 정치권력을 비롯하여 모든 사회의 주류를 이루고 있다. 그러나 그 집단은 내부적으로 다시 갈등이 생기면서 보수의 비주류가 싹이 트면서 그 싹이 커져서 진보집단을 형성하게 된다. 진보집단은 기존에 존재하는 전통과 조직을 개혁하고 새로운 조직을 만들려고 한다. 그러나 기존의 보수집단은 기존의 전통과 관습 및 태도를 그대로 유지해 나가려고 한다. 이 과정에서 진보적 집단은 혁명을 통해서 보수세력을 전복시켜려고 한다. 진보가 전통을 깨뜨릴 정도로 세력이 커지는 경우에 보수를 뒤엎고 새로운 주류의 집단으로 올라서게 된다. 이러한 경우에 정부는 무정부 상태가 되며 결국 진보세력에 의해서 정부가 운영되기는 하지만 얼마 후에 안정을 찾으면서 조직과 집단은 보수 세력이 다시 집권하는 시대가 된다. 따라서 진보와 보수의 대립은 유독 비상시의 혁명이라는 용어를 개입시키지 않더라도 보수적인 집단의 세력이 약화될 때 나타나는 현상이라고 할 수 있다. 따라서 진보가 초기에 형성될 당시는 그 사회가 어느 정도 혼란된 상황에서 국가로 볼 때는 국민들이 보수의 전통과 관습에 대해서 어느 정도 신뢰성을 잃어버릴 때 진보라는 이름의 집단이 등장하게 되는 것이다.

한국의 경우에 이승만 정권 말기에 조봉암에 의해서 나타난 진보당은 그 당시 국민들이 이승만 중심의 집권당이 이미 국민들로부터 신뢰를 잃어버리면서 새로운 사고의 정당을 필요로 하고 있었기 때문이다. 당시 집권당인 자유당과 제 1야당인 민주당이 기존의 전통적인 당으로서 유지되기는 하였지만 국민들은 이들 두 정당 모두에 대해서 실망을 하고 있었다. 이러한 상황에서 나타난 제3세력이 바로 정통 진보라는 조봉암의 진보당인 것이다. 다시 말하면 진보는 진취적인 앞서나가는 사고라고 보기보다는 기존의 전통체제를 부정하고 새로운 체제로 변화를 하려는 사고라고 할 수 있다. 그러기 때문에 대부분의 진보세력들은 기존체제에 대해서 불만을 가진 세력이라고 할 수 있다.

한국의 근 현대사를 통해서도 보수와 진보가 한국의 근현대사를 이끌어 나오고 있다. 한국 근 현대사는 진보와 보수의 대결로 인해서 한국 역사가 광란의 역사로 변하기는 하였지만 한국의 역사발전을 한 단계 끌어올린 것은 틀림없는 사실이다. 한국의 근대사에서 보수라는 하나의 안정된 실체가 흔들리면서 헤겔의 변증법적 논리인 보수 내에서의 갈등으로 인한 분열된 상황이 발생할 경우에 진보가 나타나서 큰 세력으로 성장한다는 사실이다. 앞에서도 이미 언급한 것처럼 고전 혁명의 해부의 저자인 크레인 브린턴은 혁명은 국가의 재정적자에서 시작된다고 하고 있으며 하나 아렌트는 혁명의 사이클에서 보수전통이 너무 강하게 작용하여 체제가 전체주의로 변하게 될 때 체제에 대한 불만을 가진 진보적 사고를 가진 인물들이 중심이 되어서 체제 전복을 시도하게 된다는 것이다.

사실상 세계 3대 혁명을 비롯한 큰 혁명들은 모두가 다 체제전복을 시도하려는 진취적 사고를 가진 사람들을 중심으로 하여 혁명은 시작되었다. 혁명은 전통사회가 유지하는 모든 제도에 대해서 부정을 하면서 시작된다. 체제에 대한 부정은 정부가 재정적자로 인해서 국민들에게 과중한 세금을 부과하여 국민들의 삶이 힘들게 만들어지면서 시작된다. 세계 3대 혁명을 비롯하여 세계사에 나타나는 혁명의 공통적인 특성을 보면 크레인 브린튼의 혁명의 해부에서 지적하는 정부의 재정적자에서 시작된다는 사실을 알 수 있다. 프랑스혁명은 루이 16세의 왕정의 지나친 사치로 인해 국고가 바닥이 나면서 국정운영의 실패로 인해서 생긴 국가의 재정적자를 메우기 위해서 국민들로부터 세금을 과하게 징수하기 시작하면서 프랑스대혁명의 발단이 되었다. 영국의 명예혁명 역시 영국의 왕정이 세금을 올리려고 하자 진보적 정당인 휘그당이 반대를 하면서 혁명이 시작되었다. 다행이 이 혁명은 피를 흘리지 않고서 영국의 왕정이 항복을 하였기 때문에 명예혁명이라고 부른다. 미국 혁명 역시 당시 영국의 식민지 국가이었던 미국 보스톤에서 영국 연방정부에서 마시는 티 종류에 대해서 세금을 과하게 부과하면서 미국 혁명의 발단이 된 것이다.

이처럼 세계 3대 혁명은 모두가 국민들의 세금에 대한 과부과로 인해서 발생하게 되었으며 그 원인은 국가가 국정을 제대로 잘 운영하지 못하였기 때문이다. 레닌의 러시아 혁명 역시 당시 러시아 왕정이 심각한 재정적자에 시달리고 있었기 때문이다. 세계 대혁명에서 나타난 공통적인 현상은 국가재정 위기로 인해서 국가가 파탄의 위기를 맞으면서 새로운 진보세력이 등장하여 그들이 중심이 되어서 기존의 체제를 전복시키려는 의도에서 혁명이 일어나는 것이다. 이러한 혁명의 중심에는 진보세력이 있었다. 동양의 진보와 보수에 대한 설명에 앞서서 동양과 서양을 비교하면 서양인들이 보다 진취적이고 동적인 사고를 바탕으로 하고 있으며 막스 베버는 동양의 역사를 세계사에서 빼어버리자는 주장을 할 만큼 동양의 역사는 진보를 바탕으로 하는 역사가 아닌 보수주의적 사고를 바탕으로 하는 역사라고 규정할 수 있다.

서양이 진보적 사고가 동양보다 더욱 더 동적인 사고로 자리를 잡게 된 원인은 17세기의 종교전쟁이 이후라고 할 수 있다. 30년 종교전쟁의 발단은 1618년 독일 신성로마제국에서 시작되었다. 이미 100년 전에 독일의 신부인 마르틴 루터에 의한 95개조의 개혁안을 로마교황청에 제출하면서 당시 정치사회 문화 모든 면에서 실권을 장악하고 있던 로마교황에 대한 혁명을 선언한 것이다. 당시 루터를 중심으로 한 중도적이며 진보적 사고를 가진 파와 보다 급진적 사고를 가진 칼슈타트 등의 신학자들이 중심에서 종교개혁을 주도하였다. 이러한 종교혁명의 발단 역시 로마교황청의 재정적자로 인해서 면죄부를 사는 사람은 죄를 면해준다는 즉 국가로 말하면 정부의 재정 적자에서 종교혁명이 시작된 것이다.

루터에서 시작된 종교혁명은 다음에 나타나는 왕에 대한 권력 강화 현상과 권력약화 현상의 양면 모두와 함께 민주주의의 발전을 초래하도록 하였다. 천 년간 계속된 유럽의 중세는 중세전통을 깨트리지 못하는 암흑시대의 연속이었다. 이 기간 동안은 인간은 인간이 아닌 신의 종으로서 인간 본연의 삶을 살아가지 못하였다. 중세 신 중심 사회는 정확하게 기원후 476년 서로마 제국의 몰락으로부터 1492년 콜럼버스의 아메리카 대륙의 발견까지 약 1천 년간의 역사를 말한다. 이것은 중국을 비롯하여 한국에서 나타난 절대적 왕정시대와 같은 맥락에서 이해 할 수 있다. 유럽에서 중세를 벗어나면서 나타난 현상은 계몽주의의 등장이라고 할 수 있다. 계몽주의는 형이하학적 차원에서는 과학과 기술을 중시하는 사고이며 형이상학적 차원에서는 합리적이며 경험적인 사고를 바탕으로 하는 사고를 말한다. 다시 말하면 순수한 관념적 사고에서 벗어난 실용주의적 사고를 의미한다.

동양과 서양을 비교하는 차원에서 보면 동양은 관념적 사고를 바탕으로 하는 사고를 기반으로 하여 현실적인 관점과는 거리가 먼 이상주의적 사고를 바탕으로 하는 사고를 가지고 있었다. 이러한 관점에서 보면 서구사회에서는 이미 계몽주의적 사고를 바탕으로 하는 사고는 이미 보수화된 사고이지만 동양사회에서 이러한 실사구시적 사고를 바탕으로 하는 사고를 가진 집단이 바로 진보적 사고를 가진 집단에 해당된다. 서구에서는 이미 보수적 사고인 계몽주의적 사고는 독일을 중심으로 하는 대륙적 계몽주의와 영국을 중심으로 하는 계몽주의는 다른 길을 걷게 되었다. 그 결과 영국의 경험주의를 바탕으로 하는 계몽주의적 보수적 사고가 승리를 거두게 되었다. 이러한 영국의 계몽주의적 사고는 영국의 국력이 전 세계에 미치면서 태양이지지 않는 나라로 불렀으며 영국이 세계패권주의 시대를 열면서 영국은 보수주의를 대변하는 국가가 되었다.

그러면 왜 영국의 보수주의가 유럽의 독일을 비롯한 대륙주의적 사고인 진보주의를 이길 수 있었을까. 거시적인 차원에서 유럽의 근 현대사는 영국과 독일의 양국의 대결의 역사라고 할 수 있다. 독일은 게르만 민족의 우월성을 주장하고 있다. 독일국민에게 고함이라는 저서로 유명한 피히테는 독일 게르만 민족이 나폴레옹에게 패하였을 당시에 독일 국민에게 고함이라는 책을 내면서 독일 국민이 가장 먼저 마르틴 루터에 의해서 1517년의 루터의 종교개혁이 시작되었으며 1618년에 시작된 종교전쟁 역시 독일에서 시작되었다는 주장이다. 또한 독일에서 사용하는 독일어는 영어와 프랑스어 및 스페인어 등은 같은 어원을 두고 있지만 독일어는 완전히 다른 언어를 사용하고 있다는 것이다. 이 점만 보아도 독일민족이 다른 민족보다도 진취적인 진보적 사고를 가지고 있으며 독일 민족의 우월함이 입증 된다는 것이다. 사실상 2차대전 이전까지의 유럽의 근 현대 역사는 독일과 영국의 패권 쟁탈전의 역사라고 볼 수 있다. 보수주의를 대표하는 영국과 진보주의를 대표하는 독일 간의 전쟁이라고 할 수 있다.

형이상학적 관점에서 독일을 중심으로 하는 철학은 대륙철학으로서 영국을 중심으로 한 영미철학과는 완전히 다르다고 할 수 있다. 형이상학적 관점에서 독일의 철학은 부정에서 시작해서 한 번 부정한 것은 끝까지 부정, 부정, 부정 하다가 결국은 긍정으로 돌아서는 진보적 철학이라고 할 수 있다. 그러나 영국을 중심으로 하는 영미철학은 한 번 부정에서 시작해서 부정, 부정, 부정하는 사고는 끝까지 돌아서지 않고 부정으로 끝을 내는 철학적 사고를 바탕으로 하는 보수주의적 사고이다. 물론 영국을 중심으로 하는 영미철학이 완전히 전적으로 보수주의라는 말은 아니다. 영국에 모태를 둔 미국철학 역시 전적으로 보수주의라는 말은 아니다.

여기서 논하는 주제는 2차대전 이전까지의 세계 역사는 서구중심의 역사이며 그중에서도 패권국인 영국과 도전국인 독일간의 역사라고 거시적인 차원에서 규정지을 수 있다. 영국의 보수주의와 독일의 진보주의는 어떠한 차이점이 있으며 이러한 관점에서 보면 하나의 국가와 국가 간에서 또는 국가 내에서 보수와 진보의 대결구도의 모델을 만들 수 있다. 정치적인 관점에서 영국은 1215년 대헌장 즉 마그나카르트타를 만들어서 유럽에서 최초로 왕권을 약화시켜 나가기 시작하였다. 이후 영국에서 가장 먼저 휘그당이 왕권에 대해서 혁명을 시작하여 왕권을 일반 민중에 의해서 혁명을 한 경우이며 무혈혁명으로 성공하였다. 이것은 유럽대륙 국가이면서 독일과 비슷한 진보적 사고를 가진 프랑스의 경우에는 프랑스 대유혈 혁명을 일으키는 것과는 아주 대조적이다.

이러한 정치적인 차원에서 왕권을 약화시켜서 민주주의가 가장 발달한 영국은 형이하학적 차원에서 계몽주의를 실생활에 잘 적용하여 산업혁명을 유럽에서 가장 먼저 성공시켰다. 영국에서 가장 먼저 산업혁명을 성공시킨 원인은 바로 형이상학적 차원의 민주정치체제가 가장 중요한 기반이 된 셈이다. 프랑스나 독일이 강한 왕권의 권력에 국민들이 휘둘리고 있을 때 영국은 이미 국민들이 왕을 통치 권력에서 물러나게 만들면서 왕권이 아닌 국민들이 통치하는 의회정치의 기틀을 마련하였다. 이 당시 독일은 라인강변의 여러 지역으로 국가가 분열되어서 하나로 통합되지 못하고 있었다. 영국에서 산업혁명이 가장 먼저 일어나서 성공을 거둔 이유는 형이하학적 차원에서의 과학과 기술을 형이상학인 경험주의를 바탕으로 하여 조화와 균형을 이루어서 발전시켜 나갔기 때문이다.

그러면 보수주의를 바탕으로 하는 영국의 형이상학인 철학은 진보적 사고를 바탕으로 하는 독일의 철학과는 어떤 점에서 차이가 있는가. 보수주의 영국의 경험주의는 아리스토텔레스 철학을 근간으로 하고 있으며 진보주의 독일의 대륙철학은 플라톤 철학을 바탕으로 하고 있다. 아리스토텔레스와 플라톤은 이후 유럽철학의 양대 산맥을 형성하게 된다. 플라톤은 이상주의적인 관념주의 철학이 그 맥을 이어나가게 되며 독일의 관념주의 철학으로 이어진다. 반면에 아리스토텔레스 철학은 영국의 경험주의 토대를 형성하게 된다. 프란시스 베이컨에 의해서 형성된 영국의 경험주의를 예를 들어 설명하면 아리스토텔레스는 오렌지의 예를 들어서 오렌지의 빛깔을 보고서 그 오렌지가 맛이 있는 오렌지인지 아닌지를 구별할 것이 아니라 그 오렌지의 껍질을 까서 맛을 본 후에야 그 오렌지가 맛있는 오렌지인지 아닌지를 알 수 있다는 것이다. 이렇게 실제로 경험을 토대로 한 영국인들의 철학관은 보수주의적 사고를 형성하도록 하고 있다. 영국인들에게 가장 중요한 것은 실지로 경험을 통해서 사실을 확인하고 실지로 적용하는 것이다. 이러한 경우에 대부분 실수를 범하지를 않는다. 그러나 그것은 앞으로 크게 비약적인 도약을 하는데 필요한 모험이 부족하기는 하다.

영국에서 나타난 공리주의는 벤덤과 존 스튜어트 밀의 양대 산맥을 형성하여 나중에 미국의 실용주의 철학에 상당한 영향을 미치기는 한다. 벤담의 쾌락주의와 밀의 쾌락은 최대다수의 최대 행복 론에서 양과 질적인 쾌락의 차이점을 논하기는 하지만 실질적인 차원에서 쾌락의 계산법은 인간 각자에 따라서 다르기 때문에 많은 문제점을 가지고 있다. 영국에서 제일먼저 발전시킨 산업혁명으로 인해서 대도시가 형성되고 많은 노동자들이 대도시로 몰려들면서 노동자들의 권익보호인 노동법과 사회복지 정책이 영국사회에서 가장 필요로 하는 민주주의 정책이 되었다. 이러한 복지정책은 토마스 힐 그린에 의해서 영국은 복지정책을 추구해 나가기 시작하면서 토마스 힐 그린은 세계 사회복지의 효시를 마련하였다. 토마스 힐 그린은 벤덤이나 존 스튜어트 밀과는 달리 그는 이상주의적 사고인 진보주의자 이기는 하였지만 거시적인 테두리 내에서 보면 보수주의적 사고를 가진 인물이었다. 왜 이상주의자인 토마스 힐 그린을 보수주의자로 간주를 하는가? 이 문제에 대해서 국가복지 정책이라는 당시 노동자들이 안고 있는 문제를 가장 잘 지적하여 복지노동정책의 사고를 논의한 학자이기 때문이다.

이처럼 영국의 사고는 국가의 번영을 바탕으로 하는 경험적 보수주의를 토대로 형성되었다. 이성을 토대로 한 영국의 형이상학적 사고는 국가정치제도의 발전과정에서도 알 수 있다. 이성적인 관점에서 현대 서구정치제도는 사회계약론을 바탕으로 형성되어졌다고 할 수 있다. 사회계약론의 가장 선구적인 역할을 한 인물은 독일의 요하네스 알투지우스를 들 수 있다. 알투지우스는 로마교회의 권력이 약화됨과 동시에 나타난 존 보딘의 왕권신수설에 대해서 강하게 제동을 건 학자였다. 요하네스 알투지우스는 왕권을 약화시키기 위해서는 국가를 대표하는 왕과 국민 들 간의 계약을 체결하여야만 한다는 것이다. 만일 왕이 국민들과 약속한 계약을 어기는 경우에는 어떻게 할 것인가?

왕을 혁명을 통해서 전복시켜야만 한다는 것에 대한 구체적인 답변은 없었다. 이러한 요하네스 알투지우스의 사고는 독일을 대표하는 진보적 사고임에 틀림없다. 그러나 독일인들이 가지고 있는 공통적인 특성인 관념적인 사고를 바탕으로 하는 그의 사고는 단지 추상적인 사고에 불과하였다. 이러한 알투지우스의 사고를 바탕으로 하여 영국에서는 왕권약화에 대한 계약론을 이론적으로 체계화시킨 인물은 토마스 홉스와 존 로크를 들 수 있다. 토마스 홉스와 존 로크의 차이점은 자연법이 존재 하는가 아닌가를 들 수 있다. 토마스 홉스는 자연법의 존재를 인정하지 않고 있다. 단지 인간은 이성에 의해서 움직이는 것이 아니라 본능적인 관점에서 인간이 행동한다는 전제에 가치를 두고 있다.

인간이 이성보다는 본능에 의해서 움직인다는 홉스의 사고와는 달리 존 로크는 인간은 이성에 의해서 움직인다. 그 이유는 바로 자연법이 존재하고 있기 때문이다. 자연법에 따라서 인간은 국가라는 권력의 테두리를 벗어나더라도 평화롭게 살아갈 수가 있는 것이다. 자연법이란 무엇이며 토마스 홉스가 자연법의 존재를 부정하며 존 로크는 자연법의 존재를 인정하고 있는가. 자연법의 존재는 홉시안적 관점에서 보면 인간의 성악설을 바탕으로 하고 있으며 로키 안적 관점에서 보면 성선설이라고 할 수 있다. 인간의 본성에 대해서 맹자와 순자의 인간본성이 맹자는 성선설을 주장하고 있으며 순자는 성악설을 주장하고 있다. 서양사회의 신 중심 기독교 사회에서는 인간의 원죄설을 바탕으로 하는 성악설이 주학설화되고 있다. 자연법이란 인간이 법으로 만들어진 법률의 각 조항을 넘어서 인간사회에서 즉 인간과 인간들이 서로 공동으로 살아가기 위해서는 필요한 도덕성을 바탕으로 하는 규율이라고 할 수 있다.

따라서 인간은 태어나는 순간부터 인간과 인간이 서로 함께 살아가야만 하는 운명을 가지고 태어났기 때문에 인간사회에는 실정법으로 정해진 법이 아닌 그 보다도 상위법인 자연법이 당연히 존재하고 있다는 것이다. 이러한 자연법을 따르려고 하는 것이 인간의 본성인 것이다. 라고 로크는 주장하고 있는 것이다. 토마스 홉스는 여기에 대해서 인간을 자연 상태에 두는 경우에는 로크가 말하는 자연법이 존재하지 않고 있기 때문에 남을 헤치고 남의 생명을 위협하고 자신의 재산을 늘리기 위해서 남에게 피해를 준다는 소위 말하는 만인의 만인에 대한 투쟁이다. 다시 말하면 전쟁상태라는 것이다. 여기서 홉스와 로크 둘 다 영국인의 보수적인 사고인 경험주의를 바탕으로 하여 볼 때 자연법이란 존재하는가 아닌가를 생각해 볼 필요가 있다.

인간 존재의 불완전성과 인간의 의식내면에는 그 불완전성을 메우기 위해서 무한한 욕망으로 가득 차 있기 때문에 자연 상태에서의 인간이란 홉시안적 관점에서 이해를 하여야만 한다. 만일 인간 존재가 자연법에 따라서 행하여진다면 국내법과 국제사회에서 존재하는 국제법이 존재할 필요가 없는 것이다. 법이란 실제적인 강제력을 보이는 면도 있지만 그보다도 그 법을 어기는 경우에 받는 벌 때문에 죄를 범하지 않도록 하는 억제력이 더욱 더 큰 효과가 있는 것이다. 만일 이러한 법에 대한 구속력이 없는 경우에 인간은 자신의 욕망을 채우기 위해서 죄를 스스럼없이 저지를 것이다. 관념주의 사회인 독일이 배출한 칸트는 세계평화주의 론을 주장하기는 하였지만 국제사회에 적용되는 국제 법은 관습과 조약 등으로 구성되어져 있으며 강제력이 국내법보다 약하기 때문에 인류의 역사가 시작된 이래로 전쟁이 사라지지 않고 있는 것이다.

현재 세계 패권국인 미국이 2차대전 이후에 나타나서 전 세계의 경찰노릇을 하고 있다. 따라서 인류 역사를 통해서 100년 주기로 나타나는 초강대국으로 인해서 국제사회는 평화가 유지되어 오고 있는 것이다. 따라서 현재 미국은 얼마 전 이라크의 쿠웨이트 침공사태에서 미국은 불량사회를 만드는 이라크를 제 1차 걸프전을 통해서 겁을 주었으며 다음에 오사마 빈 라덴의 테러 집단과 연관성을 가지고 있는 이라크와 아프간을 전쟁을 통해서 없애 버렸다. 이처럼 미국과 같은 초강대국의 존재로 인해서 전쟁 억지력의 효력을 발휘할 수 있는 것이다. 북한이 핵개발에 성공을 거두면서 한반도를 비롯한 동북아에서 전쟁의 긴장감을 조성시켜 나가고 있다. 그러나 만일 북한이 한미동맹관계를 형성하는 초강대국 미국이 존재하지 않는다면 북한은 이미 남한에 대해서 선전포고를 하여 전쟁의 도가니로 몰아넣었을 것이다.

그리스의 철학자 케리클레스는 국제사회에서의 정의는 바로 힘이다. 라고 말하고 있다. 이러한 관점에서 보면 분명히 홉시안적 관점이 로키안적 관점보다는 더욱 더 합리적인 것이 사실이다. 맹자가 성선설을 주장한 원인의 예로서 맹자는 어린이들이 뛰어 놀다가 한 어린이가 물이 가득찬 독이 빠지자 다른 어린이가 본능적으로 돌을 들고 뛰어가서 독을 깨서 그 어린이가 살아났다는 논지를 들고서 인간 성선설을 주장하고 있기는 하지만 이 논리는 맞지 않는 논리인 것이다. 이러한 관점에서 보면 홉스가 로크 보다는 더욱 더 보수적인 시각에서 사회계약론을 주장하고 있는 것이다. 여기에 대륙철학을 대표하고 진보주의적 시각에 있는 프랑스 사상가 장 자크 루소의 사회 계약론과 영국을 대표하는 보수주의 사상가 에드먼드 버크의 사상을 비교해 볼 필요성이 있다.

장 자크 루소의 사상은 대륙의 진보적 사고를 대표한다고 할 수 있다. 그는 철학적인 사상가라기보다는 일관성이 결여된 사상가이기는 하지만 그의 뛰어난 독창적인 사고는 민주주의의 발전에 크게 기여하였다. 세계 3대 혁명인 영국의 명예혁명, 미국독립혁명, 프랑스혁명의 3대 혁명이라고는 하나 프랑스혁명이 가장 현대인류 역사에 크게 영향을 미쳤다고 할 수 있다. 이러한 프랑스혁명의 원동력을 제공한 장 자크 루소의 사상은 진보적인 사상가임에 틀림없다. 사회계약론을 제시한 토마스 홉스의 사상이 명예혁명의 원동력이며 로크의 사상이 미국혁명에 활력소를 제공 했던 것과는 달리 루소의 사상은 자연주의적 사고를 가지고 있다. 로크가 자연 상태에서 인간이 잘 살 수 있는 원인은 자연법이 존재하기 때문이라는 것이다. 루소는 인간은 정부가 없이도 잘 살 수 있기는 하기만 정부로 인해서 더욱 더 잘 살기 위해서 인간은 정부를 구성한다는 로크의 사상에 한 단계 더 나아가서 인간은 자연 상태에서 가장 잘 수 있다는 것이다. 그러나 인간은 태어나는 순간부터 사회생활을 하지 않으면 안 되는 쇠사슬에 묶인 운명을 가지고 태어났기 때문에 사회생활을 하여야만 한다는 것이다.

자연으로 돌아가라는 루소의 사상은 사회 계약론자들 중에서 가장 진일보한 진보적 사상임에 틀림없다. 이것은 프랑스 국민들이 혁명을 일으킬 만큼의 기질을 가지고 있다는 것을 의미한다. 특히 루소의 인간 불평등 기원론은 그 당시 과학과 기술을 바탕으로 하는 계몽주의적 하부구조의 사회를 부정하고 나섰다. 형이상학적 차원에서 이성을 바탕으로 하는 합리주의적 사고에 대해서도 부정적인 시각을 가지고 보았다. 인간 불평등 기원과 과학과 기술은 인류발전에 기여를 하였는가라는 질문에 대해서 부정적인 시각에서 견해를 피력하였다. 루소의 사상은 그 당시 영국을 비롯한 계몽주의적 보수화된 사회전체의 사고를 부정함으로써 그의 독특하고 창조적인 진보적 사고는 인류정치사회의 발전에 크게 기여하였다.

루소가 주장한 일반의사는 국민의 의사이기 때문에 절대로 틀릴 수가 없다는 것이다. 반면에 특수의사는 틀릴 수가 있다는 것이다. 사회계약론에서도 홉스와 로크와는 달리 루소는 국민이 가지고 있는 주권을 정부와 계약으로 인해서 주권을 양도하는 것이 아니라 주권은 국민이 그대로 가지고 있으면서 단지 국민들이 자신을 위해서 일해 줄 대표자를 뽑는다는 것이다. 홉스와 로크는 주권을 정부와 국민이 계약에 의해서 정부에 위임한다는 사고에서 한 단계 더 민주주의적 사고로 발전한 루소의 사상은 인류의 민주주의 발전에 크게 기여한 것은 틀림없으며 대륙적 사상을 대표하는 진보적 사고임에 틀림없다. 특히 루소의 일반의사에 대해서 일반의사는 절대로 틀리지 않는 의사라는 것은 진정으로 무엇을 의미하는 것이지 대해서 아직까지 문제점을 제시하고 있다.

프랑스혁명은 당시 유럽사회에 가장 큰 불안정을 제시하고 있었다. 이러한 프랑스혁명의 여파는 유럽전역으로 번져서 정통 왕정이 위기에 처해 있었다. 여기에 대해서 프랑스혁명에 대한 고찰로서 우리에게 잘 알려져 있는 에드먼드 버크의 사상에 대해서 우리는 고찰해 볼 필요가 있다. 세계 보수주의 사상가를 대표하는 버크의 사상은 프랑스혁명에 대해서 반대를 하면서 점진적인 변화를 통해서 사회의 발전을 주장하면서 프랑스혁명에 대해서 반대를 하였다. 버크의 사상은 초기에는 그는 마그나카르타와 명예혁명에 대해서 찬성을 하는 진보적 사고를 가지고 있었으나 그의 노년에 일어난 프랑스혁명에 대해서 그의 사고는 반대의 입장을 보이면서 버크는 영국을 대표하는 보수주의자로 이미지가 굳어져 버렸다. 버크의 사상에서 대부분의 인간은 나이가 들면 들수록 보수적인 사고로 변하게 된다는 것을 알 수 있다. 현재 서양사회의 사고는 플라톤과 아리스토텔레스 두 사상을 바탕으로 하여 발전하였다는 것은 이미 앞에서도 언급하였다. 플라톤의 사상은 진보적 사고이며 아리스토텔레스의 사고는 보수적 사고이며 아리스토텔레스의 사고는 영국의 경험주의를 거쳐서 미국의 실용주의 사상의 기반이 되면서 영미사상의 주류를 이루고 있다.

미국의 실용주의와 영국의 경험주의는 같은 뿌리를 두고 있기는 하지만 오랜 전통과 역사를 가진 영국과 불과 2백 여 년의 역사를 가진 미국의 사고는 주변 환경에 의해서 사고적인 차원에서 유사성 보다는 차이점이 더욱 더 많다는 것을 알 수 있다. 플라톤의 사상은 대륙의 관념주의 사상의 토대를 이루고 있다. 플라톤의 이상적 관념론을 비롯한 관념론은 헤겔의 철학과 그 후에 나타난 마르크스의 전체주의적 사고를 바탕으로 하는 마르크스적 사고에 크게 영향을 미친다. 마르크스적 관점에서 정통 마르크스 파에서 후일에 헤겔 사상을 바탕으로 하는 헤겔리언 마르크스주의자와 정통 마르크스 파에 대해서 비판적인 시각에서 바라보는 신 마르크스파로 나누어지게 된다. 영국의 보수주의를 바탕으로 하는 미국의 보수주의는 미국이 만들어낸 개척주의 역사로 인해서 새로운 진보적 보수주의로 변하게 된다. 미국의 보수주의는 미국의 초대 대통령이자 전쟁 영웅인 조지 워싱턴의 고별연설에서처럼 유럽과의 단절이라는 사고를 바탕으로 하여 5대 대통령 제임스 먼로의 먼로 독트린에서 나타난 의도적인 고립주의는 미국의 사고를 유럽 전통을 배척하면서 미국인들만의 독특한 신 보수주의를 만들어 내었다.

미국이 만들어낸 미국의 신 보수주의는 정치문화적인 차원에서 존 로크의 개인주의 사고와 기독교라는 공민 교를 바탕으로 하여 미국이 유럽이 가지고 있는 전통을 배제시키는 문화로서 미국의 문화적 열등감을 우월감으로 나타내었다. 미국의 보수주의는 첫째 몇 가지 관점에서 이해를 할 수 있다. 전통적인 영국의 보수주의에서 이탈하기 위한 그들의 노력은 초창기의 청교도 정신을 바탕으로 하는 미국만의 정신인 신 보수주의를 형성하기 시작하였다. 미국인들의 영국과의 단절은 스포츠에서도 잘 나타나고 있다. 영국과 유럽을 대표하는 축구는 미국인들은 그들의 개척정신을 나타내는 인디언과 땅따먹기 스포츠인 미식축구 즉 풋볼에서도 잘 나타나고 있다. 청교도 정신은 미국인들의 가장 보수적인 성향을 보이고 있다. 청교도 정신을 바탕으로 하는 기독교 정신에서는 영국인들과는 다른 보수주의적 사고를 가지고 있다.

우선 미국인들은 절대로 자신들은 악마가 될 수 없다는 사고를 가지고 있다. 영국인들을 비롯한 유럽인들은 자신들도 악마가 될 수 있다는 사고를 가지고 있다. 종교적인 차원에서 영국인들은 천당과 지옥사이에 천당에 들어가기 전에는 한 번 더 시험의 기회를 부여받는 연옥이 있다는 사고를 가지고 있다. 그러나 미국인들은 천당과 지옥 두 개의 문 이외의 문은 절대로 없다는 사고를 가지고 있다. 이것이 영국인들과는 다른 신 보수주의적 사고인 것이다. 영국의 보수주의와는 다른 미국의 신 보수주의는 청교도 정신을 토대로 하여 미국이 개척기에 힘든 시기에 형성된 프런티어 정신은 자신들이 가장 자랑하는 정신이며 신 보수주의 사상인 것이다.

미국의 보수주의는 기독교가 공민교로 등장하면서 두 가지 보수적인 사고를 바탕으로 하고 있다. 하나는 미국인의 출 유럽은 모세의 탈 유럽과 동일한 선상에 두고 있는 것이다. 모세가 하느님의 계시를 받아서 애급을 탈출하면서 이집트 병사들의 추격을 받고서 위기에 처해 있을 때 하느님이 홍해의 바다를 갈라서 길을 열어 놓았다는 것은 바로 미국인들이 출 유럽은 바로 하느님의 계시로 이루어졌다는 것이다. 영국 본토에서 강한 종교적 탄압을 못 이겨서 유럽을 탈출하는 과정에서 하느님이 가장 사랑하는 천사 라파엘이 바로 유럽은 밀턴이 말하는 실낙원으로 변하게 되었기 때문에 신천지 땅 미국대륙이 바로 하느님의 천사 라파엘이 계시하는 곳이라는 것이다.

이것은 모세가 하느님이 가르쳐준 젖과 꿀이 흐르는 가나안땅과 같은 맥락에서 이해할 수 있다. 여기에서 미국의 신 보수주의는 종교적 차원으로 비화시키고 있다. 종교적 차원에서의 미국의 신 보수주의는 영국과는 달리 두 가지 하느님의 계시와 명령을 받았다는 사고를 가지고 있다. 하나는 형이상학적 차원에서 정신적으로 미국이 전 세계를 지배한다는 사고이다. 이러한 정신적으로 미국이 전 세계를 지배한다는 사고는 청교도 정신을 바탕으로 하는 자유주의를 전 세계에 심는다는 것이다. 따라서 미국의 신 보수주의의 정신적 잣대는 바로 자유인 것이다. 이 지구상에 자유를 심는다는 것이 하느님의 명령이자 계시인 것이다. 다음으로 종교적 사고를 바탕으로 하는 미국의 신 보수주의는 형이하학적 차원에서 언덕위의 도성을 쌓는다는 것이 바로 미국의 신 보수주의적 사고인 것이다. 이것은 미국인 자신들만이 하느님으로부터 은혜를 받은 미국 땅 신천지를 중심으로 하여 황무지에 장미꽃을 일구어 놓고서 미국과 똑같은 모델의 물질적인 차원에서의 모델을 세계에 심는다는 것이다. 이 과정에서 미국인들은 자신들이 가장 성공한 세상을 만들었다는 것이며 전 세계에 자신들의 모델을 전파하는 일이 바로 하느님의 계시를 실행하는 의무라는 신 보수주의적 사고를 가지고 있다.

앞에서 언급한 것처럼 미국의 신 보수주의와 영국의 보수주의는 확실한 차이를 보이고 있다. 미국의 신 보수주의는 미국이 개척해 나가면서 인디언과 멕시칸에게 실제로 이 신 보수주의를 적용하여 그들의 사고를 발전시켜 나갔다. 미국의 신 보수주의는 미국이 개척기에 보여준 인디언과 멕시칸에게 보여준 이후 2차대전 이후에는 전 세계에 미국의 신 보수주의를 적용하기 시작하였다. 인디언들에게 요구한 것은 기독교로의 개종을 발판으로 하여 미국은 인디언들을 아무런 양심의 가책도 없이 원주인인 인디언 땅을 빼앗았다.

미국의 신 보수주의가 정면으로 나서기 시작한 것은 1898년에 스페인 전쟁에서 이기고 나서부터이다. 다시 말하면 20세기가 시작하면서 바로 시작되었다. 영국 언론인 헨리 스테디는 전 세계의 미국화와 미국식 전체주의를 염려하였다. 사실상 미국의 신 보수주의는 종교적인 차원에서 형이하학과 형이상학적 관점에서 전 세계의 미국화는 바로 하느님이 그들에게 준 명령이며 자신들이 하여야 할 의무로 생각하였기 때문에 아무런 양심의 가책을 느끼지 않고서 전면에 나서기 시작하였다. 세계 1차대전과 2차대전은 형식적인 차원에서 보수주의 대국인 영국과 진보주의 세력의 대국인 독일과의 전쟁이기는 하지만 실질적으로 신 보수주의 국가인 미국의 권위에 도전하는 진보주의적 사고를 가진 독일과의 두 번의 큰 전쟁인 것이다. 이러한 강력한 권위를 바탕으로 하는 미국의 신 보수주의적 사고는 우드로우 윌슨 대통령의 국제연맹과 프랭클린 루즈벨트 대통령의 유엔 즉 국제연합에서 잘 나타나고 있다. 국제연맹은 1차대전을 승리로 이끈 미국이 중심이 되어서 독일 등 패전국을 다시는 도전이 불가능하도록 하는 조약에 해당한다. 독일은 빌헬름 2세의 퇴위로 인해서 왕정이 붕괴되고 힌덴부르크에 의한 바이마르 공화국이 성립하기는 하였지만 미국의 강력한 통제 속에서 회복이 불가능하였다. 이러한 시기에 히틀러의 제3제국이 탄생된 것이다.

경제적인 관점에서 미국의 신 보수주의는 1873년 영국의 런던증시에서 뉴욕증시로의 이동에서 미국의 신 보수주의의 토대를 구축하기 시작하였다. 1차 대전 이후 독일을 비롯한 대전 참전국들의 경제 불황으로 인해서 1929년 뉴욕증시의 몰락으로 인해서 전 세계의 경제공항이 시작되었다. 프랭클린 루즈벨트는 경제공항의 발생 원인을 영국의 경제학자 아담 스미스의 자유 방임형 자유주의인 정부간섭의 소극화 정책에서 영국의 경제학자 존 케인즈의 이론인 고용이론을 도입하여 정부의 적극적인 간섭과 통제를 바탕으로 세계 경제를 운영하여 경제공항을 극복하였다. 이 시기에 유럽의 경제학파인 오스트리아의 하이에크의 노예로의 길이 신 보수주의에 대응하는 경제의 정부통제 강화에 대응하는 논리를 주장하였다.

미국의 경제공항 타개와 함께 2차대전에 실질적으로 승리를 끌어낸 미국은 2차대전 이후 유엔을 창설하면서 전면에 나서서 전 세계를 이끌어 나가기 시작하였다. 당시 전 세계물자의 총 생산량의 약 과반수에 가까운 43퍼센트를 미국이 생산하였다. 미국의 신 보수주의는 50년대를 거치면서 신생 도전국이며 마르크스 사상을 토대로 한 러시아와의 경쟁을 하기 시작하였다. 이것을 냉전시대라고 부른다. 이러한 현상은 이차대전 전에 진보적 사고를 바탕으로 하는 독일이 미국에 도전장을 내는 것과 같은 맥락에서 이해할 수 있다. 미국은 새로운 진보주의적 사고를 가진 러시아를 죽이기 위해서 최선을 다하기는 하지만 50년대는 오히려 러시아에게 열세를 보이기는 하였다. 60년대와 70년대를 거치면서 신 보수주의자 미국을 가장 자존심을 상하게 만들어 버렸다. 60년대 미국은 러시아의 추적을 막기 위해서 월남전에 참전을 하기 시작하였다.

60년대의 미국사회는 혼돈의 사회의 연속이었다. 도전 국 러시아의 쿠바 미사일 사태, 존 에프 케네디 대통령의 암살, 인권 운동가 마르틴 루터 킹 목사의 암살, 케네디 대통령의 동생이자 대권후보인 존 케네디 법무장관의 암살, 흑인 인권 운동가 말콤 X의 암살을 비롯하여 월남전 반대운동, 캘리포니아 버클리 대학을 중심으로 하는 히피족을 중심으로 한 마약 복용 등 사회는 혼란 속으로 빠져 들었다.

미국의 신 보수주의는 러시아를 비롯한 중국 등 적대국과의 화해를 제의하기 시작하였다. 여기에 전쟁에서 한번 도 패배한 일이 없는 미국은 사상 처음으로 월남전에서 월맹에게 패배를 선언하였다. 미국의 경제 역시 일본 등 유럽국들에게 도전을 당하는 위기에 처해 지면서 미국은 진정한 보수를 찾기 시작하였다. 미국의 보수주의는 도전국 러시아의 진보주의에 밀렸으며 자존심을 구겨놓은 러시아에 대해서 전쟁을 선포하기 시작하였다. 이것은 진정한 보수주의를 자처하는 레이건 대통령이 등장한 1980년에 시작되었다. 신 보수주의 국가 미국은 진보주의적 사고인 마르크스 사상의 국가인 러시아와 힘의 대결인 신 냉전이 시작된 이래로 8년 만에 미국은 진보주의 국가를 대표하는 러시아를 완전히 없애 버렸다. 러시아는 1945년 갑자기 진보주의적 사고를 바탕으로 하는 공산주의국가들을 이끌고 미국에 도전한지 40여 년 만에 12개의 국가로 분리되면서 미국에게 무릎을 꿇고 말았다. 이 시기는 보수주의의 본산인 영국 역시 마가렛 대처의 보수주의를 바탕으로 하는 대처리즘과 레이건의 레이거노믹스는 경제적인 관점에서 유사한 맥락에서 이해할 수 있다.

레이건의 보수는 존 스튜어트 밀의 공리주의를 바탕으로 하는 신 공리주의 정책을 바탕으로 하고 있다. 존 케인즈의 이론에 바탕을 둔 정부간섭의 극대화에서 밀턴 프리드먼의 정부간섭의 극소화를 바탕으로 하는 정책으로 변화를 추구하며 밀의 최대대수의 최대 행복 론을 바탕으로 한 신 공리주의 정책을 국가의 기본정책을 추구해나가기 시작하였다. 따라서 어떤 국가든지 미국의 국익에 도움이 된다면 독재국가일지라도 지원을 하겠다는 정책을 표방하고 나섰다. 여성정치학자이자 신 보수주의를 대변하며 유엔대사를 역임한 진 커크 패트릭의 "이중외교와 독재"라는 저서에서 잘 나타나고 있다. 경제적으로 구조조정을 단행하고 강한 기업과 강한 국력에 매진한 결과 드디어 미국의 신 보수주의는 보수주의자로 자처하는 레이건에 의해서 승리를 하게 된 것이다.

1990년대에 시작되면서 미국의 신 보수주의는 혼자서 세계의 안보를 책임지는 단극화 시대를 열어나가기 시작하면서 엄청난 국방비 부담에 시달리게 되었다. 단극화 시대에 미국이 주도하는 시대가 들어서면서 미국의 신 보수주의에 도전장을 낸 나라는 이라크이며 그 결과 이라크의 쿠웨이트 침공사태가 발생하였다. 쿠웨이트 침공에 미국은 제 1차 걸프전을 일으키기는 하였으나 중동의 맹주인 이라크에 도전하는 이란 때문에 중동의 세력 균형을 위해서 미국은 전쟁을 무승부로 이끌어 버렸다. 여기서 미국의 신 보수주의는 진보와 함께 나가지 않으면 살아나기가 힘들다는 것을 알게 되었다. 미국의 걸프전 1차전에서 주역을 맡은 조지 부시 1세는 전쟁에는 이겼지만 국민에게 세금을 올리는 문제로 인해서 선거에서 패배를 하였다.

미국의 신 보수주의는 이제 빌 클린턴에 의해서 보수 중도의 길을 택하게 되었다. 앞에서 조지 부시 1세의 패배로 인해서 미국은 레이건의 극우적 보수주의에서 보수 중도로의 한발 물러나기는 하였으나 미국의 신 보수주의에 대한 전 세계의 반미감정은 점차적으로 계속되었다. 사뮤엘 헌팅톤 등 미국의 신 보수주의 학자들은 미국은 전 세계를 상대로 싸워도 이긴다는 말을 할 정도를 미국의 신 보수주의의 우월감은 극도에 도달하였다. 이러한 미국의 우월주의 적 신 보수주의적 사고는 미국과 같은 군사적 동맹을 맺고 있는 영국이나 독일 및 프랑스에서 까지 미국의 보수주의에 대해서 반미감정을 표출하였다. 이러한 미국의 우월주의를 바탕으로 하는 신 보수주의에 대해서 오사마 빈 라덴을 중심으로 하는 알 카에다의 미국 본토에 대한 공격은 미국을 보수중도의 길에서 과거 레이건의 극우적 보수주의적 사고로 다시 돌아가게 되었다.

2001년 9.11 테러사건은 당시 막 시작한 조지 부시 2세의 정권을 다시 레이건의 힘을 바탕으로 하는 네오콘 중심의 보수주의로 전환하면서 테러와의 전쟁을 선포하였다. 그 결과 미국은 테러의 근거지인 아프간과 이라크를 전쟁을 통해서 없애 버렸다. 이러한 과정에서 미국은 전쟁광이라는 말을 들었다. 미국의 신 보수주의는 과거의 인디언들을 아무런 양심적 가책을 느끼지 않고서 무참히 살상하는 것과 같이 중동의 테러리스트들을 살상하기 시작하였다. 오바마의 민주당 정부가 들어서면서 부시의 극우적 보수주의에서 한 발짝 물러선 보수 중도의 길을 걷고 있기는 하지만 세계 패권국 미국의 자존심을 건드리는 행위와 미국에 대해서 도전하는 국가들의 행위에 대해서는 용납을 하고 있지 않고 있다. 앞으로 미국의 신 보수주의적 사고는 북한의 핵개발 문제와 미국에 러시아를 대신해서 도전장을 던지고 있는 도전 국 중국에 대해서 동북아에서 북한을 압박하고 중국을 견제하면서 동시에 한반도를 발판으로 미국의 세력을 유지할 전망이다. 따라서 앞으로 미국의 신 보수주의는 동북아에서는 신 냉전시대를 그대로 유지해 나가면서 한국과 일본에 대해서 한미동맹과 미일동맹의 양대 축을 더욱 더 견고히 할 것으로 예상된다.

북한의 핵개발 문제에 대해서 신 보수주의 미국의 북한에 대한 강력한 경제 고립정책은 이미 부시 이후부터 계속되기는 하였지만 트럼프 정부 역시 북한의 핵 문제에 대해서는 경제적인 차원에서 강하게 억압하는 정책을 추진해 나갈 것이다. 한미동맹 문제에 대해서는 북한의 핵개발로 인해서 미국의 안보와 직결되는 문제이기 때문에 미국이 주도권을 잡고서 나설 전망이다. 또한 경우에 따라서 미국은 북한에 대해서 군사적인 행동도 감행할 가능성이 있기는 하지만 북한이 먼저 군사적인 행동을 하기 전에는 미국은 절대로 먼저 나서지는 않을 것이다. 이것은 미국의 신보수주의 200년의 미국 사를 통해서 입증한 바 있다. 미국을 비롯한 서양의 보수주의와 진보주의에 대한 설명에 덧 붙여서 동양사회를 대표하는 중국과 한국과 일본 삼국의 보수와 진보에 대해서 약간의 설명이 필요하다.

수도사 문화를 바탕으로 하는 유럽역사에서 영국과 미국을 보수와 신보수로 분류할 수 있듯이 유교문화를 바탕으로 하는 동양 삼국 중에서 중국과 한국을 보수주의로 일본을 신 보수주의로 분류할 수 있다. 하버드 대학의 동양학 문제의 석학인 존 페어뱅크 교수는 동양 삼국 중에서 한국과 중국이 서양문물을 받아들이는데 실패하고 단지 일본은 서양문화를 받아들이는데 성공한 원인을 다음과 같이 설명하고 있다. 중국과 한국의 가족주의와 일본의 국수주의적 사고가 가장 큰 원인이며 동시에 한국과 중국의 보수주의적 사고와 일본의 진보주의적 사고가 서양문물을 성공적으로 받아들이느냐 아니냐를 결정적으로 갈라놓았다는 논리를 펴고 있다. 그런데 페어뱅크 박사의 논리는 단순히 일본을 진취적이고 개방적인 정신을 바탕으로 하여 보수와 진보에 대한 논리를 펴고 있으며 일본문화를 보면 일본은 미국과 같은 신 보수주의적 사고를 가지고 있다고 할 수 있다. 한중일 삼국 중에서 가장 오랜 전통을 가진 나라는 중국이며 그 다음이 한국이며 한국으로부터 문화를 전수받은 나라는 일본이다. 따라서 동양 삼국 중에서 중국의 문화를 모태로 하여 한국은 중국문화를 전수받아서 그 문화를 일본에 전하는 역할을 하였다.

유럽의 문화와 비교하면 영국과 미국과 유럽 국가들이 같은 수도사 문화를 바탕으로 하여 발전하기는 하였지만 영국의 보수주의를 바탕으로 하여 미국은 개척기의 미국역사를 통해서 영국이나 유럽과는 다른 신 보수주의를 바탕으로 하는 미국특유의 문화를 형성하였다. 일본 역시 중국의 문화를 한국을 통해서 간접적으로 받아들이기는 하였지만 일본특유의 역사를 바탕으로 하는 신 보수주의 문화를 형성하였다고 할 수 있다.

일본이 비록 고대시대에 한국의 백제로부터 문화를 전수받기는 하였지만 그들 나름대로의 전통을 토대로 한 문화를 형성하였다. 일본의 언어인 가나는 중국의 한문을 토대로 하기는 하였지만 일본특유의 문자를 개발하였다. 종교적인 차원에서도 불교는 한국의 삼국시대에 일본으로 전파되었다. 그러나 일본은 불교가 심한 불교국이라고는 하지만 사실상 일본은 일본특유의 불교를 개발해 내었다.

일본 특유의 불교란 일본인들이 전통적으로 믿는 토속 신을 바탕으로 하는 불교문화를 형성하고 있기 때문에 한국을 비롯하여 인도에서 전파된 불교와는 다른 불교문화를 형성하고 있는 것이다. 일본문화에서 국보 제 1호인 사유반가상은 백제로부터 전파된 불상이기는 하지만 그들 나름대로의 새로운 문화적 유산을 보존해 나가고 있다. 일본의 지배계급인 사무라이들의 정신이 한국의 삼국시대에 원광법사가 만들어 놓은 화랑도의 세속오계를 전수받기는 하였지만 일본의 무사도 정신은 한국의 세속오계와는 다른 일본 전통을 바탕으로 하고 있는 것이다. 이예야스에 의한 도쿠가와 막부의 정신적 지주로 삼기 위해서 중국으로부터 도입된 유교주의 사상 역시 일본에 적합한 신 유교주의 사상을 바탕으로 하는 일본식 유교주의로 바꾸어서 정신적 지주로 만들어 놓았다.

이러한 것을 볼 때 페어뱅크가 보는 일본이 동양 삼국 중에서 가장 진보주의적 사고라는 것에 대해서는 의문을 제기하지 않을 수 없다. 따라서 일본의 사고는 신 보수주의적 사고라고 할 수 있으며 이것은 미국이 영국으로부터 물려받은 신 보수주의와는 같은 신 보수주의적 사고라고 할 수 있다. 260년간 계속된 도쿠가와 막부의 애도문화가 끝이 나면서 서세동점의 역사가 들어서면서 재빨리 서구의 문화가 쳐들어오자 가장 잘 적응을 한 나라가 바로 일본이다. 이것은 일본인들은 서구의 수도사 문화의 바탕인 기독교를 국교로 삼지 않고서 단지 일본인들에게 필요한 서구식 문화만을 받아들였다는 점에서 한국과는 다른 사고를 가지고 있다. 일본 역시 기독교를 탄압하기는 하였지만 서구의 발달된 서구문화만큼은 수용하여 일본에 적합한 문화로 성공을 거두었다. 미국이 유럽 수도사 문화와의 단절을 선언하기는 하였지만 유럽수도사 문화를 미국에 맞도록 잘 활용하여 새로운 미국문화를 창조한 미국의 신 보수주의적 사고와 같은 맥락에서 이해할 수 있다.

이것은 한국인이나 중국인들이 가지고 있는 절대적 부정적 사고와 일본의 선택적 부정적 사고와 차이라고 할 수 있다. 절대적 부정과 선택적 부정의 차이가 한국과 중국이 개혁에 실패를 하고 일본이 개혁에 성공한 근본적인 원인을 여기에 두고 있는 것이다. 일본 역시 기독교에 대한 박해는 하기는 하였지만 이것이 국가전체의 체제전복을 가져온다는 절대적 부정적 사고는 가지고 있지 않았다. 이예야스의 도쿠가와 막부가 당시 한국의 조선조가 억불숭유정책으로 인해서 불교를 탄압하고 대신에 유교를 국교로 하여 정신적인 지주로 삼도록 함과 같이 일본도 유교를 사무라이들의 정신적인 지주로 삼도록 하기는 하였지만 일본은 유교를 선택적 긍정적 사고로 생각하게 되었다.

다시 말하면 일본의 애도시대에 받아들인 유교를 기반으로 하는 사고는 단순히 일본의 사무라이들이 정신적인 발전을 위해서 사용하는 수단으로 사용할 뿐이지 목적은 아니라는 것이다. 따라서 사무라이들이 사용한 유교는 정신적인 차원에서 군주에 대한 충을 바탕으로 하는 사고만을 선택적으로 사용하여 활용하는 수단으로 유교를 사용한 것에 불과하며 반드시 여기에 맞추어서 사용하여야만 한다는 것은 아니다. 여기에 대해서 한국의 경우는 유교를 수단이 아닌 목적으로 사용하는 보수주의적 사고를 가지고 있다. 일본과 거의 비슷한 시기에 받아들인 한국의 유교는 유교 자체가 목적이 되어서 이것은 공자가 말하는 수신제가 치국평천하에서 수신제가에 나오는 효를 바탕으로 한 사고의 경우에는 우선적으로 지나친 형식에 의존하게 되는 것이다. 이러한 사고는 일본과는 완전히 다른 사고를 가지게 되며 국가와 개인의 발전적인 차원에서는 엄청난 차이를 초래하게 되는 것이다. 가령 유교에서 효를 중히 여겨야 한다는 부문에서 조상을 섬기는 제사문제의 경우를 예를 들면 기독교를 믿는 가정에서는 제사를 지내지 않아도 된다는 사고를 가지고 있다. 그런데 당시 조선의 유교국에서 기독교를 배척하는 가장 중요한 문제로서 제사라는 단순한 문제라서 가장 크게 이슈화시켜 나갔다.

물론 효를 가장 중요시 여기는 한국의 보수 유교문화에 대한 강력한 도전으로 생각하기는 하였다. 이보다 앞서 국가적인 차원에서 3년 상과 1년 상을 두고서 일본의 사무라이 계급에 해당하는 양반계급 사이에서 발생한 문제로 인해서 역사에서 나오는 사화가 발생할 정도로 도 아니면 모라는 사고를 가지고 있었기 때문이다. 피지배 계급인 평민들과의 관계에서도 지배계급은 절대적 구분을 하였다. 다시 말하면 일본의 경우는 지배계급인 사무라이는 단지 국가와 왕을 위해서 일하는 계급이상의 것을 바라지는 않았으며 그 결과 그들은 부정을 저지르거나 피지배 계급을 착취하는 행위는 하지 않았기 때문에 피지배 계급으로부터 존경을 받았다. 반면에 한국의 경우는 지배계급은 필요한 경우에 농사도 짓고 장사도 할 수 있을 정도로 선택적인 사고를 가져야 하는데 이들은 비록 굶어 죽더라도 양반으로서의 체통을 지켜야만 한다는 사고이다. 이러한 사고는 지배계급의 피지배 계급에 대한 특권의식을 강하게 나타내는 것이다.

물론 일본의 경우도 사무라이 계급이 장사를 하여 돈을 버는 행위 등은 불명예로 생각하기는 하였지만 한국과 같이 특권의식에서 유래된 사고는 아니다. 이러한 한국과 중국의 모 아니면 도라는 보수주의적 사고는 게나 걸도 가능하다는 일본의 신 보수주의가 발달된 서구문명을 가장 빨리 흡수하여 기존의 중국, 한국, 일본이라는 국력의 체계를 일본, 중국, 한국으로 서열을 바꾸어 놓으면서 일본은 동양 삼국 중에서 가장 약한 한국을 식민지화하였다.

Chapter 10

한국 근대 혁명사에서 진보와 보수의 대결

한국 근대사를 통해서 한국의 진보주의와 보수주의를 논한다는 것은 국제관계와 관련하여 보수와 진보를 논하여야만 한다고 생각된다. 한국의 근대사의 출발을 서양의 중세기가 끝나고 현대국가의 탄생의 기원을 알리는 1618년의 종교전쟁과 1620년 미국의 탄생 연도를 한국 근대사의 기원이라는 가정에서 출발할 수 있다. 서양 현대국가의 신호탄이 된 종교전쟁이 일어난 해인 1618년은 공교롭게도 한국에서는 제 15대 왕인 광해군이 당시 홍길동전의 저자인 허균이 기준격의 고발로 인해서 처형을 당하는 바로 그 년도에 해당된다. 역사적인 관점에서 조선을 크게 전반과 중반과 후반으로 구분해 보면 태조 이성계부터 9대 성종까지를 조선의 전반기라고하며 10대 연산군부터 시작해서 18대 현종까지를 조선의 중기이며 19대 숙종부터 27대 마지막 왕 순종까지를 후기라고 부른다. 억불숭유 정책으로 시작된 조선은 그 자체가 다른 왕조와는 달리 보수적인 사고를 바탕으로 하여 국가가 운영되었다. 억불숭유는 공자의 사상을 토대로 한 유교는 충효사상을 바탕으로 하는 사고를 가지고 출발을 하였다. 공자의 충효 사상은 사회의 절대적 안정과 자신의 가족의 절대적 안정을 바탕으로 하는 사상이다. 여기에다 국가의 기강을 확립하기 위해서 지배계급 제도인 양반제도를 사회기반으로 함으로써 국내적으로 위계질서의 확립을 목표로 하였다.

이러한 기치아래 통치된 조선조 5백년의 한국사회를 개방이 아닌 폐쇄된 사회로 만들어 버렸다. 이러한 한국의 폐쇄된 사회는 국제적으로도 다른 나라에 뒤지는 결과를 초래하게 되었으며 그 결과 20세기가 시작되면서 신 보수주의를 바탕으로 하는 일본에게 나라가 빼앗기고 말았다. 근세 한국사회에서의 진보와 보수의 대결구도는 조선조 초기에는 외세의 영향이 비교적 없는 상황에서 지배계급에서의 진보와 보수의 대결구도에 한정되었다. 초기의 조선조의 국가 기틀을 마련하는데 절대적인 영향력을 행사한 정도전을 보수주의자라고 한다면 정도전이 가지고 있던 기득권을 박탈하려는 신진세력으로서 이방원을 중심으로 하는 세력을 진보세력이라고 할 수 있다. 여기서 절대적 왕권 중심의 동양사회에서 왕의 권력은 절대적 권력을 가지고 있었다. 물론 서구사회에서도 왕권신수설이 있기는 하였지만 얼마 후 왕권은 약화되었다.

조선조 초기 성종 조까지 한국사회는 왕권이 확실하게 확립되지 못한 상황에서 절대 권력자인 왕을 중심으로 한 보수와 진보의 대결구도로 형성되었다. 태조 이성계가 권력을 잡고서 국가를 통치하는 과정에서 기득권자이며 보수주의자인 정도전과 비록 같은 기득권층이기는 하지만 약한 지지기반을 가진 이방원과의 대결을 보수와 신보수의 대결이라고 할 수 있다. 이러한 과정에서 신 보수주의인 이방원 중심세력이 승리를 하였다. 다음으로 조선 초에 태종 이방원 이후에 나타난 보수와 신보수의 대결구도는 세조의 왕위 찬탈을 둘러싼 기득권층인 세종 당시 권력의 핵심에 있던 구 지배계급의 보수 세력과 그 권력을 박탈하려는 신진 세력들 간의 권력투쟁이라고 할 수 있다.

이것은 세종 조 당시에 권력을 누리고 있던 김종서를 비롯한 관료 파들과 집현전 학사출신에 해당하는 성삼문등의 기득권 세력들과 세조를 중심으로 한 신진세력과의 충돌에서 발생한 보수와 신보수의 대립이라고 규정지을 수 있다. 이러한 조선조 초기에 나타난 특징은 기득권층간의 보수주의와 신 보수주의는 국내적인 차원에서 한정되어졌다. 특히 조선조 왕조의 왕권이 확립되지 못한 시점에서 태종과 세조의 왕위 찬탈을 둘러싼 기득권층간의 대결구도 양상을 보이고 있다. 조선 초기에 나타난 보수와 신보수의 대결구도 속에서 신보수가 승리를 하는 원인은 어디에 있는가. 조선초기의 보수주의와 신 보수주의 대결구도에서 왕권이 매우 약하다는 것을 의미한다. 신 보수주의자 태종이 보수주의 세력을 등에 업고 있는 정도전이나 세조가 김종서 등과의 권력대결은 그 당시 국제사회에서 나타난 왕권신수설이나 왕권 절대 권력설이 통하지 않고 있었다는 것이며 이것은 기득권 세력이 왕권을 절대적으로 인정하지 않고 있다는 것을 의미한다. 또한 동시에 조선의 왕조가 정통성을 인정받고 있지 못하고 있었다는 것을 의미한다.

조선 초기에 나타난 기득권층의 보수주의와 신 보수주의 대결 양상에서 진보와의 대결 양상은 아니며 단지 보수 들 간의 대결이라고 규정 할 수 있다. 이것은 왕도 하나의 기득권층의 일부에 불과하며 왕과 기득권층은 절대적 상하관계가 아닌 상대적 상하관계 정도로 형성된 권력구조라고 할 수 있다. 따라서 보수 기득권층이 마음만 먹으면 왕권도 쉽게 전복시킬 수 있었다. 혁명적 차원에서 본다면 조선 초기에는 왕족과 왕족을 둘러싼 기득권층간의 혁명이기 때문에 위로부터의 혁명이라고 규정할 수 있으며 피지배 계급은 아직까지 지배계급에 대해서 도전할 만큼의 강한 세력으로 성장하지 못하였다. 조선조가 성종 때까지를 초기 시대라고 부르며 성종 때까지 대개의 정부조직법과 관료제가 안정되기 시작하면서 지배계급인 양반제도가 어느 정도 안정되면서 왕권이 강화되기 시작하였다. 조선조 중기에 나타난 진보와 보수의 대결은 기존의 왕과 기득권층의 대결에서 이제는 왕은 절대 권력자로 위에 두고서 왕의 밑에서 진보와 보수의 대결구도를 형성하는 특성을 지니고 있다.

성종 조까지 왕권강화에 주력을 둔 이 씨 중심의 왕권은 중반기로 넘어오면서 왕이 휘두르는 강한 권력 밑에서 보수와 진보의 양대 세력이 형성 되었다. 양반중심으로 형성된 관료주의도 체계가 잡히면서 문이 좁아지면서 관료들 간의 주도권 쟁탈전이 형성되었다. 조선조 중기의 보수주의와 진보주의는 몇 가지 특성을 가지고 발전해 나가기 시작하였다. 첫 번째는 왕권의 강화로 인해서 왕이 절대적 권력자로서의 등장이다. 두 번째는 지배계층인 양반들의 특권인 관료제의 확립으로 인해서 관료의 자리가 한정되면서 관료들 간의 권력투쟁이 심각해지면서 보수주의와 신 보수주의가 극한투쟁으로 변하게 되었다. 세 번째, 국내 문제는 국제관계의 문제와 연관 지어지면서 서구문화로 인한 국민들의 의식구조가 변하게 되면서 진정한 진보가 나타나기 시작하였다.

조선 중기에 나타난 현상은 초기부터 시작된 관료들의 영입으로 인해서 이제는 관료들이 들어설 자리가 아주 한정되어져 버렸다. 양반들이 들어가서 집권할 자리는 바로 관료로서 성공하는 길 이외에 이들에게는 다른 자리가 없었다. 따라서 초기부터 시작된 왕권의 강화로 인해서 중기부터는 왕은 유일한 절대적 권력자로 부상하고 서양의 왕권신수설이 조선에도 적용되었다. 따라서 왕권을 하늘로부터 물려 받은 것으로 생각하는 것은 조선 초기에 왕도 하나의 권력층에 불과하며 다른 기득권층과의 권력대결에서 벗어나서 왕은 기득권 세력의 위에서 군림하였다. 이러한 왕권의 강화에 따라서 관료 들 간에서 보수와 진보로 나누어져서 치열한 권력쟁탈전이 벌어졌다. 권력 쟁탈전은 동서로의 대결에서 시작해서 남북으로 갈리고 노론과 소론을 비롯하여 영남파와 기호학파 등 지배계급인 선비들 간의 유교 사상을 바탕으로 논쟁을 벌여 나가기 시작하였다.

이 시대에 두드러진 현상은 조광조의 등용을 들 수 있다. 연산군이 일으킨 사화를 비롯하여 수차례 일어난 사화의 특징은 왕으로부터 권력을 얻어내기 위한 보수와 신보수간의 대결구도의 결과라고 할 수 있으며 이때 나타난 당파싸움 즉 파벌싸움 역시 이러한 맥락에서 이해할 수 있다. 중종의 조광조 등용으로 인해서 신 보수주의자 조광조는 기존의 신 보수수주의자들과는 다른 진보주의자로 규정할 수 있다. 그러나 엄밀한 의미에서 조광조 역시 양반계급인 관료출신이기 때문에 보수주의의 범위에 한정시키기는 할 수 있지만 현대의 보수와 진보의 대결구도에서 보면 조광조는 진보주의자임에 틀림없다. 조광조의 개혁정치는 기존에 가지고 있는 보수주의자들로부터 크게 반발을 사게 되었으며 그의 급진적 개혁은 결국 보수주의자들의 반대로 인해서 무산되고 말았다. 그러나 조광조의 개혁적 진보주의적 사고는 후에 나타난 홍길동전을 지은 허균의 진보적 사상에 절대적인 영향을 미쳤으며 거시적인 차원에서 기득 권 층 내에서 보수와 신보수로 나누어서 대결하였던 대결구도가 이제는 서서히 일반 대중들이 일으키는 진보주의적 사고에 영향을 미치기 시작하였다.

조광조를 기득권세력에 의한 진정한 진보주의라고 규정을 짓는다면 정암 조광조로부터 간접적인 영향을 받은 진보주의자는 허균과 정여립이라고 할 수 있다. 허균은 기준격으로 부터 고발을 당해서 1618년 서양 근대국가의 탄생을 알리는 종교전쟁이 일어난 해에 사형을 당한다. 허균의 사상은 일반 대중들에게 잘 알려진 홍길동전에 그의 진보적 사고가 잘 나타나 있다. 활빈도의 두목인 홍길동을 내세워 군주에 대항해서 새로운 이상 국가를 건설해서 백성중심의 이상 국가를 건설한다는 내용의 소설은 권력이 상부에서 하부로 이동하여 백성들의 진보주의적 사고를 갖도록 의식구조를 개혁시킨 진정한 진보주의자라고 할 수 있다. 그러나 허균의 이러한 진보주의적 사고는 결국 기득권층으로부터의 반대로 인해서 좌절되고 만다.

또한 이 시기에 선조로부터 신임을 받던 정여립은 권력다툼에서 밀리면서 고향인 전주로 가서 계를 조직하여 정부를 전복할 계획을 하였다. 그는 또 정씨가 왕이 된다는 정감록이라는 책을 만들어서 유포하였다. 조선 중기에 나타난 현상은 연산군과 광해군의 두 왕이 권좌에서 쫓겨나고 동시에 허균과 정여립이 왕권에 도전한 사실을 통해서 서구의 왕권에 대한 혁명 현상이 나타나기 시작한 것과 같은 맥락에서 이해할 수 있다. 서양의 왕의 절대적 왕권을 인정하면서 한편으로는 왕권을 견제해 나가는 현상인 혁명적 사상이 동시에 나타나기 시작한 것과 한국에서 나타난 연산, 광해의 권좌 박탈과 허균과 정여립의 혁명적 사고는 동시대의 서양의 보수와 진보의 사상과 같은 맥락에서 이해할 수 있다.

허균이 그의 진보적 사고를 홍길동전을 통해서 나타내고 정여립이 자신의 정치적 목적을 위해서 계를 조직하고 정부를 전복하겠다는 사고는 분명히 당시 중국을 통해서 들어오기 시작한 서구의 혁명적 진보주의적 사고를 받은 것이 틀림없다. 조선중기의 관료제의 정립 등으로 인해서 지배계층간의 심각한 권력투쟁으로 인해서 보수와 신보수의 대결양상 속에서 외세의 침략으로 인해서 지배층과 피지배층의 의식구조에 변화를 받게 된다. 우선 일본이 오다 노부나가의 부하인 도요토미 히데요시가 일본천하를 통일하고 한국을 침범한 임진왜란과 청나라가 일으킨 병자호란 등으로 인해서 효종의 북벌개혁운동 등을 통해서 한국은 국제사회에서 고립된 환경에서 벗어나서 의식적으로 진보주의적 성향으로 변하게 된다. 조선중기의 외세의 침략사건은 서양에서 막 시작된 산업혁명의 원동력인 계몽주의 사상을 받아들이는 계기가 되었다. 효종의 북벌 론은 중국에 이미 서양의 기독교 문화의 전도사인 서양의 신부들을 통해서 중국에서 자리를 잡고 있는 계몽주의 사상은 형이하학적인 차원에서 부국강병과 형이상학적 차원에서 유교의 탁상공론에 대한 배척현상이 나타나기 시작하였다.

따라서 이러한 외세의 침입으로 인해서 국가가 위기에 몰리면서 부국강병에 대한 국가적인 차원에서의 대응책은 한국사회에서 실질적인 차원에서의 진보적 사상의 필요성이 대두 되었다. 이미 북경을 중심으로 하여 상당한 연구가 진전되어져 있는 학문을 연구하는 북학파들이 등장하였다. 이들은 대부분 유교에 대한 배척과 함께 실지로 활용할 수 있는 학문의 필요성을 주장하였다. 이들의 진보적인 사고를 바탕으로 하는 사고는 정부에서 주류를 이루고 있는 정통 유교 보수파들에 비해서 국가의 주류를 이루지는 못하였다. 조정에서 주류를 이루고 있는 보수 기득권층들로부터 대부분 권력에서 소외된 집단이 실사구시를 바탕으로 하는 유교에 대한 배척을 주장하였다. 그러나 조선 중기에 나타난 북학파는 왕권에 대한 도전적인 사고가 점차적으로 민중들 사이로 파고 들어가기 시작하였다. 문제는 만일 이들의 진보적 사고를 바탕으로 하는 사고가 지배계급의 주류로 파고들어 갔더라면 한국은 동양 삼국 중에서 가장 먼저 서양의 문물을 받아들이는데 성공을 하였을 것이다.

이러한 과정에서 왕의 아래에서 권력을 쥐고 있는 보수 기득권 층간의 격화된 권력투쟁은 서구의 계몽주의가 국가의 발전에 필요하며 공자의 유교주의 사상은 배격하여야만 한다는 것은 이들이 더욱 더 잘 알고 있었다. 특히 북학파를 중심으로 하는 진보주의자들의 대부분이 권력투쟁에서 밀려난 그룹이며 이들은 서구의 발달된 학문에 대해서 몰입을 하는 실정이었다. 만일에 효종의 북벌계획이 좀 더 적극적이고 구체적으로 추진되어서 성공을 거두었더라면 한국은 동양 삼국 중에서 가장 먼저 서구세력에 대항 할 수 있는 후에 나타난 일본의 세력보다 훨씬 일찍 발전의 속도를 추구해 나갈 수 있었을 것이다. 최고 지배계급에서 시작된 국가 혁명인 효종의 부국강병과 북벌 론이 어느 정도만 자리를 잡았더라면 조선왕조는 후에 나타난 일본에게 나라가 멸망을 하지 않았을 것이다. 그러나 불행히도 효종의 북벌계획은 흐지부지되고 말았다.

조선후기는 19대 숙종부터 시작된다고 할 수 있다. 숙종은 강력한 왕권을 바탕으로 한 통치를 할 기반은 이미 가지고 있었다. 그러나 이미 왕을 중심으로 하여 오랫동안 형성되어온 양반지배계급의 관료주의적 사고는 조선조 후기를 더욱 더 보수주의적 사고를 가진 나라로 만들어 버렸다. 특히 오래 동안 유지되어온 양반계급의 보수주의적 사고는 일반대중과는 완전히 다른 보수주의적 사고를 형성하여 나갔다. 결국 기득권층인 양반계급이 할 수 있는 직업은 이미 조선조부터 수백 년 간 세습되어온 관료자리에 목을 메어달지 않을 수 없었다. 양반계급인 지배계급은 피지배 계급인 농업, 공업, 상업의 일을 할 수가 없었다. 따라서 이미 한정되어진 자리를 서로 차지하기 위해서 보수기득권층 간의 치열한 경쟁이 조선후반기에 절정에 달하기 시작하였다. 이러한 관료의 체계화로 인해서 왕은 관료세력에 새로운 바람인 개방적 바람을 불어넣으려고 노력을 하였다. 영조와 정조 등이 탕평책을 통해서 계파를 초월한 인재를 등용하려고 노력을 하였다. 특히 정조는 진보적 왕이라고 불리 울 만큼 보수주의적 사고를 가진 인재 대신에 진보주의적 사고를 가진 인재들을 대거 등용하였다. 또한 한정된 관료자리를 지키기 위해서 서자출신들은 등용을 하지 않던 기존의 관습을 깨고 뛰어난 서자 출신이라도 능력만 있으면 발탁을 하였다. 대부분 이렇게 발탁된 서자출신의 인재들은 진보주의적 사고를 가지고 기존의 보수주자들이 가지고 있던 기득권과 관례와 풍습을 깨뜨리려고 하는 과정에서 보수와 진보는 격렬한 싸움이 계속되었다.

가령 예를 들면 서자출신인 홍국영이 정조에 의해서 발탁되면서 그의 새로운 진보주의적 사고를 바탕으로 하는 개혁을 추진해 나갔다. 그러나 그는 결국 보수주의자들의 강력한 저항에 부딪쳐서 권력의 중심에서 쫓겨나고 말았다. 이처럼 조선 후기에 시작된 왕들의 보수주의 관료들에 대한 기득권 박탈은 결국 실패로 돌아가기는 하였다. 그러나 조선조 후반기에 나타난 현상은 기득권 세력에 대해서 진보주의적 사고의 주체가 기존의 같은 기득권층 내부의 분열에서 점차적으로 하부의 피지배계급으로 확산되는 현상이 나타나기 시작하였다. 이것은 서양에서 일반국민들이 본격적으로 왕권과 정부에 대해서 도전하는 것과 비슷한 시기이며 이것은 민주주의 정신의 시작이라고 할 수 있다.

인류역사에서 가장 큰 혁명인 프랑스대혁명은 1789년에 일어났다. 미국의 독립은 1776년에 이루어졌다. 비슷한 시기에 한국 사회에도 유사한 현상이 나타나기 시작하였다. 한국의 역사와 비교하여 한국의 국민들의 의식수준 역시 강력한 왕권에 대한 통제 및 도전하는 의식이 서서히 자라나고 있다는 사실은 1811년 즉 순조 11년에 일어난 홍경래의 난을 계기로 그 후에 일어나기 시작한 많은 민란들이 바로 그 예라고 할 수 있다. 조선조 후반기 일어난 홍경래 난은 진보주의적 사고가 기득권층인 양반계급이 아닌 피지배계급에서 일어났다는 점에서 역사적인 의미를 부여 할 수 있다. 1811년 평안도 가산 다복 동에서 일어난 홍경래 난을 시점으로 진주 민란 등 많은 민란들이 전국적으로 일어나기 시작하여 이것은 그 후에 나타난 전봉준의 동학혁명 등으로 인해서 조선왕조의 몰락에 가장 크게 작용하였다. 여기서 중요한 사실은 홍경래 난은 프랑스혁명에 해당 할 만큼 큰 의미를 부여할 수 있는 민중에 의한 최초의 혁명이라고 할 수 있다. 프랑스혁명으로 인해서 유럽전체가 흔들렸다면 홍경래의 난으로 인해서 한국의 조선왕조는 크게 흔들리면서 몰락의 길로 들어서게 되었다.

홍경래 난은 홍경래 개인을 진보주의자라고 규정하기 보다는 지배계급인 보수와 피지배계급인 진보의 대결구도가 형성되어 졌다는 것을 의미한다. 따라서 홍경래 난은 비록 평안도 한 지방에서 일어난 민란이기는 하지만 서양의 프랑스혁명에 해당할 만큼 큰 의미를 부여할 수 있다. 앞에서도 말한 것처럼 지배계급이 아닌 피지배계급을 이끌고 정부 전복을 시도하였다는 것 자체에서 밑으로부터의 혁명 역시 국가를 전복 할 수 있다는 것을 의미한다. 홍경래 난은 불과 3개월 만에 진압되기는 하였지만 순식간에 북쪽의 8개의 군이 홍경래의 수중에 들어가게 되었으며 난의 진압을 위해서 국가의 총병력이 동원되었다. 홍경래 난으로 인해서 일반 백성들과 지배계급간의 갈등이 더욱 더 심화되었으며 점차적으로 피지배계급의 지배계급간의 평등을 주장하게 되었다.

조선조 후반기에 들어서면서 인구가 증가하고 주변 국가인 중국이 서양국가의 발달의 원동력이 된 계몽주의 사상의 전파 및 자본주의의 전파와 상업의 중요성 및 기독교의 전파 등으로 인해서 한국의 보수주의는 위기를 맞이하게 되었다. 특히 서양의 계몽주의 사상인 과학과 기술의 중요성을 바탕으로 하는 사고는 서양에서는 이미 진보를 넘어서 보수주의 사고가 서양전체에 자리를 잡고 있었다. 이러한 시기에 전파된 서구의 과학과 기술을 바탕으로 하는 사상이 진보주의자들에 의해서 전파되었다. 이것은 형이상학적차원에서 물질보다는 정신을 중요시 여기는 유교의 교리보다는 형이하학적 차원에서 과학과 기술을 바탕으로 하는 사고의 필요성이 대두되기 시작하였다. 특히 기존의 기득권층간의 대립과 분열에서 피지배 계급의 지배계급에 대한 도전으로 인해서 새로운 진보주의와 보수주의의 대결 양상이 나타나게 되었다. 권력층의 상징인 양반계급간의 권력투쟁에 밀려난 대부분의 지배계급은 보수주의에서 진보주의적 사고로 변신하면서 소외계층인 일반농민과 부녀자들의 층으로 파고들었다. 이러한 진보주의적 사고를 가진 권력에서 소외된 양반계층이 민중들의 구심점 역할을 하기 위해서는 가장 필요한 것이 정신적인 차원에서의 민중들의 위안과 희망을 예시하는 종교가 필요하였다.

따라서 이 시기 에 민중들에게 진보적인 사상을 가지도록 만든 사상은 바로 서구기독 문화의 중심사상을 이룬 기독교와 또한 서구 기독문화에 대항해서 유교와 불교와 선교를 합한 동학을 그 대표적인 예라고 할 수 있다. 서구사회는 천 년 간 계속된 중세 신 중심 사회를 암흑시대라고 부르면서 과학과 기술 및 이성적이고 합리적인 사고를 바탕으로 하는 사고로 변화를 시도하였다. 서양문화를 전파하기 위해서 전도사들은 기독교를 전도하면서 동시에 서양의 기술과 과학을 함께 전하였다. 기독교 문화와 기독교를 처음으로 접한 인물들은 권력의 다툼에서 밀려난 양반계급들이며 그들은 서양의 계몽주의 사상을 연구하여 실생활에 접목시키려는 의도에서 서양인들과 접촉을 하였으며 이 과정에서 그들은 기독교의 교리에 빠져 들게 되었다. 그리고 기독교의 교리는 누구든지 하느님을 믿도록 전도를 하여야만 축복받은 세상으로 간다는 교리에 의해서 양반계급들은 전도를 시작하였다. 그중에서 가장 기독교가 파고들기 쉬웠던 곳은 바로 천대받는 빈민층 계급과 부녀자 계급이었다.

그런데 문제는 기독교는 하느님을 믿고 따라야지 유교의 교리인 충과 효에서 조상을 숭배하는 문제는 등한시하였다. 특히 조상을 숭배하는 예인 제사를 못 지내도록 하는 것이 바로 우리 전통 유교사회의 관습에 위배되는 행위였다. 기독교는 현재 고통 속에 있는 민중들에게 내세의 행복한 삶을 보장한다는 사고를 갖도록 함으로써 당시 조선후기 사회에 고통과 박해 속에 삶을 살아가던 민중들에게 큰 희망으로 떠올랐다. 그러나 문제는 기독교로 인해서 조선의 전통사회의 풍습이 무너지게 되면서 국가의 기강이 흔들리고 결국은 국가의 체제가 흔들리게 될 위기를 느끼기 시작하였다. 이러한 발상은 기득권층인 보수집단이 자신의 기득권을 침해당할까 하는 두려움 속에 빠지게 되면서 보수주의와 진보주의는 사상적인 대결구도를 형성하게 되었다.

당시 소외된 양반계급은 같이 소외계층인 피지배 계급의 일반대중을 상대로 기독교를 전파시켜 나갔으며 급속도로 기독교는 전국적으로 확산되기 시작하였다. 이러한 과정에서 정부는 기독교를 믿지 못하도록 하면서 종교탄압이 시작되었다. 기독교에 대한 정부의 금기는 결국 양반계급들은 믿기를 포기하였지만 소외계층을 비롯한 일반민중들은 목숨을 두려워하지 않고 숨어서 기독교를 믿었으며 정부는 강력한 기독교 탄압을 시작하였다. 이러한 기독교 탄압은 결국은 서방국가 중에서 프랑스 국가의 한국에 대한 선전포고로 이어지면서 미국 등 문호개방을 원하는 국가들에게 정부에 대한 간섭의 기회를 제공하면서 한국의 조선왕조의 몰락을 재촉하게 되었다.

순조시대가 시작되면서 서구사상에 대한 본격적 연구들이 양반계급인 학자들 사이에 집중적으로 연구되기 시작하였다. 그러나 서구사상에 대한 연구는 이미 1세기 전인 1700년부터 시작되기는 하였지만 본격적으로 학자들에 의해서 연구되기 시작한 것은 19세기에 들어서면서 부터이다. 정약용 형제를 비롯하여 이미 권력에서 쫓겨난 몰락한 학자들은 의도적으로 진보주의적 시각에서 기존의 유학에 대한 비판적인 시각에서 서구학문을 연구하였다. 서학의 학문적인 의미를 실생활에 응용할 수 있는 학문이 진정한 학문이라는 관점에서 서구 사회에서 독일의 관념주의, 영국의 경험주의 및 미국의 실용주의와 같은 맥락에서 이해 할 수 있다. 진보주의적 시각에서 학문을 하는 목적은 바로 응용학문인 공학을 비롯하여 백성들이 농사를 짓기 위해서 필요한 지식을 습득하는 소위 실사구시적 학문이 진정한 학문이며 유교와 같이 탁상공론은 학문적으로 아무런 가치가 없다는 것이다. 특히 서구의 발달된 과학과 기술을 접한 학자들이 서구학문의 우월성을 논하기 시작하였다. 이 시기는 이제 동양에서는 영국이 1840년경 중국으로부터 문호개방을 시작하였고 미국이 1854년에 일본을 문호 개방하였다. 한국도 처음으로 미국과 문호개방을 시작한 시기는 1884년의 강화통상 조약이며 1888년의 병인양요로 인해 프랑스와의 문호개방이 뒤따르게 되었다.

여기서 영국을 비롯한 서양 국가들의 문호개방에 대해서 1800년이 시작되면서 바로 한국이 서양문물을 받아들이는 문호개방 정책을 적극적으로 추진해 나갔더라면 한국은 후일에 일본에게 나라가 빼앗기지 않았을 것이다. 서구 문화를 받아들이며 연구하기 시작하고 동시에 서구의 기독교 문화가 들어오면서 한국에서는 새로운 신 진보주의적 사고를 가진 종교가 등장하게 되었으며 수운 최제우를 중심으로 하여 형성된 사상이 바로 동학이었다. 동학은 바로 서구의 종교인 기독교와 서구 학문인 서학에 대해서 반대하면서 탄생된 종교이며 동양의 중심 종교인 유교와 불교와 선교를 합쳐서 만들어 졌다. 동학의 근본목적은 서구의 기독교인 종교와 문화 및 학문에 대해서 우리 민족 고유의 민족성과 정체성을 지켜나가는데 목적을 두고 있다. 그러나 이러한 동학이 일어난 원인은 지배계급인 양반계급의 부패와 타락에 대한 도전이며 지배계급인 기득권층인 양반계급이 지니고 있는 특권을 유지하려는 보수주의와 피지배계급인 일반서민들이 기득권층에 대한 도전인 진보주의와의 대결구도라고 규정지을 수 있다.

조선은 이미 왕권이 유지될 수 없을 만큼 정치, 경제, 사회, 문화적으로 위기에 처하게 되었다. 이러한 와중에 동학이 피지배계급속으로 급속하게 확산되면서 1894년 전라도 고부의 진보주의적 성향의 전봉준에 의한 동학 혁명은 피지배계급인 진보주의자들이 지배계급에 도전한 진보와 보수의 대결이라고 할 수 있다. 동학혁명은 이미 한국왕정이 막을 힘이 없었으며 그대로 두는 경우 한국은 프랑스혁명과 같이 민중들이 일으키는 혁명에 왕권이 넘어 갈 것이 틀림없었다. 한국의 왕정은 동학혁명군을 진압할 힘이 부족하여 결국 청국의 힘을 빌리는 과정에서 청군과 함께 한국정부에 깊이 관여한 일본군과의 전쟁이 일어나는 원인이 되었다. 그 결과 청국과 일본의 간섭에서 청국이 청일전쟁에서 지고 일본이 승리를 거두면서 일본의 보호아래 시행된 갑오경장 즉 갑오개혁은 한국의 진보세력에 의한 개혁이라고 평가할 수 있으며 이것은 일본의 개입이라는 보수주의적 사고를 바탕으로 하는 개혁이기는 하지만 계급타파를 비롯하여 기존의 수백 년 동안 유지되어온 기득 층인 양반 계급의 몰락 등 사회변혁을 가져왔기 때문에 동학란을 진보주의적 혁명이라고 규정지을 수 있다.

따라서 조선조 후반기 나타난 민중에 의한 난은 결국 과거에 기득권층에 의한 보수와 신보수간의 대결양상에서 민주주의적 차원에서 민중에 의한 진정한 진보주의자들이 양반 지배계급에 도전하여 사실상 승리를 한 진보와 보수의 대결 형태이며 서구의 프랑스혁명과 미국 혁명 등에 비교할 만큼 큰 혁명이라고 할 수 있다. 조선왕조의 몰락의 원인은 조선의 3대혁명으로 인해서 몰락의 길을 걷게 되었다고 할 수 있다. 조선후반기에 일어난 가장 큰 혁명은 진보주의적 사고를 가진 민중들이 일으킨 1811년 순조 11년에 일어난 홍경래 난과 1894년에 일어난 동학혁명과 1884년의 갑신정변의 3대진보주의적 혁명이 조선왕조를 몰락시키는데 결정적인 영향을 미쳤다고 할 수 있다.

홍경래 난으로 인해서 민중들의 민주주의와 자유주의적인 진보적 사고가 급성장하기 시작하였다. 그 결과 진주 민난 등 잦은 민중봉기를 거치면서1894년의 동학혁명이라는 큰 혁명으로 발전하였다고 할 수 있다. 이와 함께 민중이 아닌 엘리트 귀족중심의 진보주의적 혁명은 1884년의 갑신정변을 들 수 있다. 갑신정변은 급변하는 정세에 맞추어서 서구식 정치 체제 및 경제체제로 전환하여야만 한다는 진보주의적 사고를 바탕으로 하는 위로부터의 혁명이라고 할 수 있다. 김옥균, 박영효 등 엘리트층의 왕권에 대한 도전은 일본의 성공모델인 명치유신과 같은 성공적인 유신을 염두에 두고서 입헌군주제를 실시할 목적을 가지고서 혁명을 일으키기는 하였지만 결국 청국 군대의 간섭과 민비 일파의 보수주의자들의 방해로 인해서 진보주의 혁명은 무산되었다.

조선의 3대혁명에서 알 수 있듯이 서양의 3대혁명이 모두 진보주의자들이 일으킨 혁명이며 이들의 혁명은 모두가 성공을 거두었다. 그러나 조선시대 후반기에 일어난 진보주의자들이 일으킨 3대 혁명은 모두가 다 실패하였다. 물론 프랑스대혁명 영국의 명예혁명 및 미국의 대혁명들과는 비교하기에는 여러 가지 문제점이 있기는 하지만 여기에서 우리가 진보주의와 보수주의 대결구도라는 관점에서 비교해 볼 가치가 있는 것이다.

Chapter 11

한국 현대사에서 진보와 보수의 대결

1880년 중국인 외교관 황준헌은 그의 조선책략으로서 친중국, 연미국, 결일본이라는 외교정책을 한국에 건의하였다. 이것은 바로 러시아의 조선의 개입을 일본과 미국과 중국이 힘을 합쳐서 막아내자는 외교전략을 의미하였다. 지정학적 차원에서 유럽의 폴란드에 해당하는 가장 중요한 요새인 조선은 근대에 이미 동양의 중국과 일본 및 서양의 미국과 러시아가 조선의 식민지화 정책을 적극적으로 추진해 나가기 시작하였다. 당시 중국 외교관으로 한국에 와 있던 황준헌은 조선이 살아남는 방안은 바로 일본과의 결속 및 중국과는 친하게 지내고 미국과는 연합을 하라는 외교적 전략방안을 내 놓았다. 러시아의 남하 봉쇄 정책을 일본과 미국과 중국이 막고 있기는 하였지만 중국과 일본의 한국 내정 간섭의 투쟁은 심화되기 시작하였다. 1882년에 일어난 임오군란은 혁명사적 관점에서 옆으로부터의 혁명이라고 할 수 있다.

당시 군인들이 중심이 되어서 일어난 혁명으로 인해서 중국의 개입으로 인한 혁명의 진압은 한국이 이미 군사력을 상실한 상황에 있었다. 임오군란 이후 2년 뒤인 1884년에 일어난 갑신정변은 위로부터의 혁명이라고 할 수 있다. 이 혁명은 김옥균을 중심으로 진보주의적 사고를 가진 엘리트 그룹이 중심이 되어서 일으킨 혁명이었다. 그러나 혁명을 일으키는 원동력인 군사력을 충분히 가지고 있지 못하였다. 갑신정변의 혁명은 보수 기득권 세력인 민비를 중심으로 하는 보수주의와 김옥균 중심의 혁신 진보세력 간의 대결에서 보수가 승리를 거두는 대결이었다. 민씨 일파의 보수주의 세력에 대항하여 1894년에 전라도 고부에서 농민과 동학교도들이 중심이 되어서 일으킨 이 혁명은 근대사에서 서양의 3대 혁명에 버금가는 큰 혁명이라는 점에서 진정한 진보주의 혁명이라고 할 수 있다. 동학혁명은 우선 밑으로부터의 혁명이라는 점이다. 이 혁명은 상층부를 구성하던 김옥균 중심의 위로부터의 혁명과는 다른 의미를 가지고 있다. 동학혁명은 민중에 의한 혁명으로 프랑스혁명과 같은 맥락에서 의미를 두고 있다. 따라서 동학혁명으로 인해서 진보가 보수를 누르고 승리를 하였다고 할 수 있다. 따라서 바로 정부가 갑오년 즉 같은 해인 1894년에 시행한 갑오개혁 즉 갑오경장은 진보와 보수의 대결에서 진보의 승리라고 할 수 있다.

그러나 문제는 이러한 진보의 승리가 조선인들의 투쟁에서 쟁취한 진보의 승리가 아닌 일본 등 열강국가들의 침략전쟁의 결과에서 승리를 바탕으로 한 승리이기 때문에 보수와 진보의 대결 면에서는 큰 의미가 없다고 할 수 있다. 민중에 의한 동학혁명을 프랑스혁명과 같은 대혁명과 비교해 볼 수가 있다. 사실상 동학혁명은 프랑스혁명과 같은 대혁명에 비교할 만큼 대혁명이라고 할 수 있다. 그 원인은 프랑스혁명은 유럽전체 국가들에게 큰 자극을 주었으며 영국을 비롯한 유럽 국가들이 프랑스혁명으로 인해 자국 및 유럽의 왕정 국가들의 붕괴를 우려해서 유럽 국가들이 자국의 군대들을 파견해서 혁명을 진압하려는 움직임까지 고려하고 있었다. 동학혁명은 비록 한국의 지방에서 시작된 혁명이기는 하지만 정부에서 혁명을 무마할 힘이 없었다. 때문에 혁명은 일본이 직접적으로 한국의 내정에 간섭하는 기회를 제공하였다. 그 결과 한국은 완전한 스스로에 의한 개혁에 성공을 거두고 자립국가로서 발전의 속도를 가속 시킬 수 있었다. 그러나 앞에서도 언급한 중국인 외교관 황준헌의 조선책략에서의 경고와 같이 조선은 이미 중국과 일본 및 서양에서는 미국세력이 잠재적으로 개입을 하고 있었다.

갑신정변 이후 중국의 세력이 자리를 잡고 있던 청나라 군대의 동학혁명 개입은 일본에게 군대의 개입의 빌미를 제공하였다. 그 결과 동학혁명은 프랑스혁명에서 영국 등 유럽국가들이 프랑스혁명에 개입을 하지 않았던 것과는 달리 중국과 일본의 개입으로 동학혁명은 실패로 돌아갔다. 동시에 동학혁명은 일본과 중국 간의 전쟁인 청일전쟁으로 이어졌다. 1894년에 동학혁명으로 인한 청일전쟁은 결국 일본이 한국을 식민지화하는 원동력을 제공하고 말았다. 또한 일본이 세계 강대국인 미국과 영국으로부터 인정을 받아서 강대국 대열에 들어서는 발판을 형성하였다. 따라서 당시 조선에서 시행된 갑오개혁은 일본이 주도하는 일본식 개혁이기 때문에 우리 민족에게는 그 개혁에 큰 의미를 부여할 수 없다. 그러나 수백 년간 계속되어온 양반제도의 폐지를 비롯하여 상당히 많은 사회적 변혁을 초래하는 계기를 마련하였다고 할 수 있으며 이러한 사실은 이제 수백 년간 지속되어온 양반 지배계급인 보수 세력이 몰락하고 진보세력이 서서히 사회를 변혁해 나가는 계기가 되었다.

이러한 급격한 사회변혁으로 인해서 기존의 틀에서 사회는 사농공상의 선비를 중시여기고 장사하는 상인을 가장 하위계급으로 분류되던 사회는 서양의 자본주의 사회로 변화되면서 상인들의 지위와 신분을 상승하는 작용을 하였다. 다시 말하면 부에 의한 신흥 귀족계급이 서서히 형성되기 시작하였다. 1894년의 일본에 의한 갑오개혁은 단순한 사회적 계급이 아닌 정치적 변혁에도 진보주의자들의 개혁이 시작되었다. 그 중에서 가장 중요한 사건은 바로 다음해인 1895년 을미년에 발생한 을미사변이었다. 을미사변은 청국과의 전쟁에서 승리한 일본이 조선의 사회개혁인 갑오개혁을 추진하는 과정에서 정치개혁도 함께 하려고 하였다. 여기에 가장 걸림돌은 보수 수구파의 제거가 필수적인 일이었다. 따라서 보수파의 가장 중심세력은 바로 명성황후 민비였다. 일본의 국모시해 사건은 비로 이러한 정치개혁의 일환으로서 10년 후의 1905년의 을사늑약의 전 초전이라는데 의미를 두고 있다.

일본의 침략사상은 당시 형식상 패권국인 영국과 실질상의 패권국인 미국에 접근하는 외교 전략을 추구해 나갔다. 이미 동학혁명으로 인한 청국과의 군사적 충돌에서 승리한 일본은 독일과 프랑스 및 러시아를 견제하고 있던 영국을 포섭하여 1902년 영일동맹을 맺었다. 아시아에서 서양 열강국들과의 식민지 쟁탈전에서 한발 늦은 미국은 1898년 유럽최대의 강국이며 무적함대를 자랑하는 스페인과의 쿠바문제를 놓고서 미서 전쟁을 일으켰다. 그런데 미서전쟁은 예상과는 달리 불과 10개월 만에 미국의 승리로 끝을 맺었다. 미국은 유럽최강국 스페인으로부터 아시아 지역에서 중국을 식민지화 할 전초전을 만들 기회를 얻어내었다. 미국은 스페인과의 전쟁에서 승리한 대가로 스페인으로부터 스페인 식민지 국가인 필리핀을 미국의 식민지화 할 수 있는 기회를 얻어 내었다.

앞으로 미국의 목적은 아시아에서 가장 큰 중국을 식민지화할 의도를 가지고 있었다. 그러나 이미 중국에 대해서 영국과 독일 및 포르투갈 등 유럽의 열강국가들이 거대한 중국을 분할하는 식민지 전쟁에 치열하게 뛰어들어 있었다. 1899년 스페인 전쟁으로 인해 세계 최강국임을 과시한 미국은 당시 국무장관 헤이는 식민지 쟁탈전에 뛰어든 유럽의 열강국들에게 중국을 분할하는 식민지 전쟁을 못하도록 경고를 하였다. 이러한 존 헤이 국무장관의 문호개방 정책의 이면에는 미국이 중국을 식민지화 하겠다는 의도가 있었으며 일본은 이러한 사실을 유럽 국가들보다 미리 감지하고 있었다. 일본은 영국과의 군사동맹을 바탕으로 당시 조선 정부에 적극적으로 참여하고 있던 러시아와 충돌이 일어나서 결국 1904년 러일전쟁에서 일본이 승리를 거두었다. 그 결과 일본은 한국의 지배권이 우선적으로 인정되기는 하였지만 미국은 일본을 탐탁하지 않게 생각하였다. 특히 미국은 아시아에서 지배권으로 강화시키는 과정에 있었기 때문에 일본은 한국을 식민지화하기 위해서는 미국을 포섭하는 전략이 필요하였다.

미국은 1823년 독립 초 미국 제 5대 대통령 제임스 먼로에 의해서 먼로 독트린이라는 외교정책을 바탕으로 하고 있었다. 이것은 미국의 고립외교정책을 의미한다. 다시 말하면 유럽과의 경쟁을 피하기 위한 외교 전략이었다. 먼로 독트린의 내용을 보면 미국은 유럽 열강국에 간섭을 하지 않는 대신에 유럽은 미국을 포함한 아메리카 대륙에 불간섭 할 것을 의미한다. 이러한 미국의 초기 고립외교 정책의 목적은 당시 신생국 미국은 유럽과의 경쟁에서 승산이 없다고 판단했기 때문이다. 이후 미국은 고립정책을 바탕으로 1867년 윌리엄 시워드의 러시아로부터 알라스카 매입, 1873년 영국 런던증시의 미국 뉴욕증시로의 이동 등을 거치면서 내적으로는 1870년대 이미 당시 경제적으로 유럽 최강대국 독일을 제치고 경제 군사적으로 세계 최강국으로 성장을 하면서 아시아에 대해서 문호개방 정책을 취하기 시작하였다.

미국의 이러한 정책에 대해서 일본은 당시 일본외상 가스라는 미 국무장관 태프트에게 새로운 외교 전략을 제시하였다. 일본외상 까스라와 미국 국무장관 태프트의 태프트-까스라 조약의 내용은 일본은 미국이 중국을 식민지화하는 징검다리 역할을 하는 필리핀을 식민지화 하는데 일본이 인정을 하고 그 대신에 미국은 일본이 조선을 식민지와 하는데 인정하자는 내용이었다. 이러한 태프트-까스라 조약은 1905년 러일 전쟁 직후에 성사되었다. 태프트-까스라 조약으로 인해서 일본은 아시아에서 어느 열강국가들의 간섭이 없이 한국을 식민지화 시킬 수 있었다. 따라서 일본은 1905년 을사년에 한국과의 을사조약 즉 을시늑약을 체결하여 조선의 외교권을 박탈하여 5년 후인 1910년에 한국을 완전히 식민지화하는 한일합병을 추진하였다. 일본이 추진하는 제국주의 정책은 우선 이웃인 조선을 식민지화한 후 동남아시아 국가들을 식민지화하는 전략을 추진해 나가기 시작하였다.

20세기가 시작되면서 한국은 1910년부터 1945년 2차대전까지 일본의 통치하에 있었다. 1945년부터 한국의 보수와 진보는 새로운 형태의 진보와 보수의 대립의 형태로 변하게 되었다. 1945년 한국이 일본의 통치로부터 벗어나면서 한반도는 남한과 북한이 분단되면서 남한은 2차대전 이후에 전면에 나타난 패권국 미국이 남한 편에 서고 2차대전 이후에 갑자기 미국에 대한 도전 국으로 등장한 소련 즉 러시아가 북한 편에 서면서 보수와 진보라는 새로운 의미를 가지게 되었다. 러시아 정치 체제로 전환한 북한의 경우는 마르크스 사상을 바탕으로 하는 공산주의 형태의 정치체제를 유지해 나갔으며 동시에 남한은 자유민주주의 형태의 정치체제로 구성되었다. 공산주의 체제의 북한은 중국이나 러시아와는 다른 형태의 공산주의 체제를 만들었으며 공산당 1당 체제의 공산주의가 아닌 김일성 일인 체제의 독재형 공산주의 국가형태로 변화시켰다.

러시아를 모체로 한 북한의 정치체제에 대해서 동조를 하는 사고를 가진 사람들을 진보주의적 사고로 평을 하였으며 이들은 대개 이상주의적 사고를 가진 인물들이었다.

마르크스에 의해서 시작된 공산주의는 인류의 역사를 바꾸어 놓을 만큼 전 세계의 3분의 1에 해당하는 국가들이 마르크스 사상을 토대로 한 공산주의 국가를 수립하였다. 레닌 혁명이 성공하고 진독수와 모택동에 의한 공산당이 성립된 1920년대부터 공산주의는 급속하게 발전하기 시작하였다. 레닌 혁명으로 인해서 러시아에 총 본부를 두고서 마르크스 사상이 급속하게 확산되어져 나가기 시작하였다. 한국을 비롯한 대부분 당시 마르크스 사상에 빠져있던 사람들을 대부분 진보주의자라고 불렀다. 그러면 왜 마르크스 사상을 신봉하는 사람들을 자유주의를 믿는 사람들보다 한 걸음 앞선 사고를 가진 진보주의자라고 하는가.

마르크스는 1848년 공산당 선언을 하면서 그의 사상은 당시 유럽사회를 바꾸어 놓을 만큼 획기적인 사상이었다. 마르크스 사상은 헤겔의 변증법을 도입하여 계급간의 갈등과 사회의 갈등을 토대로 하여 그 갈등은 투쟁으로 변해서 결국은 계급투쟁으로 변하게 된다는 것이다. 마르크스 사상을 보면 처음의 중세장원 시대에는 소작인즉 농노와 지주와의 갈등에서 시작되며 지주와 소작인 간의 계급투쟁으로 변하여 결국은 소작인이 승리를 거두게 된다. 이것이 계급사회에서 제일 처음의 단계이며 다음 단계는 이러한 소작인들끼리 사회를 구성하여 만든 사회가 자본주의 사회이며 자본주의는 자본가 즉 부르조아 계급과 무산자 즉 노동자 계급의 두 개의 계급으로 형성된다. 이러한 자본주의 사회는 노동자와 부르조아 간의 갈등으로 인해서 결국은 계급투쟁의 단계를 거치게 된다. 이 과정에서 노동자가 자본가를 이기고 노동자 일인독재의 사회를 형성하게 되며 이것을 사회주의 사회라고 한다. 사회주의 사회는 계급이 오직 하나뿐인 노동자들 유일의 사회인 것이다.

이러한 노동자 유일의 사회는 노동자들 간의 계급투쟁을 거쳐서 결국은 계급이 없는 모든 재산은 공동으로 소유하는 지상의 낙원이자 지구상에서 가장 살기 좋은 사회를 형성하게 되며 이사회를 공산주의 사회이다. 마르크스의 사상은 헤겔의 변증법을 바탕으로 하는 사고를 가지고 있기는 하지만 유물사관에 입각한 논리를 주장하고 있다. 마르크스의 유물론은 생산양식이 국가의 하부구조를 형성하며 생산양식에 따라서 상부구조인 정치와 사회와 문화와 예술이 결정 된다는 것이다. 마르크스의 사상은 1917년 레닌의 혁명이 성공한 이래로 전 세계에 급속하게 확산되어졌으며 논리적으로 볼 때 재산의 공유화와 계급 없는 사회는 당시 진보적 사고를 가진 사람들에게는 매우 흥미 있는 이론이었다. 레닌 혁명이 성공하면서 그 영향은 바로 1920년대 중국에 영향을 미쳤다. 중국은 당시 손문이 신해혁명을 성공하고 왕권을 타도하고 국부적인 자리를 차지하고 있었다. 손문의 후계자가 중국의 군국주의의 지도자인 장개석 이었으며 그는 황포군관 학교의 교장이었다. 손문과 장개석을 잇는 라인은 바로 중국 국민당의 보수정당으로 자리를 잡았다. 여기에 대항하여 진독수와 모택동을 중심으로 하는 공산당의 결성에 대부분 외국

유학파 등 진보적 사고를 가진 인물들이 대거 참여하였다.

1943년 2차대전이 끝날 무렵 얄타회담을 통해서 미국의 루즈벨트, 소련의 스탈린 및 중국의 장개석은 전쟁이 끝이 나면 한국을 일본으로부터 해방시키기는 하지만 일정기간 동안 강대국들의 신탁통치를 통해서 통치를 한 후에 독립 국가를 만들겠다는 데 의견의 일치를 보았다. 2차대전이 끝이 나면서 얄타회담에 참석했던 3국 중에서 중국은 1943년부터 시작된 공산당과 국민당간의 전쟁으로 인해서 한반도에 참여할 여유가 없었다. 따라서 북한은 소련이 갑자기 점령을 하고 남쪽은 미국의 통치하에 들어가게 되었다. 1945년 해방이 되면서부터 시작된 강대국들의 일정기간동안 한국을 통치하는 문제에 대해서 찬성하는 친탁파와 반대하는 반탁파로 한국은 휩쓸려 들어가기 시작하였다. 해방 후 처음열린 미국, 영국, 소련 삼국의 모스크바 삼상회의에서 한국을 향후 5년간 통치하자는데 의견을 모으면서 곧 바로 한국은 친탁이냐 반탁이냐를 두고서 우익과 좌익으로 갈라지게 되었다. 여기서 친탁을 지지하는 파를 좌익이며 진보주의라고 불렀다. 또한 친탁에 대해서 반대를 하는 쪽을 우익 즉 보수주의라고 불렀다.

친탁을 주장하는 사람들은 대부분 소련의 공산주의 사상을 토대로 하는 공산주의 국가를 설립하는 것이 가장 이상적인 국가형태라고 보고 있다. 남한에 거주하는 많은 엘리트 젊은이들은 당시 교과서만 읽고서 마르크스 사상이 진정한 인간사회에서 가장 이상 국가를 형성할 수 있다는 사고에 빠져서 남한의 미군 군정에 반대를 하고서 월북하였다. 그러면 북한에서는 왜 친탁을 주장하였는가. 이 문제 대해서 의견이 아직까지 엇갈리기는 하지만 첫째는 소련과 김일성과의 관계라고 생각할 수 있다. 김일성에 대해서는 김일성이 청년 시절에 독립운동을 한 독립운동가라는 말이 있으나 실지로 김일성과 동명이인인 김일성이 독립운동가로서 명망이 있는 인물이라고 한다. 그런데 소련은 젊은 김일성을 독립운동의 영웅인 실제 인물을 위장시켜서 북한 국민들을 매수하기 시작하였다. 이 과정에서 공산주의 사상에 대해서 남한의 빈부격차가 있는 사회보다는 누구나 다 같이 공동 소유하는 마르크스 이론을 바탕으로 설득을 해나가는 과정에서 당분간 익숙하지 못한 소련의 공산주의 사상을 북한의 주민들이 익숙한 후에 북한 스스로의 국가를 구성하자는 의견이었다. 그러나 당시의 언론보도를 비롯하여 많은 의견이 분분하여 아직까지 정확한 사실은 알 수가 없다.

38도선을 경계로 하여 1948년 남한만의 정부를 수립하였다. 북한은 진정한 마르크스적 공산주의가 아닌 김일성 일인 우상화의 공산주의 국가의 공산주의 국가 체제를 형성하였다. 현재 세계에서 유일하게 김일성 우상화의 특이한 형태의 공산주의 국가로 변하였다. 3대 부자세습이 이어지는 북한은 김일성 3대의 독재체제에 시달리고 있다. 1945년 해방된 이후부터 1950년까지 한국동란이 일어나기까지 한국은 강대국들의 한국통치 문제를 둘러싸고 한국의 보수와 진보는 소용돌이 속에 휩쓸리게 되었다. 1948년 정부가 수립된 이후 2달 만에 남로당의 사주로 인해서 일어난 국가 경비대의 여순 반란 사건을 비롯하여 1947년의 제주 4.3 사건 등은 거시적인 차원에서 미국중심의 보수우익 중심의 통치에 대해서 북한을 지지하는 좌익중심의 사건이라고 할 수 있다. 1945년 해방 이후에 진보주의와 보수주의는 국내적인 차원에서의 문제가 아니라 국내 문제를 둘러싸고 있는 국제적 문제에 의해서 보수와 진보가 결정되었다고 규정할 수 있다.

남한 만의 정부수립 이후 가장 영향을 행사한 나라는 미국이었다. 1946년부터 미국은 한국군의 효시인 국방경비대의 창설부터 시작해서 친미주의자인 이승만을 밀었다. 따라서 친미주의적 성향을 가진 인물은 바로 보수주의자로서 규정할 수 있으며 반대로 반미주의적 성향의 사고를 진보주의라고 할 수 있다. 이승만과 그의 추종세력들을 중심으로 하는 친미주의 파들을 보수주의라고 할 수 있다. 그와는 반대로 친미가 아닌 민족주의적 성향을 가진 사고를 진보주의적 사고라고 할 수 있다. 1945년부터 시작된 미소 양국의 대결구도 속에서 미국은 러시아에 대해서 봉쇄주의 정책을 추구해 나가기 시작하였다. 1945년부터 1950년 한국동란이 일어나기 전까지 한국의 보수와 진보의 기준은 친미주의적 시각을 가진 사람은 무조건 보수주의이며 친미에 대해서 민족주의적 사고를 가진 사람들에 대해서는 무조건 진보주의자라고 규정을 하였다.

정치적인 차원에서 김구를 비롯한 민족주의자들은 대부분 진보주의적 사고를 가진 인물로 규정하거나 아니면 보수 중도적 인사로 규정을 하였다. 1945년 해방 이후 남한은 미국의 통치하에 있었다. 따라서 미국은 군을 통솔하기 위해서 군사영어학교를 창설하였다. 이 군사영어학교 출신들이 얼마 후 한국의 군을 주도하는 인물들이 되었다. 군사영어학교 출신 군인들 대부분이 영어를 배우고 미국식 댄스를 추고 미국식 매너를 배웠다. 따라서 이들은 완전히 미국식 사상에 쇠뇌교육이 된 군인들이 이었다. 군번 1번의 이형근 장군, 군번 5번의 김종오 장군, 백선엽 참모총장, 정일권 참모총장 등 후에 한국을 주도해 나간 군인들은 거의가 다 군사영어 학교 출신이었다. 1950년에 일어난 한국동란을 시점으로 한국의 보수와 진보는 새로운 전환점을 맞이하게 된다. 그 이전의 친미주의냐 민족주의냐의 기준에 따라서 한국은 보수와 진보의 기준의 잣대가 되었다. 그러나 1950년 한국동란이 일어나면서 한국의 보수와 진보는 친북적 사고를 가지고 있는가 아니면 친한적 사고를 가지고 있는가에 따라서 진보와 보수의 사고의 가장 큰 기준이 되었다.

6.25 한국동란은 사실상 공산주의와 자유민주의의 대결구도라고 규정 할 수 있다. 이러한 과정에서 보수와 진보의 대결구도는 보수는 기득권층을 중심으로 하는 중산층을 중심으로 하는 사람들이 가진 사고를 보수라고 하며 중산층 이하의 사람들이 가진 사고를 진보주의적 사고로 규정하였다. 여기에 더해서 보수와 진보를 판단하는 기준은 남북한을 기준으로 친북주의적 사고가 강하게 작용하는 사고는 진보주의적 사고로 규정을 하였으며 민족주의적 사고를 강하게 가지고 있으면 보수주의라고 규정을 하였다. 다시 말하면 붉은 옷을 입은 사람들을 빨갱이라고 하

였다. 따라서 북한을 찬양하고 공산주의 사상을 찬양하는 사람들을 빨갱이에 물든 사람들로 규정하였다. 또한 이들의 사상을 진보주의적 성향의 인물로 규정하였다.

이것은 6.25 사변을 거치면서 우리민족이 동족상잔의 비극을 맛보았으며 남북한 이산가족이 수백만 명이 생기게 되었다. 6.25 전쟁은 남한과 북한이 패권국 미국과 도전 국 러시아의 힘의 대결이 한반도에서 일어난 전쟁인 것이다. 따라서 1950년대 한국은 자유민주주의가 무엇인지 모르며 국민들의 의식수준은 진보와 보수를 구별할 만큼의 의식수준이 성숙한 단계에 들어서지 못하였다. 설상가상으로 신생국 한국의 국민 총생산량을 비롯하여 국민경제 수준은 아프리카 신생국 수준을 벗어나지 못하는 수준 정도였다. 이러한 상황에서 한국인들은 정체성 문제에 있어서도 흔들리고 있었다. 중국과 미국 등 강대국을 존경하고 높이 보는 사대주의 사상과 일본의 식민지로서 일본인들이 가지고 있던 사고 등이 복합된 사고를 바탕으로 하여 이승만 독재에 대해서 판단할 능력이 부족하였다. 이것은 국민들의 의식수준이 진보와 보수를 판가름 할 능력이 부족하였으며 물질적인 기준으로 본다면 한국국민들의 대다수가 중산층 이하의 소득 수준이었다. 이러한 시점에서 통신수단의 미발달로 인해서 국민들의 지역 간의 의사소통이 원활하지 못하였다.

이러한 관점에서 본다면 진보와 보수의 대결구도는 친미적 성향과 친정부적 성향을 가진 사고는 보수주의라고 할 수 있으며 이보다도 더욱 더 중요한 것은 북한에 대해서 반공주의 사상을 확실하게 가지고 있는 사고는 보수주의적 사고라고 할 수 있으며 보수우익이냐 보수중도냐는 반공주의 사상의 정도에 따라서 결정되었다. 보수주의적 성향은 6.25 전쟁에 직접 참여한 군인을 비롯하여 공무원 등을 들 수 있다. 정부에 대해서는 상당수가 경제적으로 윤택한 생활을 누리지 못하였기 때문에 반정부적 성향을 상당히 가지고 있었다. 특히 그 당시 가장 지식인에 속하는 대학생들의 대부분이 진보적 성향의 사고를 가지고 있었다. 이들은 공산주의 사고에 대해서는 확실히 나쁘다거나 옳다는 사고는 가지고 있지 않았지만 이승만 정권을 비롯한 여당의 장기집권에 대해서는 자유민주의가 무엇인지를 인식하고 이해하여 정부에 대해서는 반감을 가지고 있었다.

1950년대 한국은 직업의 종류가 별로 없었다. 그 직업을 보면 학생들을 가르는 초등학교 교사를 비롯하여 중고등 학교의 교사와 그 당시 소수의 사람들만이 대학교육을 받았다. 여기에다 언론인들도 여기에 포함된다. 이러한 대학생을 중심으로 하는 언론인들이 반정부적 사고를 가지고 있는 진보주의자라고 할 수 있다. 반면에 보수주의적 사고를 가진 사람들은 앞에서도 한국 전쟁에서 피해를 본 군인을 비롯한 이산가족과 6.25 당시 북한의 치하에서 시달리던 사람들은 비록 독재정부지만 친정부적이며 반공산주의적 사고를 가진 사람들의 사고를 보수주의자들이라고 할 수 있다. 이들은 또한 친미주의적 사고를 가지고 있다. 왜냐하면 그들은 미국이 한국전에 참전하지 않았더라면 한국은 이미 북한의 김일성 치하에 넘어갔다는 사고를 가지고 있었다. 따라서 이들은 미국에 대해서 은인으로 생각하였다. 미국에 대해서 친미적 사고는 당시 진보주의적 사고를 가진 대학생들 사이에도 어느 정도는 있었다. 이러한 상황에서 진보정당은 존재하기가 힘이 들었다. 야당 역시 국민들의 의식수준이 낮았기 때문에 여당의 시녀에 불과하였다. 1950년대 후반 처음으로 제 3당인 진보정당을 창당한 인물은 이승만 치하에서 농림부 장관으로서 농지개혁을 주도한 죽산 조봉암이었다. 죽산 조봉암을 중심으로 한 그의 추종세력들을 진보주의자라고 할 수 있다.

조봉암은 앞에서 언급한 조선조 말기의 진보주의적 성향을 대표하는 홍경래나 전봉준 및 김옥균과 같은 수준의 진보주의자라고 할 수 있다. 조봉암은 이승만 정권하에서 초대 농림부 장관을 역임하면서 한국의 농지개혁 정책을 성공적으로 수행하여 이승만의 신임을 받았다. 그런데 그 당시 이승만 정권은 미국의 강력한 후견 속에서 사사오입 등 장기집권을 시도하였으며 야당 역시 이승만의 들러리 노릇을 하는 꼭두각시 야당에 불과하였다. 이러한 상황에서 제 3정당을 창당한 조봉암은 현대 한국정치사에서 최초의 진보정당임을 보였다. 그의 남북한 통일정책은 현재의 남북한이 추진해 나가는 평화를 바탕으로 하는 통일정책을 주장하였다. 당시의 이승만 정권의 통일정책은 무조건 전쟁을 통하는 북진통일 정책이었다. 조봉암은 진보당의 대표로서 당시 카리스마를 가지고 있으며 어느 누구도 자신에게 도전하는 사람은 무조건 죽이는 이승만에게 대통령 선거에서 도전장을 내면서 약간의 표차이로 이승만에게 패배하였다. 이정도의 표 차이는 당시 독재정부의 부정선거를 보면 별로 지지 않았다고 할 수 있으며 국민들이 이승만의 장기 집권에 대해서 새로운 인물이 등장하기를 기대하고 있었다.

이승만에게 도전하였다는 죄로 죽산 조봉암과 진보당은 해체되지 않을 수 없었다. 이승만 정권이 진보주의자들을 죽이는 방법은 바로 공산주의로 몰아세우는 방법 뿐이었다. 앞에서도 언급한 것처럼 국민들은 진보주의하면 바로 공산당 즉 빨갱이 물이 든 자들이며 북한 정권과 연계되면서 북한의 간첩들과 연계되어져 있다는 사고를 가지도록 정부에서는 몰아붙였다. 이승만 정부에서 죽산을 공산당 빨갱이로 몰도록 꼬투리를 잡은 이유는 그가 청년시절에 모스크바 대학에서 공부를 하였다는 것을 죄목으로 삼았다. 당시의 진보적 사고를 가진 젊은이들은 누구나 다 공동소유의 재산과 계급 없는 사회에 대해서 관심을 가지고 있었다. 특히 조봉암은 현 인천 강화도의 빈농의 아들로서 어린 시절에 강화군청의 급사노릇을 할 정도로 가난한 집안의 자식이었다. 이러한 조봉암의 진보주의적 사고를 가지도록 만든 것은 주변 환경이 가난한 빈농출신이라는 점이며 이러한 빈농은 당연히 가진 부르조아 출신에 대한 반감을 가진 것은 당연한 사실이다. 죽산의 정치적 진보성향을 공산주의 사상과 연계시켜서 현대 한국 최초의 진보정당의 인사들을 모두 구속시켰으며 국민들 역시 조봉암과 진보정당을 일망타진 시켜야만 한다는 정당성을 인정하였다. 조봉암이 공산주의 분자가 아니라 단지 진보 주자로서 명예회복이 된 것은 최근의 일이다.

1948년 정부가 수립된 이래로 보수주의적 인사가 주도권을 잡고 나가면서 그 당시 정부는 현재와 같이 복잡한 권력구조가 아니라 대통령 일인을 중심으로 하는 권력구조를 형성하였다. 그 당시 미국의 대통령제를 모방하여 신생국 대통령 중심국가에서 대통령은 절대적 권한을 가지고 있었다. 대통령이 자신의 권력을 유지하기 위해서 가장 중요한 것은 군과 경찰이었다. 당시는 군사정부가 아니었기 때문에 경찰이 더욱 더 중요한 위치에 있었다. 그와 마찬가지로 군의 동향 역시 중요하며 경찰과 마찬가지로 조직을 움직이기에 가장 잘 체계가 잡힌 집단이 군이었다. 따라서 이승만 정권은 독재정치를 유지하기 위해서 경찰에 힘을 주었다. 경찰은 내무부 소속이기는 하지만 내무부산하에 치안국을 두었으며 이승만 정부 초기에는 이승만은 자신의 가장 심복을 대통령 직속인 경찰청장에 임명하였다. 자유당 초기에 조병옥 박사나 장택상 같은 정계의 거물들이 경찰청장을 역임한 것을 보면 당시 국가조직을 이끌어 나가는데 경찰이 얼마나 중요한지를 알 수 있다.

당시 일개 치안국장에 불과한 백두산 호랑이라는 별명이 붙은 김종원 치안국장은 날아가는 새도 떨어뜨린다는 무소불위의 권력을 행사하였다. 경찰과 마찬가지로 군을 통제하기 위하고 민간인 사찰을 위해서는 군의 경찰인 지금의 보안사의 전신인 방첩대가 가장 중요한 역할을 하였다. 이승만 정권 당시 방첩대장인 김창룡 소장이 역시 무소불우의 권력을 휘두르다가 부하 군인의 총에 맞아 죽은 사건은 군의 권력의 실상을 단적으로 잘 보여주고 있는 것이다. 국제관계적 차원에서 현대 한국사회에서 나타난 보수와 진보의 대립 양상은 2차대전이 종결되면서 시작되었다. 2차대전 이전에는 먼로주의에 의한 미국의 고립정책으로 인해서 미국은 전면에 나타나지 않고 후면에서만 영향력을 행사하는 실질적인 패권국이었다. 그러나 2차대전 이후 미국은 실질적인 패권국으로 등장하면서 전 세계의 3분의 2는 미국이 주도하는 자유주의 진영에 가담하였다. 반면에 2차대전 이후에 갑자기 미국의 패권주의에 도전 국으로 등장한 구소련 즉 러시아가 전면에 나타났다. 러시아는 미국의 자유주의에 대항하는 공산주의 사상을 바탕으로 전 세계의 3분의 1에 해당하는 국가들을 거느리게 되었다.

미국은 러시아의 미국에 대한 급속한 공격을 막지 않는 경우 러시아에게 패권국의 자리를 양보해야만 하는 급박한 위기에 몰리게 되었다. 미국은 러시아를 막을 목적으로 대 봉쇄정책을 추구하면서 제로 섬 게임의 전략을 기본전략으로 삼았다. 미국이 내세운 제로 섬 게임이란 바로 모 아니면 도로서 공산주의나 자유주의 중에서 한쪽만을 택하도록 전 세계 국가들을 유도해 나갔다. 이러한 미국의 전략을 냉전시대라고 한다. 이러한 냉전시대에 미국은 자국의 편에서는 국가는 2차대전 당시에는 적이더라도 적극적인 지원을 하였다. 일본이 바로 그와 가장 가까운 예라고 할 수 있다. 공산주의 국가를 조금이라도 찬양하는 사람에 대해서는 무조건 공산주의 분자로 몰아서 국가의 애국자가 아닌 적으로 몰아 붙였다. 1945년 2차대전 이후 바로 그 당시에 미국은 전 세계 물자의 절반에 가까운 43퍼센트를 생산하였다. 또한 미국만이 유일하게 핵무기를 보유하는 국가로서 군사적으로나 경제적으로 미국을 따라갈 국가가 없었다.

미국 내에서도 공산주의 분자 색출에 미국의 정보기관인 CIA와 FBI가 열을 올리고 있었다. 미국의 정치인을 비롯하여 주요 인사들 중의 상당수가 공산주의자로 몰려서 사회적으로 낙오자가 되거나 매장되는 수가 허다하였다. 이것은 당시 미국의 상원의원의 이름을 딴 매카시즘이라는 이름으로 매카시즘의 선풍이 1950년대 초 미국사회를 흔들어 놓았다. 미국이 반공주의 사상을 일으킨 원인은 러시아의 도전이 너무도 강하게 작용을 하였기 때문이다. 2차대전 이후 4년 후인 1949년에 미국에 대한 도전국인 러시아가 원자폭탄 실험에 성공을 거두면서 미국에 대한 위협을 가중 화 시켰다. 설상가상으로 자유주의 진영에서 미국의 오른팔 역할을 하던 중국이 모택동에 의한 공산주의 국가로 변신을 하게 되었다. 이러한 와중에서 미국은 러시아의 패권 도전을 막을 방법이 없었다. 미 국무장관 애치슨은 미국이 주요 전략기지로 여기던 한반도를 제외시키겠다는 방침을 발표하면서 1950년 한국동란이 발생하게 되었다. 한국동란은 형식상 남한과 북한의 전쟁이기는 하지만 실질상으로는 패권국 미국과 도전 국 러시아의 힘의 대결장이라고 규정지을 수 있다.

미국에 대 러시아 정책은 당시 미국의 상원 분과 위원장이었던 매카시 상원의원은 미국 내에도 많은 공산주의자들이 있다는 발언을 하였다. 또한 이들 공산주의자들을 색출하여야만 한다는 주장을 하면서 미국 사회를 공포의 도가니로 몰아넣었다. 이것을 매카시즘이라고 부른다. 미국의 매카시즘은 1950년부터 1954년까지 4년간 계속되었다. 미국 내에서 매카시즘에 연루된 인사는 정치인을 비롯하여 원자 폭탄을 만든 오펜하이머를 비롯하여 할리우드 영화배우들의 이름이 거명되었다. 당시 미국에 절대적인 영향권에 있었던 한국도 미국의 매카시즘에 크게 영향을 받았다. 한국동란을 계기로 한국사회는 공산주의 사상을 가진 친북주의자들을 소위 빨갱이로 몰아붙이기 시작하였다. 대부분 친북주의자들의 성향이 보수가 아닌 진보주의적 성향을 가졌기 때문에 진보사상과 공산주의 사상을 동일시하였다. 특히 군 조직에서 당시 이승만 대통령은 자신이 가장 신임하는 김창룡 소장을 방첩대장으로 임명하였다. 이 방첩대는 현재의 보안 사령부에 해당된다. 당시 김창룡을 비롯한 방첩대는 군의 공산주의 색출뿐만 아니라 민간부분의 주요 인사들의 사상 조사도 벌여서 정치적인 집단으로 전락하였다. 특히 김창룡은 군에서 자신과 적대적 감정으로 자신과 좋지 않은 인간관계를 유지하는 인물들을 공산주의자로 몰아 붙여서 잡아 가두어 버렸다.

이러한 김창룡의 마구잡이식 공산주의 색출에 대해서 군 내부에서는 많은 불만들이 있었다. 앞에서도 언급한 것처럼 당시 군부는 군사영어학교 출신에 대부분이 이북 출신들이 군 고위직에서 주류를 이루고 있었기 때문에 대부분 그들은 철저한 반공주의 사상을 가지고 있었다. 이승만 대통령의 힘을 이용한 김창룡의 막무가내식 행동은 결국 당시 육군중장이었던 강문봉 장군의 사주에 의해서 그의 부하인 허태영 대령에 의해서 김창룡은 암살되었다. 김창룡 사건과 6. 25 이후 한국 사회는 반공주의 사상을 가장 중요시 여기게 되었다. 대다수 국민들은 붉은 색만 보아도 싫어하였다. 해방 이후에 한국사회에 두드러지게 나타난 현상은 친미주의냐 친소주의냐의 이분화 현상으로 갈라지게 되었다. 친미주의를 형성하는 사회 계층은 대부분이 기득권층이 여기에 해당된다. 반면에 친러주의를 주장하는 사회 계층을 보면 무산자 계급들이 여기에 해당된다고 할 수 있다. 그러나 이 말은 확실 하지는 않다. 왜냐하면 당시 대부분 최고의 엘리트 지식인들은 공산주의를 창안한 마르크스의 사상에 반해서 친북노선으로 쪽으로 기울이고 있었다. 그런데 문제는 1948년 한국 정부가 수립된 이후 특히 6.25 동란 이후에 나타난 한국인들의 의식구조는 친북 성향을 가진 인물들은 무조건 공산주의자로 몰아 붙여서 사회에서 존속할 수 없도록 하였다.

사실상 1945년 해방이 되면서 남한의 대학 출신 특히 사회학과 출신의 엘리트들이 남한에서 북한으로 올라간 경우가 상당히 많았다. 친북 성향의 인물들은 대부분 진보적 성향을 가진 인물들이었다. 앞에서도 언급한 것처럼 마르크스 사상은 보수 사회에 대해서 영원히 계급이 없고 빈부차이가 없는 누구나 다 잘사는 사회를 만드는 것이 이론적인 차원에서 현실에는 맞지 않지만 논리적인 차원에서는 납득이 가기 때문이다. 이승만 정권은 무조건 미국만을 추종하는 적극적인 순응정책을 추구해 나가는 것에 대해서 반발을 한 사고라고 할 수 있다. 그런데 한국동란으로 인해서 북한에 대해서 피해를 당한 한국 국민들은 공산주의자는 무조건 한국사회에는 존재해서는 안 된다는 생각이 머릿속에 깊숙이 박히게 되었다. 특히 한국은 당시 일본으로부터 해방된 지 얼마 되지 않아서 국민들의 의식 수준이 매우 낮았다. 이러한 국민의식이 낮음을 이용하여 당시 이승만 독재정권은 정치적으로 진보와 보수라는 이념을 이용하였다. 이승만 대통령은 무조건 자신의 정책에 대해서 제동을 걸고 도전하는 인물에 대해서는 공산주의자로 몰아서 처형해 버렸다. 이승만의 독재정치에 불만을 가진 인물들은 대부분 일반 대중들보다는 한발 앞선 사고인 진보적 사고를 가진 인물들이었다.

이승만의 독재정치에 대해서 반기를 들면서 독자노선을 걸어가면서 이승만에 대해서 강력한 정치적 라이벌로 조봉암이 등장하였다. 앞에서도 이미 설명한 것처럼 조봉암은 현재의 우리나라의 민주노동당에 해당하는 무산자 중심의 이념을 바탕으로 하는 진보당을 창당하여 대통령에 출마하여 근소한 차이로 낙선하기는 하였다. 조봉암의 진보주의적 사고는 결국 그를 공산주의자로 몰아 붙여서 사형에 처하였다. 이승만이 그의 정적인 조봉암을 사형에까지 처할 수 있었던 것은 바로 당시 냉전 시대에 한국의 국민들이 가지고 있는 사고를 잘 대변해 주고 있다고 할 수 있다.

조봉암 이후 오래 동안 한국에는 진보주의 정당이 존속하지 못하였다. 그러다가 상당히 오랜 후에 노동자를 대변하는 민주 노동당 등 진보정당이 현재 한국의 정치체제에 등장하여 제도권 진입을 시도하기는 하였지만 상당히 오랜 시간이 걸린 이후에야 제도권에 진입하는데 성공할 수 있었다. 이와 같이 진보적 사고를 바탕으로 하는 정당들이 제도권에 진입하는 데에는 상당한 시간이 걸렸다. 한국에서 진보정당이 제도권에 진입하기는 하였지만 그 정당들이 군소정당으로서 겨우 명맥만을 유지해 나가고 있을 정도이다. 한국에서 진보정당의 역사는 이미 자유당이 집권정당으로 자리를 잡고 있을 당시부터이기 때문에 진보정당의 역사는 매우 오래되었다. 한국은 장면 정권시대의 잠간 동안의 내각책임제 시대를 제외하고는 전부가 대통령 중심제의 형태를 유지해 나왔다. 일반적으로 대통령 중심제 정치 제도 하에서는 여당과 야당의 양당정치제제를 기반으로 하기 때문에 제 3당은 존립하기가 힘이 들었다.

사실상 대통령 중심제의 전형적인 모델인 미국의 대통령제 역시 여당 하나와 야당 하나가 존재 할 뿐 제 3당은 존속하기가 힘이 든다. 그러나 내각제의 경우에는 여당과 야당 이외에 다른 당들이 많이 존재하고 있으며 캐스팅 보트에 의해서 집권당이 될 수 있다. 일본의 경우를 보더라도 여러 개의 정당들이 존립하여 캐스팅 보트에 의해서 집권당도 경우에 따라서는 될 수 있으며 여전히 정당으로서 존립하고 있다. 한국의 정치사를 보면 1945년 해방이 되면서 좌파와 우파의 치열한 대립은 극한 상황으로까지 치달을 정도로 심각하였다. 좌파란 북한의 김일성 정권을 찬양하는 소위 사상적으로는 공산주의적 사상을 기반으로 하는 사고를 의미한다. 반대로 우파란 남한의 이승만 정권을 지지하는 자유민주주의 사상을 신조로 삼는 사고를 가진 사상을 의미한다. 한국에서 의미하는 진보적 사고란 바로 개혁적인 성향을 의미하기는 하지만 이에 앞서서 북한을 두둔하고 공산주의 사상을 지지하는 사고를 가지 사람들을 진보적 사고와 동일시하는 경향이 매우 강하다. 따라서 자유당이 집권여당으로 자리를 잡은 이후에 진보정당은 양지에서는 성장할 수가 없었다.

그 이유는 바로 6.25 사변으로 인한 한국 국민들의 피해가 워낙 컸기 때문이다. 따라서 남한의 국민들은 친북성향의 인사들에 대해서는 좋은 평을 내리지 않았다. 특히 박정희 정권 이후에 나타난 북한의 군사적 도발을 비롯하여 많은 만행들은 진보성향의 인사들은 음지에서만 목소리를 내어 놓아야만하였다. 전두환 정권 이후 군사정권하에서는 군인들의 반공정신을 바탕으로 하여 남북이 대치국면을 그대로 유지해 나가고 있었기 때문에 진보정당 역시 큰 영향력을 행사하지는 못하였다. 그러나 1980년대부터 시작된 급진 세력들의 민주화 운동으로 인해서 진보정당이 음지에서 양지로 나타나기 시작하였다. 특히 노동자를 중심으로 하여 설립된 민주노동당이 정당으로서 면모를 보이기 시작하였다. 1961년 이후 약 30여간 간 계속된 군사정부에서 벗어서 처음으로 문민정부를 탄생시킨 김영삼 문민정부는 삼당 합당이라는 이유를 바탕으로 하여 설립된 정당이었다. 따라서 김영삼 문민정부 역시 문민정부이기는 하지만 확실하게 진보정당으로서가 아니라 보수적 사상을 발판으로 하는 과거의 이승만 정부와 약간의 다른 유형의 정부이가는 하지만 거의 비슷한 유형의 보수성향의 정당이라고 할 수 있다.

이 시기에는 노동자 중심의 진보정당인 민주노동당이 제도권에 이미 진입한 상태에 들어가게 되었다. 또한 본격적으로 대통령 후보자를 낼 정도의 영향력을 행사하는 정당으로 발돋움을 하였다. 그러나 본격적으로 진보적 성향의 정당은 김대중 국민의 정부에서 시작되었다. 김대중 국민의 정부는 김대중 일인의 카리스마와 그의 오랜 투쟁경력을 바탕으로 하여 왔기 때문에 그는 결함이 없는 정치인으로 명목을 내세울 수 있었다. 김영삼과 김대중 양대 인맥이 모두 진보적 성향을 바탕으로 하는 정당이기는 하지만 김영삼 정부는 앞에서도 언급한 것처럼 이미 삼당 합당으로 인해서 어느 정도의 빛이 바랜 상태의 정당이었다. 그러나 김대중 국민의 정부는 초기부터 활짝 핀 백일홍과 같은 청명함을 그대로 유지하였으며 이 기간부터 노무현 정부까지를 실질적인 진보적 성향의 정권이라고 할 수 있다. 이 10년 동안에 사실상 정책적인 면에서 과거의 기존의 정당들과는 다른 정책을 추구해 나갔다. 그중에서도 가장 눈에 띄는 정책은 남북한 간의 대북정책이다. 이미 1972년부터 시작된 남북한 간의 대화를 통한 평화적 통일방안이 추구되기는 하였지만 획기적인 변화를 추구한 대북정책은 이루어지지 못했다.

해방 이후 남한이 추구해 나온 대북정책은 이승만 정권의 북진통일이라는 무력통일 정책을 바탕으로 하는 정책을 추진해 나왔다. 이것은 이승만 개인의 북한에 대한 혐오감을 비롯하여 우리와 동맹관계를 맺고 있는 미국의 대 공산주의 정책에 동반하기 위한 정책이었다. 또한 이승만 개인적으로도 자신의 정권 장악을 위해서는 정적을 제거하고 이미 국민들의 대다수가 6.25라는 한국동란을 경험하였기 때문에 국민들로부터 공감대를 형성하기 위한 가장 좋은 무기가 북진통일 정책으로 북한을 무력으로 통일하겠다는 정치적 전략이었다. 다음에 정권을 인수한 박정희 정권은 북한의 강한 도발행위로 인해서 강한 군사적 자립을 바탕으로 하였다. 동시에 북한을 무력으로 대응하여 통일하는 전략을 자주국방 전략을 추구해 나가기는 하였다. 그러나 1969년 시작된 닉슨의 괌 선언과 미국의 대 중공과의 화해 무드로 인해서 박정희 정권의 대북정책은 상당한 수정을 요하게 되었다. 우선 국내적으로 닉슨의 괌 선언으로 인해서 미군의 단계적 철수 론에 대비해서 우리나라가 스스로 자주국방을 하여야만 하는 문제에 봉착하게 되었다. 이와 맞물려서 한국에서는 핵무기 개발에 대한 연구가 시작되어 이휘소 박사 등 재미 과학자들을 불러서 상의를 하였다. 이러한 국내적으로 어려운 상황 속에서 마침 미국은 대 소련 억제 정책으로서 같은 공산주의 사상을 바탕으로 하면서 소련과 분쟁과 갈등을 겪고 있는 중국을 미국이 끌어 들이면서 남한과 북한도 대화의 창구를 열어서 평화적인 통일을 추구해 나가는 정책을 추진해 나가기 시작하였다.

그러나 박정희 정권의 북한에 대한 정책은 강한 군사력을 바탕으로 하는 무력통일에 기반을 두었다. 전두환 정권 역시 같은 맥락에서 이해하여야만 한다. 그러나 노태우 정권이 들어서면서 마침 소련의 수상 고르바초프의 페레스트로이카로 인한 개방정책으로 인해서 한러 관계는 화해의 관계로 변화되기 시작하면서 남북한 관계 역시 평화적 통일로 변화되기 시작하였다. 김영삼 정부를 거쳐서 김대중 정부의 남북한 관계의 변화는 절대적 이었다. 2000년 6.15 남북공동 평화적 선언을 통해서 남북한 관계는 평화적으로 흘러가는 것처럼 보였다. 특히 김대중 대통령의 포용정책에 의한 한민족 공동체 의식의 강조는 한미동맹을 바탕으로 하는 한미공조의 한미관계와 남북한 관계 양쪽 모두를 중요시 여기는 정책을 추진해 나가면서 한반도에 있어서 긴장감이 극도로 완화되는 것처럼 보였다. 김대중 대통령의 포용정책을 바탕으로 하는 남북한 평화 통일이 이루어지는 가운데 다음 정권인 노무현 정부는 한미동맹 관계보다는 남북한 관계를 더욱 더 중요시 여기면서 한미동맹이 시작된 이래로 한미관계는 극도로 악화되었다. 반면 노무현 참여정부는 북한과의 긴밀한 관계를 유지하는 한민족 공동체 정책을 우선적으로 추구해 나가기 시작하였다.

노무현 대통령의 김정일 주석의 방문을 계기로 남북한 관계는 진일보 더욱 더 발전해 나가는 것처럼 보였다. 그 이후에 등장한 이명박 정부는 강력한 한미동맹을 바탕으로 하는 북한을 국제사회에서 유도하는 정책을 추진하면서 남북한 관계는 다시 냉전의 시대로 돌아가게 되었다. 1980년대 말 러시아의 몰락으로 인해서 냉전시대는 끝이 나기는 하였지만 동북아에서 남북한 분단된 상황에서 냉전시대는 그대로 유지되어 나가고 있으며 러시아의 몰락으로 인해서 러시아와 군사적 동맹관계를 유지해 나오던 북한은 안보적 자립을 목적으로 하여 핵무기 개발에 주력을 두기 시작하였다. 북한이 핵개발에 주력을 두기 시작한 연대는 러시아의 몰락과 동구권 국가들의 붕괴가 시작된 연도인 대개 1990년대 초에 해당된다. 미국의 클린턴 행정부가 들어서면서 북한에 대해서 핵개발 포기를 선언하면서 그 대신 경제적 혜택을 비롯하여 북한을 국제사회에서 끌어내려고 노력을 하기는 하였다. 그러나 클린턴 정부의 북한에 대한 강력한 저지 정책이 아닌 유화정책을 통해서 남한과의 대화보다는 북한과의 직접적인 대화의 창구를 이용하려고 하였다. 따라서 1990년대는 북한의 핵개발 정책에 대해서 미국의 강력한 제재가 없었다. 그러나 2000년대에 들어서면서 2001년의 9.11 테러가 발생하면서 미국은 새로운 군사적 전략을 도입하기 시작하였다. 미국 공화당의 조지 부시 2세 정부는 기존의 붙박이형 군사전략에서 신속한 기동성이 있는 군사적 전략을 도입하였다. 또한 북한의 핵개발에 억제정책을 강력하게 추진해 나가기 시작하였다.

2003년부터 시작된 제 6자 회담에는 북한과 긴밀한 유대관계를 유지하고 있는 중국을 6자회담의 대표로 끌어들이면서 북한을 압박하기 시작하였다. 이러한 부시의 정책에 대해서 부시 정부와 비슷한 시기에 들어선 노무현 정부는 북한의 압박정책에 대해서 코드를 맞추지 않으면서 한미동맹관계는 금이 가기 시작하였다. 노무현 정부는 한미동맹이래로 절대적 순응정책에서 아젠다 형 소극적 순응정책을 추진해 나가면서 한미동맹 보다는 남북한 관계를 더욱 더 중요시 여기는 정책을 추진해 나가기 시작하였다. 한국의 보수와 진보라는 대립 양상에서 가장 큰 비중을 차지하는 부분이 바로 남북한 관계와 한미관계가 가장 큰 비중을 차지하고 있다. 다음으로 경제적인 관점에서 재벌개혁문제, 언론문제, 세금문제 등 단순히 몇 개의 문제에 주력을 두고서 분류되고 있다. 미국을 비롯한 선진국의 경우는 대부분 복지정책과 국민세금문제에 대해서 진보와 보수가 가장 대립되기는 한다. 그리고 안보문제가 미국에서는 큰 비중을 차지하기는 하지만 한국과 같이 보수와 진보가 가장 첨예하게 대립되는 부분이 아니다.

미국에서 가장 첨예하게 대립되는 부분은 국민세금 문제를 가장 중요시 여긴다. 만일 국가 안보를 위해서 방위세를 국민세금으로 올리는 경우에는 국민들은 절대적으로 올리지 못하도록 반대를 한다. 만일 조금이라도 국민 세금을 올리는 경우에는 그 정부는 다음 선거에서 당선이 되지를 못한다. 1991년 걸프전에서 당시 미국 대통령 조지 부시 1세는 전쟁에서는 이겼지만 선거에서는 패배를 하여 대통령의 연임에 실패했다. 그 이유가 바로 전쟁에 들어간 비용을 국민세금 부담으로 돌리려고 하였기 때문이다. 이처럼 미국을 비롯한 선진 국가들의 국민들의 가장 큰 관심은 세금과 복지 문제이다. 그러나 한국의 경우는 보수와 진보가 가장 첨예하게 대립되는 부분은 바로 남북한 관계에 대해서 이다. 남북문제에 대해서 북한과 유화정책을 추진하거나 한미동맹에 있어서 미국에 대해서 반미정책을 추진해 나가는 경우에는 그 정부는 진보적 성향의 좌파정부로 몰아 붙여진다. 가장 대표적인 케이스가 바로 노무현 정부이다. 노무현정부와 김대중 정부가 해방 이후 다른 정부와 다른 정책은 남북통일문제와 한미동맹 문제에서 가장 두드러진 정책을 추진해 나갔다. 따라서 노무현 정부를 좌파 정부로 몰아붙이는 이유가 바로 친북노선의 남북관계와 미국에 대한 반미정책이라기보다는 독립외교 전략을 추구해 나갔기 때문이다.

또한 김대중 정부도 좌파로 간주하는 이유는 북한에 대한 유화 정책을 추진해 나갔기 때문이다. 다행히 김대중 정부가 노무현 정부보다 덜 좌파적 정부로 생각되는 이유는 바로 김대중 정부는 미국과의 관계에서 한미공조 관계를 유지해 나갔기 때문이다. 노무현 정부가 추진한 재벌개혁과 보수언론 길들이기 및 검찰개혁 등의 정책에 대해서도 진보적 성향으로 간주하기는 하지만 이것은 국가정책의 한 방향으로 생각하며 노무현 정부의 부동산 정책이 실패한 것과 같은 차원에서 생각할 정도이다. 가장 노무현을 비롯한 당시 정책 결정자들이 진보적 성향의 인사라고 규정하도록 만든 것은 바로 남북한 관계에서 나타난 친북성향에 대해서 가장 크게 비중을 두고 있는 것이다.

이명박 정부의 북한에 대한 강력한 규제정책에서 이명박을 비롯한 정책 결정자들을 무조건 보수적 성향이라고 단정해 버리는 원인은 바로 이명박 정부가 추진한 남북한 관계와 한미동맹관계에서 보여준 이명박 정부의 성향으로 인해서 보수주의자로 규정해 버리는 것이다. 만일 이명박 정부가 재벌개혁을 비롯하여 모든 정책에서 보수적 성향을 보이면서 단지 남북관계에서만 북한에 대해서 진보적 성향을 보였다면 한국의 국민들은 이명박 정부가 진보적 성향의 정부로 단정 지었을 것이다.

Chapter 12

한국정치혁명을 방해하는 적들 : 극우와 극좌의 이념 전쟁

현재 한국은 경제적으로 세계 10위의 경제 브랜드를 창출하는 경제대국의 문턱에 들어섰다. 일본으로부터 해방된 신생국으로 출발하여 불과 반세기 만에 이정도의 경제대국으로 올라섰다는 것 자체가 높이 평가할 만하다. 이러한 급속한 경제발전의 이면에는 정치적으로 아직까지 후진국의 수준을 면하지 못하고 있다. 한국은 경제발전에 맞추어서 당연히 정치발전을 하여야만 한다. 그러나 한국의 정치수준은 후진국 신생국의 수준에 머무르고 있다. 이것은 바로 한국의 열린사회가 가지고 있는 적들 때문이다. 경제 선진국이면서 정치후진국의 수준을 벗어나지 못하는 원인은 여러 가지의 직간접적인 요소들이 작용을 하고 있기 때문이다. 그 중에서도 기득권 전쟁이 가장 중요한 요소이다.

기득권 전쟁이란 선거에서 승리를 하면 모든 이권에 개입하는 혜택을 얻을 수 있기 때문이다. 중앙 선거인 대통령 선거와 국회의원 선거를 비롯하여 지방 선거인 광역 단체장과 지방 자치 단체장과 지방의원 등의 선거전에서 나타나는 기득권 전쟁은 결국 진보와 보수의 대결을 구실로 하여 좌파와 우파로 분리하여 색깔 논쟁의 패싸움으로 갈라지게 된다. 한국의 이러한 패싸움 논쟁은 앞에서도 언급한 조선 시대의 당파싸움이 시초라고 할 수 있다. 임진왜란에서 처음에 막지 못한 원인도 바로 일본의 동향에 대해서 서로 다른 파들끼리의 파벌 싸움 때문이다. 이후에 한국의 파벌 싸움에서 진보와 보수의 대립을 넘어서 좌파와 우파의 대립이 시작된 것은 바로 해방이 되면서 시작되었다. 해방직후 신탁통치 반대에서 시작된 좌파와 우파의 대립은 극한 상황까지 치달아서 결국 김구를 비롯한 민족주의자들이 암살을 당하는 상황에 이르렀다.

남북이 대립된 상황에서 발생한 이념 대립은 결국 북한을 옹호하는 파들은 대부분 진보적 성향을 가진 사람들이며 이들을 좌파라고 불렀다. 반대로 남한을 옹호하는 파들은 대부분 보수적 성향을 가진 사람들이 모였으며 이들은 대부분 우파라고 불렀다. 그러나 6.25 동란을 계기로 남한에서 북한으로 올라간 사람들의 가족들을 비롯하여 친인척들까지도 좌파사상을 가진 요주의 인물들로 분리하는 정부의 정책으로 인해서 진보적 성향을 가진 사람들은 무조건 좌파의 빨갱이로 몰아붙이면서 정치적으로 진보적 성향의 인물들과 진보적 성향의 정당은 존속하기 불가능하였다. 한국 최초의 진보적 정당이라고 불리는 죽산 조봉암이 만든 진보당은 결국 좌파의 빨갱이 정당으로 몰려서 당수이면서 대통령 후보였던 조봉암이 사형을 당하였다.

이승만 정부 이후 들어선 박정희 정부 역시 북한과의 강력한 대치 관계에 놓여 있었기 때문에 정부에서는 북한을 옹호하는 발언이나 행위에 대해서 강력하게 저지하여 많은 인물들이 사형을 당하거나 옥고를 치러야만하였다. 또한 지금은 누구에게나 읽을 수 있는 마르크스 서적을 비롯한 공산당에 대해서 연구하는 것에 대해서 금지토록 하였다. 이러한 북한에 대한 금기시 사항은 결국 좌파와 우파로 불리는 형태로 발전하였다. 북한에 대해서 절대적으로 나쁘며 북한을 강력하게 응징하는 사고를 가진 사람들을 보수주의자라고 분류해 버리고 있다. 특히 북한을 가장 나쁜 주의 사회라고 생각하는 사람은 극우파라고 생각하고 있다. 반대로 북한에 대해서 비판적인 인물이면서 남북한 관계를 평화적으로 해결하면서 약간의 북한에 대해서 부정적인 호감을 가진 인물들은 보수주의자라고 한다. 그 중에서도 북한에 대해서 적극적 옹호적이며 호의적인 사고를 가진 사람들은 좌파 진보로 분류를 해 버린다.

앞에서도 언급한 것처럼 보수와 진보에서 보수는 기득권을 지키려는 사고이며 진보는 한 단계 더욱 더 발전적인 사고를 가진 것을 진보라고 말한다. 그리고 보수적 사고는 이미 검증을 받은 것을 토대로 하여 행동하기 때문에 안정적이고 덜 위험적이다. 그러나 진보는 아직까지 아무도 가보지 않은 길과 같이 검증을 받지 않은 상태에 있기 때문에 위험성이 있기는 하다. 그러나 역사적으로 볼 때 아직까지 검증되지 않은 길을 감으로 인해서 새로운 발견이 시작되고 인류의 발전을 초래하였다. 그러한 과정에서 많은 희생이 따르기는 하였다. 따라서 보수와 진보 모두가 필요하기는 하기는 하지만 현재 후진국형 정치인 한국의 정치발전을 위해서는 진보적 사고를 가져야만 한다. 우리사회에서 말하는 보수와 진보는 남북관계에다 거의 모든 비중을 두고 있다. 가령 노무현 대통령을 비롯하여 남북관계에서 북한에 대해서 옹호적인 사고를 가지고서 있는 경우에 대부분의 사람들은 그들은 종북파로서 빨갱이로 몰아붙임과 동시에 그들을 극좌파로 단정을 내린다.

현재 우리사회를 망치는 가장 큰 적은 오로지 남북관계를 가장 중요시 여기는 사고를 바탕으로 우파와 좌파로 나눔과 동시에 좌파는 무조건 진보적 성향으로 보고 우파는 보수적 성향으로 물아붙이는 것이 바로 현재 한국사회를 망치는 가장 큰 적이라고 할 수 있다.

여기에 한국사회는 불행하게도 대통령 중심제 사회를 바탕으로 한 정치권력을 형성하고 있다. 대통령 중심제 국가에서 가장 큰 폐단은 바로 승자가 모든 것을 독식한다는 것이다. 이것은 미국사회에서도 대통령 중심제의 폐단을 이야기 하고 있다. 5년 단임 기간 동안 대통령제 하에서는 정권교체가 불가능 하다. 반면에 내각제 하에서는 언제든지 내각이 잘못되는 경우에는 새로운 정권으로 정권교체가 가능하게 된다. 그러나 대통령 중심제 정치체제에서는 한번 대통령에 당선되면 5년 동안 자신이 아주 잘못하여 탄핵을 받는 경우를 제외하고는 정권교체가 불가능 한다. 따라서 대통령의 권한은 막강하며 정치후진국인 한국과 같은 나라에서는 더욱 더 강한 힘을 가지고 있다.

따라서 이권이 가장 큰 대통령선거를 비롯하여 서울 시장 선거 등 큰 선거에는 반드시 우파와 좌파로 나누어서 우파는 보수를 자처하고 좌파는 진보를 자처하는 2개의 파로 갈라져서 서로 고소와 고발을 하면서 선거에서 승리를 하려고 한다. 보수파로 분리되는 사람들의 대부분이 주장하는 것은 남북관계에 대해서 북한을 무력으로 응징하여야만 하며 북한에 대한 강한 반감을 가진 집단이 대표적인 보수 우익 집단이라고 할 수 있다. 반대로 북한에 대해서 호의적이며 북한을 대화를 통해서 남북이 평화적인 통일을 주장하는 집단을 진보적 집단이며 이들을 종북 좌파로 분리를 한다. 크게 이들 두 집단이 가지고 있는 근본적인 목적은 어디에 있는가. 이들이 나타내는 목적은 선거에 지는 경우에 나라가 혼란 속으로 빠진다는 것을 국민들을 통해서 강조하고 있다. 이들은 만일 극우파가 정권을 잡는 경우에는 틀림없이 북한을 막 몰아붙여서 북한이 극한 상황에서 전쟁이라는 극단적인 행동으로 인해서 나라가 엄청난 피해가 속출하게 된다는 기치를 내세우고 있다. 반면에 우파들의 주장은 만일 좌파가 정권을 잡는 경우에는 북한에 끌려 다니면서 북한에게 유리한 방향으로 해 주어서 결국은 남한이 북한의 작전에 넘어가게 되어서 나라는 북한이 통일하는 나라가 된다는 기치를 내세우고 있다.

사실상 보수적 사고를 가진 우파나 진보적 사고를 가진 좌파들의 애국적인 사고의 이면에는 어떠한 사고를 바탕으로 하고 있는가?

진보적 사고인 좌파나 보수적 사고인 우파는 모두가 다 정권 쟁탈에 근본 목적을 두고서 한쪽을 몰아붙이고 있는 것이다. 수많은 보수와 진보의 집단들이 서로 서로 비난을 하고 쫓고 쫓기는 행동을 선거기간 동안에 하는 원인의 근본 목적은 정권 쟁탈의 투쟁인 것이다. 만일 선거에서 이기는 경우 특히 대통령 선거와 같이 큰 전쟁에서 이기는 경우 그들에게 돌아오는 것은 바로 큰 이권인 것이다. 만일 그들에게 선거에서 이긴다고 하더라도 아무런 이해관계가 없다면 그 정도로 우파와 좌파로 나누어서 싸움을 할 것인가. 이 문제에 대해서 우리는 우파와 좌파의 대결이 우리사회를 망치는 가장 큰 적이라는 점에 대한 이해력을 증진시키기 위해서 현재 우리사회의 가장 큰 암적 존재이며 우리사회를 망치는 적들 중에서 가장 심각한 것은 바로 지역이기주의라고 할 수 있다.

지역이기주의를 타파하고 우파와 좌파를 없애기 위해서는 현재의 대통령 중심제에서 내각제로의 전환이 가장 필요적인 요소이다. 지역 할거주의 또는 지역이기주의라고 불리는 지역이기주의를 없애기 위해서는 내각제 정치권력 방법을 택하여야만 한다. 만일 그렇게 하지 않고 대통령 중심제를 그대로 유지하는 경우 보수와 진보의 대립은 극한 상황으로까지 지속적으로 치닫게 될 것이다. 지역이기주의의 발본은 박정희 정권인 제 3공화국에서부터 시작되었다. 영남과 강원 지역과 호남과 충청권 즉 동과 서로 갈라지면서 한국의 지역주의는 시작되었다. 처음에는 어느 쪽이 진보인지 보수인지가 구별되지 않았으나 정권을 잡은 지역이 영남지역이기 때문에 영남인들이 호남인들보다 좀 더 많은 혜택을 보면서 자연히 영남지역을 중심으로 하는 당이 보수당이 되고 혜택을 덜 받은 지역인 호남 지역이 진보적 성향의 정당으로 변화하게 되면서 한국

사회는 지역감정의 대립이 극한 상황으로 몰리게 되었다. 특히 집권당은 인사권을 비롯하여 지역개발 문제에 있어서 영남 우선 중심으로 하는 바람에 선거 때만 되면 영남과 호남의 대결이 치열하게 되었다. 따라서 자연적으로 집권당이 되던 아니면 비 집권당이 되던 한국에서는 무조건 영남지역 중심의 당은 보수당으로서 호남지역 중심의 당은 진보정당으로 뿌리를 내리게 되었다. 이러한 한국의 지역주의 병폐는 작게는 지역주민들이 뽑는 지방의원에서부터 국회의원과 대통령 선거에서는 반드시 지역주의를 바탕으로 한 선거가 기본정책 구도가 되고 말았다.

Chapter 13

민주주의 역사는 혁명을 먹고 자란다

인류의 역사는 마르크스가 주장한 것과 같이 필요에 의한 인간의 작용과 반작용의 노동의 연속이라고 규정하고 있다. 마르크스와 헤겔의 변증법과 연관시켜서 우리는 과거와 현재와 미래의 역사를 규명해 볼 수가 있는 것이다. 인간은 필요에 의한 작용과 반작용의 연속의 과정 속에서 인간은 내면에 존재해 있는 인간 본연의 욕망을 달성하기 위해서 힘에 의한 투쟁을 계속해 나왔다. 인간의 역사를 필요한 목적을 달성하기 위해서 힘에 의한 투쟁을 작용과 반작용과 연관시켜서 생각할 수가 있다. 인간이 자기가 필요로 한 것을 달성하기 위해서 노력을 한 후 목적을 달성한 후에는 그것을 놓치지 않고서 계속해서 현상을 유지해 나가려고 한다. 목적을 달성해서 현상을 유지해 나가려는 계층을 일반적으로 기득권층인 보수세력이라고 부른다. 기득권층은 작용에 의해서 한정된 것을 소유함으로서 일단 목적을 달성하였기 때문에 반드시 그것을 필요로 하는 다른 계층으로부터 반작용을 받게 된다.

반작용을 가하는 계층을 진보라고 한다. 진보는 인간의 내면에 깔려 있는 기득권층이 소유하고 있는 것을 다시 찾으려는 욕망이 잠재해 있는 것이다. 그러나 표면에 나타나는 것은 내면에 잠재해있는 욕망보다는 사회적 개혁과 혁명 등을 통해서 사회의 급진적인 변화를 요구하고 나서는 것이다. 과거 프랑스혁명이나 레닌혁명 등 인류역사의 많은 혁명을 통해서 보수와 진보의 대결구도는 이러한 맥락에서 계속되고 있는 것이다. 미시적인 차원에서는 작은 개인들로 구성된 집단에서부터 거시적인 차원에서는 국제간에서 발생하는 세계전쟁에 이르기까지 우리는 이러한 보수와 진보의 대결구도로 규정할 수가 있는 것이다. 국제관계에서도 독일의 두 차례에 걸친 이차세계 대전은 기존의 보수적인 국제사회를 유지하겠다는 구라파 보수국가와 그 기득권을 뺏어 보겠다는 새로운 진보 층과의 힘의 균형이 깨어진 결과 일어난 세계대전인 것이다.

국내적인 차원에서 보면 프랑스혁명 등 많은 혁명도 통치권이라는 기득권을 쥐고서 그 통치권을 계속해서 유지해 나가겠다는 기득권층과 그 통치권을 다시 양도 받아서 다른 층에 넘기겠다는 피 기득권층간의 갈등에서 일어난 현상인 것이다. 권력구조적인 관점보다도 사회발전적인 차원에서 보면 사회를 점진적인 차원에서 서서히 변화를 추구해 나가자는 사상이 바로 보수적인 사상인 것이다. 반면에 좀 더 급진적인 차원에서 변화를 추구해 나가자는 사상이 진보적인 사상인 것이다. 서양의 역사를 그리스 초기의 역사로부터 현재까지를 단계적으로 분석해 보면 우리는 몇 단계를 거치면서 진화되어 왔다고 할 수 있다. 그리스 초기의 자연주의 사상 시대부터 도시문화국가를 거쳐서 천 년 간 계속된 신 중심 사회의 문화를 거치면서 인간의 역사는 많은 광란의 역사를 거치게 되었다. 계속된 사회를 변화시키는 과정에서 주도적인 역할을 한 사람들이 바로 진보적인 사상가들이다. 진보주의자들은 사회전면에 나서거나 뒷면에서 사회의 변화를 요구하고 나섰다. 사회의 변화를 요구하는 초기의 진보적 사상가들은 누구든지 사회에 대해서 배척을 당했다.

진보적 사상은 이상적인 접근법을 사용하기 때문에 현실적이고 합리적인 대다수의 당시 사회로부터 소외를 당하게 된다. 따라서 그 당대에는 진보의 전도사들은 환영을 못 받았지만 후세의 사회에서 그들의 사상은 빛을 보게 되는 것이다. 인문주의 사회의 복귀인 르네상스 시대를 거치면서 본격적인 민족국가 중심사회를 이루면서 개인의 중요성이 부각되고 인류의 역사는 소용돌이의 역사가 계속되었다. 이러한 소용돌이는 인간사회가 더욱 발전적인 단계를 마련하는 기반을 구축하게 되었다. 진보냐 보수냐를 규정짓는 명백하고 현존하는 사상을 가름하는 척도도 더욱 분명하게 되었다.

인류의 역사는 끊임없이 계속되는 필요에 의한 인류의 작용과 반작용의 연속인 것이다. 이러한 역사 속에서 인류는 끊임없는 갈등을 계속하면서 발전해 나가는 것이다. 거시적으로는 국가와 민족의 패권을 위해서 투쟁을 계속해 나가는가 하면 국내에서 자신의 기득권을 위해서 끊임없는 변화를 추구해 나가고 있다. 사르트르는 인간은 태어나서부터 죽는 날까지 만족스럽게 살지를 못한다고 한다. 인간은 누구나 완벽하지를 못하기 때문에 불만인 것이다. 이러한 인간의 불만은 결국 인류의 역사를 광란의 역사로 만들었다. 불만에서 시작된 인류의 역사는 다른 동물과 다르게 발전의 원동력을 가져오게 되었다. 인간이 다른 동물과 다른 점은 항상 불만족한 상태에서 삶을 유지해 나가는 것이다. 이러한 불만족한 현상은 인간이 다른 동물과 다른 고도의 문화를 창조하게 만든 것이다. 인간은 항상 불만족스럽기 때문에 이상을 지향하고 그 결과 다른 동물과 다르게 개인과 사회를 발전시키는 원동력을 만든 것이다.

역사적인 시각에서 조명해 볼 때 우리 인류의 역사는 진보와 보수의 갈등에서 발전하게 되었다. 보수와 진보는 모두 인간사회의 발전을 위해서 기여하고 있다. 그러나 보수는 보다 합리적인 차원에서 점증적인 변화를 요구하고 있다. 반면 진보는 이상적인 차원에서 급진적인 변화를 요구하고 있는 것이다. 일반적으로 안정된 사회일수록 보수적인 사상이 주류를 이루고 있다.

현재 한국은 보수와 진보가 정치 경제 사회 문화적인 차원에서 크게 대립되고 있다. 글로벌 신자유주의 등장으로 인해서 노동시장의 자유화와 금융시장의 자유화의 현상이 두드러지고 있다. 이러한 글로벌화 현상은 경제적인 관점에서 고용시장의 정규직과 비정규직의 양분화 현상, 정치적인 차원에서 뉴 거버넌스로 인한 정부의 권한의 축소와 NGO 강화 현상으로 인해서 노동조합 등의 사회단체들의 영향력이 지속적으로 강화되고 있다. 여기에 더해서 한국의 경제대국으로 급속한 경제발전으로 인한 국민들의 정치의식 수준의 향상으로 인한 정치발전의 속도의 가속화로 인한 국민들의 정부에 대해서 보다 강한 요구를 하고 있다. 이러한 정치발전의 과도기적 상황에서 한국사회는 보수와 진보라는 명목으로 강한 이분화 현상을 나타내고 있으며 보수와 진보는 강한 갈등현상의 대립으로 치닫고 있다. 갈등은 역사와 사회의 발전을 위해서 필요 불가결한 요소이다. 역사철학자 헤겔은 역사 발전의 필수 요소로서 갈등을 들고 있다. 마르크스 역시 역사 발전을 위해서는 계급간의 갈등을 가장 중요시 여기고 있다. 진보와 보수의 대립과 갈등은 사회발전을 위해서는 필수적 요소이다. 그러나 현재 한국사회에 나타나는 보수는 진정한 보수인가 아니면 단순히 자신이 가진 기득권만을 유지하기 위한 깡통보수인가. 또한 진보 역시 진정한 민족과 국가를 위하는 진보인가 아니면 자신의 영욕과 집단의 이익만을 추구하는 깡통진보인가. 글로벌화 시대에 인류 역사의 발전을 위해서 앞장섰던 선구자들의 사상이 인류의 발전에 얼마나 크게 공헌했는가를 다시 한 번 생각해 보자.

Chapter 14

한국 근·현대 민주주의 발전의 초석이 된 혁명들

민주주의의 역사는 혁명이라는 이름의 진보를 먹고서 성장을 거듭하면서 발전해 내려왔다고 할 수 있다. 이것은 동양사회나 서양사회가 같은 맥락에서 그 기원을 찾을 수 있다. 조선시대의 민주주의는 조선의 건국이념을 수립한 정도전의 정치철학은 백성위주의 정치를 바탕으로 한 조선조의 건국이념을 수립하기는 하였다. 그러나 조선은 백성중심의 정치를 추진해 나가는 과정에서 많은 문제점을 노출했으며 그 대표적인 것은 유교사상과 양반제의 계급주의가 조선의 민주주의를 방해하는 가장 큰 요소로 작용하였다. 조선사회의 정치발전을 가장 저해하는 요소는 사회의 상부구조는 지배계급인 양반과 피지배계인 평민을 바탕으로 하는 철저한 신분제도와 하부구조는 유교문화를 바탕으로 형성되었다. 이러한 양반제도에 의한 계급제도는 후에 더욱 더 철저하게 통제하면서 지배계급과 피지배계급간의 강한 이분화 현상이 조선의 민주주의 발전에 가장 큰 걸림돌로 작용하였다.

조선은 겉으로는 건국의 이념은 정도전이 제창한 민본위 즉 백성위주의 정치를 표방하기는 하였지만 건국정신은 완전히 다른 방향으로 흘러가고 말았다. 초기 조선은 왕권을 강화하기 위해서는 유교를 도입하여 국교로 삼았다. 유교는 춘추전국시대에 만들어서 국가의 안정과 왕을 비롯한 지배계급과 피지배 계급인 백성 들 간의 철저한 신분사회를 형성하여 질서를 유지해 나가기 위해서 이용한 도구라고 할 수 있다. 중국은 수천 년간 유교정신을 바탕으로 한 정치를 실시하여 결국 유교사상으로 인해 중국의 민주주의는 퇴보되고 말았다. 조선조 사회는 과거 고려에서 국교로 여기던 불교대신에 유교를 국교로 하면서 사회 질서의 안정과 철저한 지배계급과 피지배계급간의 갈등을 일으켰다.

일본 역시 도쿠가와 막부가 들어서면서 중국으로부터 유교를 받아들여서 사회의 안정을 추구해 나가기는 하였지만 조선과는 다른 형태로 발전해 나갔으며 일본 역시 조선과 같이 사무라이 계급인 지배계급과 피지배계급인 일반백성으로 분류되기는 하였지만 민주주의적 방식으로 지배계급과 피지배계급 간의 신분상의 차별은 크게 두지 않았다. 단지 일본은 주군과 신하 간의 충성을 철저한 신조로 삼으면서 사회의 안정을 추구해 나갔으며 결국 일본이 동양 삼국 중에서 가장 민주주의가 발달된 국가라고 할 수 있다. 일본이 서양사회의 문물을 가장 성공적으로 받아들일 수 있었던 원인은 바로 동양 삼국 중에서 민주주의가 가장 잘 발달되었기 때문이다.

이미 앞에서도 언급한 것처럼 조선의 민주주의를 방해한 가장 큰 사회 구조는 계급제도와 유교문화라고 할 수 있다. 유교문화의 가장 큰 목적은 사회 안정을 추구해 나가는 과정에서 왕과 백성과의 관계에서 철저한 위계질서를 바탕으로 하였다. 동시에 양반과 평민 간의 관계 역시 사회 안정을 위해서 절대적으로 필요하였다. 이러한 유교문화와 신분제도의 타파가 결국 민주주의로 발전해 나가는 원동력이 되었다. 이러한 사상은 조선조 후반기에 들어오면서 서양의 문물이 중국을 통해서 밀려들어오면서 물꼬를 트기 시작하였다. 조선사회를 통해서 가장 진보적인 사고를 가진 인물은 홍길동전을 쓴 허균이라고 할 수 있다. 앞에서 언급한 것처럼 허균은 공교롭게도 서양에서 근대국가의 탄생을 알리는 종교전쟁이 발생하던 1618년에 당시 기준격의 고발로 인해 사형에 처해진 바로 그해였다.

허균의 사상은 조선을 대표하는 혁명적 진보주의적 사상의 시조라고 할 수 있다. 그는 그의 민주주의 사상을 소설 홍길동전을 통해서 잘 나타내고 있다. 허균의 정치사상은 그가 혁명가로서 개혁에 필요한 제도를 도입시키려고 한곳에서 찾을 수 있다. 우선 그는 스승 이달이 서자출신이라는 점에 대해서 그의 스승으로부터 조선사회가 가지고 있는 문제점을 그의 소설 홍길동전을 통해서 소설의 주인공인 길동이 바로서자 출신이라는 점을 잘 묘사하고 있다. 다음으로 그의 호민론은 호민이 주도가 되어서 원민과 항민이 합세하여 악덕한 무리들을 제거시킨다는 글로서 당시 절대왕정에 대한 도전이라는 혁명적 사상을 드러내고 있다. 이러한 그의 호민론은 절대왕정시대에 왕은 더 이상 백성위에 군림하는 것이 아니라 백성중심의 사회를 만들어야만 한다는 것을 강조하고 있다. 이러한 허균의 사상은 당시 사회에서는 받아들이기 힘든 진보적 사고이기 때문에 그는 역모죄로 몰려서 처형되었다.

허균을 진정한 조선시대의 진보의 시조라고 할 수 있는 이유는 그가 처음으로 계급타파와 왕정에 대한 도전이라고 할 수 있다. 그가 홍길동전과 호민론을 통해서 그 당시 사회가 가지고 있는 모순점을 잘 묘사하고 있으며 이것은 간접적으로 공자사상을 중심으로 하는 사회에 대해서 반기를 들고서 맹자의 역성혁명을 제기하였다고 할 수 있다. 춘추전국시대에 활동했던 공자와 맹자는 둘 다 중국천하를 안정하게 만들려고 공맹사상을 만들었으며 공자의 증손자인 자상이 맹자의 스승으로 이들은 약 1백 년간의 시대적 차이가 있기는 하였다. 공자가 살던 시대를 춘추시대라고 하고 맹자가 살던 시대를 전국시대라고 부르며 맹자가 살던 시대가 더욱 더 험난한 시대였다. 공자는 사회와 가족의 안정을 바탕으로 하는 사고를 가졌으나 맹자는 양혜왕 이야기를 통해서 왕이 잘못하는 경우에는 백성들은 왕에게 혁명하여 왕을 추방할 권리를 가지고 있다는 강력한 혁명적 사상을 가지고 있었다. 공자와 맹자의 민주주의에 관한 사상은 맹자가 공자보다 훨씬 강한 혁명적 민주주의를 주장하고 있다. 이후 중국왕권은 공자의 사상은 더욱 더 발전시켜 나갔으며 맹자의 사상을 점차적으로 없애버리고 말았다.

허균의 사상은 바로 맹자의 역성혁명적인 사상을 바탕으로 하여 왕권에 도전하여 사회를 개혁하려고 하였다. 허균이 가장 중요시 여기는 사상은 유교에 대한 도전이었다. 그는 불교를 권장하고 특히 당시 서양에서 소개된 천주교를 도입하였다. 당시 조선사회에서 천주교는 사회를 전복시키려는 이단교로 취급 받을 정도였다. 천주교는 강력한 혁명적 사상을 가진 종교였다. 천주교는 신과 자신과의 관계를 중요시하여 신에 대한 죄인이자 종으로서 사회정의를 몸소 실천해 나가야만 하는 정신이며 당시 가족주의와 왕권을 신으로부터 부여받았다는 사고에 대한 절대적인 도전이었다. 따라서 기독교는 당시 조선사회에서 가장 중요시 여기는 조상숭배에 대한 도전이며 조상숭배의 일예로서 제사를 없애는 제도로서 사회전체를 부정하는 종교로 여겨졌다. 반면 허균이 재생시키려고 한 종교인 불교는 고려시대의 국교로서 불교는 과격하지는 않지만 자신만의 수양을 통해서 사회의 변혁을 해나가자는 주장이다.

허균이 혁명가로서 당시 조선사회를 변화시키려고 한 것은 그는 당시 서자에 대한 문제를 제기하고 있다. 과거 조선시대 이전에는 서자든 적자를 구별하지 않고 동시에 만일 혈통이 양반집 혈통이라면 고급관리에 등용되었다. 그러나 조선조 시대에 들어서면서 서자에 대한 차별을 시작하였으며 그 원인은 바로 조선을 건국한 이성계의 아들인 이방원이 형제의 난을 일으키고 왕이 되면서 서자에 대한 차별화를 두기 시작하였다. 이방원은 이성계가 그의 두 번째 부인인 첩에 해당되는 강씨 소생의 아들인 방석을 왕으로 추대하는 바람에 방원이 왕이 되면서 서자에 대한 차별을 강화하기 시작하였다. 여기에 더해서 서자에 대한 차별이 본격적으로 시작된 원인은 바로 문무양반제의 관료주의 제도 때문이다. 초기에 조선은 관료의 자리가 남아돌았으나 갈수록 관료의 자리가 한정되어져 있었기 때문에 자리에 대한 경쟁이 심화되면서 적자중심으로 관료를 등용하고 서자들은 사회에서 행세하지 못하도록 하는 풍습으로 변하게 되었다. 조선사회에서 조선 중기부터 발생한 당파싸움의 기원도 관료의 자리가 한정되었기 때문에 서로 자기파의 사람들을 등용하려고 하는 과정에서 모함이 생기고 파가 갈려서 싸우는 결과를 초래하게 되었다.

허균이 쓴 소설 홍길동전은 바로 주인공 길동이 서자출신으로서 다른 섬으로 가서 그곳에서 나라를 세우고 민주주의 정치를 한다는 당시 이상사회를 잘 나타내고 있으며 이것은 바로 저자인 허균의 정치사상이라고 할 수 있다. 이러한 허균의 사상은 후에 나타난 정조의 개혁정치에 적극적으로 반영되어서 정조는 비록 서자 출신이라도 능력만 인정되면 중요한 관직에 등용하였다. 이 당시 허균이 중요시 여긴 것은 민본위 정치라고 할 수 있다. 그의 호민론은 결국 백성이 중심이 되는 백성을 위한 정치의 필요성을 강조하고 있다. 이러한 백성이 중심이 되는 정치를 위해서 가장 필요한 것은 모든 백성들이 평등한 사회제도를 만들어야 했으며 그러기 위해서 필요한 것은 왕권을 약화시키고 동시에 당시 지배계급과 피지배계급으로 나누어져 있던 계급제도를 타파시키는 일이 가장 필요한 개혁이었다. 당시 조선사회는 성종 때에 경국대전을 완성하여 조선을 문무양반을 중심으로 하는 철저한 지배계급과 일반백성인 피지배계급으로 분류하여 놓았다. 이러한 사회의 계급타파와 신분타파는 당시 진보적 사상을 가진 허균의 사상은 인정을 받지 못하고 결국 허균은 역모 죄로 처형을 당하고 말았다. 그러나 허균의 진보적 사상은 후에 조선의 백성들이 민주주의의 기본인 평등주의 의식혁명을 일으키는데 초석을 마련하였다고 할 수 있으며 허균은 현대 민주주의의 선구자라고 할 수 있다.

허균보다 비슷한 세대이기는 하지만 약간 위세대인 진보주의적 성향의 인물로 정여립을 들 수 있다. 정여립은 전주지역 출신으로 초기에는 선조의 신임을 얻었으나 당쟁에 몰려서 이이 등의 서인파에게 따돌림을 당하면서 서인들의 고발로 인해서 선조의 미움을 싸고 관직에서 물러났다. 그리고 고향인 전주에 머물면서 그 지방 사람들로부터 상당한 신임을 얻었으며, 전주를 중심으로 한 그 지역 사람들의 친목계인 대동계를 만들어서 한때 그 세력이 대단하였으며, 군대를 조직하여 당시 전라도 지역의 해변에 나타난 왜구의 해적들을 정부가 소탕시킬 힘이 없자, 정부는 정여립의 사조직인 대동계의 군대의 힘을 빌려서 왜구를 쫓아내는데 성공하였다. 이처럼 정여립의 힘이 강해지자 그는 황해도를 중심으로 한 군사력을 증강시키고 군사훈련까지 하면서 사조직을 강화시켜 나갔다. 이 당시 백성들 사이에 이상한 괴담이 돌면서 민심이 흉흉해지기 시작하였다. 백성들은 정감록이라는 소문이 전국적으로 퍼져나갔으며 이씨 조선이 망하고 정씨가 왕이 된다는 정감록의 소문이 흘러 나왔다.

동시에 정씨가 조선의 이씨 왕가를 넘어뜨리고 새로운 왕으로 탄생하는데 그 왕이 지금 황해도 구월산 깊은 곳에서 때를 기다리고 있다는 것이다. 사실상 정여립은 당시 황해도 구월산에서 군사들을 훈련하고 있었으며 정씨가 왕이 된다는 정감록의 책은 누가 썼는지는 저가가 미상이기는 하지만 아마 정여립이 스스로 왕이 되기 위해서 만든 책으로 알려지게 되었다. 특히 황해도 구월산에서 도를 닦고서 당시 어지러운 나라를 구제하고 일으킨다는 백성들의 소문에 당시 조정은 바짝 긴장하여 그 책임자를 조사 하던 중 정여립이 반란을 일으킬 준비를 하고 있다는 기밀이 사전에 누설되면서 조정에서는 정여립을 잡으려고 하자 정여립은 도망가다 자살하고 말았다.

정여립 사건의 발단은 선조 당시 조선왕조가 아직까지 완전한 뿌리를 내리지 못하고 있으며 철저한 계급제도를 바탕으로 양반인 탐관오리들이 백성들을 탄압하는 민심에 대해서 조정이 당파싸움으로 민심을 헤아리지 못하면서 발생한 사건이라고 할 수 있다. 정여립은 이러한 백성들의 민심과 당파싸움으로 인해 국력이 약화되었다는 것을 알고서 민심을 동요시킴과 동시에 사병을 동원하여 민심을 얻어서 조선왕조를 전복시킬 준비를 한 것이다. 정여립 사건은 단순한 개인적인 야망에서 나온 사건이라기보다는 당시 위정자들의 횡포와 양반계급에 대한 불만을 잘 보여주고 있으며 정여립 역시 위험을 무릅쓰고 불의에 도전한 민주주의적 진보주의자임에 틀림없다고 할 수 있다. 정여립 모반사건은 허균과 함께 위정자들이 정치적으로 일으킨 사건이기 때문에 이것을 위로부터의 혁명이라고 할 수 있다.

조선시대는 후기로 접어들면서 점차적으로 백성들의 민주주의에 대한 의식사고가 높아지면서 위정들에 대한 불만이 고조되기 시작하였다. 앞에서 언급한 조선초기의 조정에 대한 불만은 대부분 위에 있는 사람들의 불만에서 일어났지만 이제는 서서히 위에서 아래의 민중으로 전파되기 시작하였다. 앞에서도 이미 언급하였듯이 조선중기에 국정운영에 불만을 품고 일어난 사건은 선조 때의 정여립 사건과 인조 때의 이괄의 난 등이 있기는 하지만 이것은 위로부터의 혁명이라고 할 수 있다. 이것은 권력상층의 지도부에 대해서 불만을 품은 사람들이 일으킨 사건이다. 그러나 조선후기로 넘어오면서 조선은 점차적으로 대외적으로 외세의 바람과 국내 자국의 문제가 불거지면서 민중들의 왕권에 대한 불만이 커지기 시작하였다. 숙종조를 지나서 영정조를 거치면서 외적으로는 실학이 민중들 사이를 파고들기 시작하였다. 중국을 통해서 들어온 실학 즉 실사구시의 학문이 기존의 정통유교인 성리학과 충돌하면서 성리학은 하나의 탁상공론에 불과하며 서양에서 추구하는 계몽주의에 상당한 영향을 받았다.

서양에서도 중세가 끝나면서 오직 신에게만 의존하는 교부철학 등은 단순한 탁상공론으로 여기고 실증주의적 방법인 과학과 기술의 제일주의인 계몽주의 시대로 접어들면서 서양은 급속하게 과학과 기술이 발달하면서 산업혁명이 일어나기 시작한 것이다. 계몽주의란 불을 밝힌다는 것을 의미하며 조선의 성리학은 바로 기독교 교리에만 의존하는 서양의 교부철학에 불과하며 실생활과 관련된 학문을 연구하자는 사고가 진보주의적 사고를 가진 학자들 사이에 팽배해지기 시작하였다. 이러한 진보주의적 사고를 가진 학자들은 대부분 권력에서 밀려난 학자들로서 다산 정약용이 그 대표적인 인물이다. 여기에 더해서 정조 역시 진보주의적 사고를 가진 인물로서 누구보다도 실학에 관심을 가지고 실학파들을 중용하였다. 이처럼 국내외적으로 서양문물이 흘러들어오면서 조선후기 사회는 민주적 진보에 대한 새로운 바람이 불기 시작하였다.

홍경래 혁명

이러한 시기에 조선후기에 가장 먼저 일어난 밑으로부터의 혁명은 바로 순조 11년 즉 1811년에 일어난 홍경래 난을 들 수 있다. 홍경래난은 조선후기에 민중이 일으킨 조선 역사상 가장 큰 난으로 프랑스혁명에 비유될 만큼 큰 혁명이었다. 프랑스혁명은 홍경래 난과 비슷한 시기인 1789년에 일어난 시민혁명으로 유럽전체를 흔들었으며 인류를 당시 암흑과 같은 자유주의로 가는데 횃불을 밝혔다. 이와 비슷한 시기에 일어난 홍경래 난은 후에 일어난 전봉준의 동학혁명과 함께 조선이 자유주의로 향하는 지름길을 만들어 주었다. 그러면 홍경래 난이 왜 일어났는가에 대한 대내외적인 요소들이 무엇인가?

홍경래는 1778년 평안남도 용강에서 몰락한 양반인 남양 홍씨 집안에서 출생하였다. 개인적으로는 어릴 적 꿈은 과거를 보아서 중앙무대에서 국정을 운영하여 당시 부패한 조선을 다시 일으켜보려는 야망을 가지고 있었으며 그의 외삼촌인 유 초시에게 사적으로 글을 배웠다. 그는 어릴 적부터 연나라 황태자의 명을 받고 진시황을 암살하려고한 형가의 시를 열심히 읊었다는 말이 있을 정도로 당시 조선의 조정에 대한 불만을 가지고 있었다.

홍경래는 과거의 가장 기본시험인 초시에는 합격을 하였으나 본시에는 불합격을 하였다. 조선의 과거제도는 우선 각 지방에서 초시를 봐서 거기서 합격한 사람들이 서울의 본고사장으로 올라온다. 당시 등용문인 과거제도는 형식상의 과거 일뿐 실질적으로는 전부가 서울의 양반집 자녀들이 독식을 하였다. 홍경래가 당시 서울로 올라와서 본 과거장은 전부가 다 서울의 권문세가 자제들이 미리 과거 시험문제를 빼돌려서 시험장에서 외우고 있을 정도로 부정부패가 심하였다고 한다. 당시 정국은 안동김씨 세력이 판을 치고 있었으며 나라는 혼란의 도가니 속으로 빠져들어가고 있었다. 서울의 과거시험에서 낙방한 홍경래는 중앙정부에 진출할 기회를 잃어버리고 말았다. 그는 단순히 농사나 지을 인물은 아니었으며 단지 할 수 있는 일은 혁명을 일으켜서 나라를 바로잡겠다는 야망을 가지고서 동지들을 포섭하였다. 그는 그의 고향인 평안도를 중심으로 당시 사회에 불만을 품은 인물들을 10여 년 동안 포섭하는데 노력을 하였다. 그리고 홍경래 스스로 뛰어난 문장력과 검술실력을 가지고 있었다. 홍경래가 혁명을 위해서 모은 동지들을 보면 대부분 사회에 불만을 가진 세력들로 구성되어 있으며 우선 재력가로서 홍경래에게 혁명을 일으키는데 경제적 지원을 한 이희저를 들 수 있다.

이희저는 조선사회에서 양반계급에 속하지 못하는 아전인 경주인 출신으로 경주인이란 소위 중인인 아전으로 양반 축에 못 드는 계급으로 지방에서 중앙으로 올라오는 물건을 관리하는 관리들을 경저리 혹은 경주인이라고 불렀다. 당시 경주인들이 할 수 있는 일은 자신의 일로부터 배운 지식은 국가의 경제사정을 잘 알고 동시에 조선시대의 경저리들은 대부분 중국말을 잘하였다. 그 이유는 청나라 무역상들이 많이 배를 타고 조선과 무역을 하였다. 경주인 출신인 이희저는 당시 압록강을 넘어서 중국을 오가면서 인삼 및 약초 등의 무역을 하여 평안도 일대의 최고의 부가가 되었다. 이희저는 상인으로서는 재력은 있지만 당시 권력을 쥐고 있던 군수 등 탐관오리 등의 횡포에 자신이 소유하던 재산과 자신이 아끼던 애첩을 군수에게 빼앗기고 사회와 탐관오리들에 대한 불만을 품고서 복수의 칼을 갈고 있었다. 특히 이희저는 자신의 애첩이 당시 고을 군수가 강제로 끌고 가서 관기로 만들어서 군수의 첩으로 만들어 버리는 것에 대해서 복수의 칼을 갈고 있었다. 당시 애첩의 이름은 연홍으로서 이희저가 홍경래 난에 가담한 가장 큰 원인으로 들고 있다.

다음으로 홍경래가 포섭한 인물은 우군칙을 들 수 있다. 홍경래난을 일으키는데 홍경래의 오른쪽 팔 역할을 한 인물이 재력가인 이희저라면 왼쪽 수족 역할을 한 인물은 우군칙을 들 수 있다. 우군칙은 홍경래에게 난을 일으키는데 참모로서 전략을 제공한 인물이다. 우군칙은 중국 삼국시대의 제갈공명에 견줄 만큼의 뛰어난 책략가였다. 그는 어릴 적부터 남달리 재주가 있었으나 서자출신으로 당시 서자출신이 중앙무대에 진출하는 것이 불가능한 사회에 대한 불만으로 가득 차 있었다. 그는 어려서부터 전국 방방곡곡을 돌아다니며 당시 사람들에게 묫자리를 잡아주는 풍수일을 하였으며 조선팔도의 지형을 훤하게 꿰뚫어보고 있었으며 누구집의 조상들의 묘가 어디에 있다는 것을 훤하게 알고 있었다. 동시에 어느 마을의 민심은 어떠하며 어떤 마을에는 무슨 일 일어났는지를 훤하게 알고 있었다, 우군칙은 홍경래가 과거에 불철주야 공부를 하였음에도 불구하고 그가 과거에 낙방한 것에 대해서 불만으로 차있다는 것을 알고 있었다.

홍경래는 과거에 낙방 이후부터 국가를 전복시키려고 10년간 전국방방공곡을 돌아다니면서 전국의 지형과 민심을 살펴서 때를 보아서 거사를 일으키기로 작정을 하였다. 홍경래의 거사는 이미 사전에 중앙과 지방을 오가면서 계획을 하였다. 홍경래가 중앙의 당시 영의정인 채제공의 추천으로 중앙의 물건을 관리하는 양반이 아닌 중인인 경주인을 하였다는 기록이 있다. 몰락한 양반이기는 하지만 당시 신분사회에서 양반이 중인신분인 경주인을 하였다는 것은 홍경래가 중앙의 재물을 훔쳐서 난을 일으키는데 사용할 목적으로 경주인을 하였다고 할 수 있다. 이처럼 홍경래는 거사를 일으키기 위해서 중앙의 인물을 비롯하여 지역의 인물들을 포섭하였다. 홍경래가 포섭한 인물은 조선사에서 가장 명재상인 영의정 출신의 채제공을 비롯하여 역사적으로 유명한 암행어사 박문수의 종손자인 박종일을 비롯하여 중앙과 지방을 연결하여 혁명을 일으키고자하였다.

홍경래는 혁명을 일으키기 위해서 사전에 철저한 준비를 하였다. 그는 혁명에 필요한 조건은 재물과 지략과 민심을 들고 있었다. 홍경래가 일으킨 혁명은 단순히 그가 과거시험에 낙방 거사하여 더 이상 중앙무대에 진출하여 권문세가로서 자신의 입신출세를 지향한 것에 좌절과 분노로서 일으킨 혁명은 아니라고 본다. 그보다도 홍경래 난은 당시 국정이 김조순을 비롯한 안동 김씨와 풍양 조씨 등 외척들의 손에 놀아난다는 것과 동시에 백성들의 민심은 전혀 생각하지 않고 백성들의 원성이 점차적으로 커져만 가고 있는 상황에서 홍경래는 자신의 좌절된 것에 대한 분노와 백성들의 민심을 내세워 혁명을 시도한 것이다. 특히 조선조는 평안도와 함경도 사람들 특히 서북인들에 대한 차별이 매우 심하였다. 평안도 사람들을 평치라고 불렀으며 함경도 사람들을 함치라고 불렀다. 이들은 과거와 같은 등용문을 통해서 중앙무대에 진출하여 출세하는 길이 다른 지역주민들에 비해서 매우 힘들었다.

조선조에 들어서면서 함경도와 평안도 사람들에 대한 등용을 꺼린 원인은 조선을 건국한 이성계가 함경도 사람으로서 그들은 대부분 성격이 급하고 불의를 보면 참지 못하는 불같이 급한 성격으로 다른 지역 사람들보다 성격이 괄괄하여 불만을 즉석에서 분출하였다. 대부분 그들을 등용하는 경우에 반기를 들것을 두려워하며 등용을 하지 않았다. 홍경래는 조선조의 이북인 들에 대한 차별을 내세워 혁명을 일으킬 준비를 하였다. 따라서 홍경래가 혁명을 일으키기에 가장 필요한 요소는 백성들의 민심과 혁명에 필요한 인력과 인력을 관리하는데 필요한 자금이었다. 그는 과거에 낙방한 후에 혁명의 거사를 일으키기 위해서 10여 년 간 준비를 하였다. 홍경래가 포섭한 인물들은 전부가 다 당시 사회에 대해서 불만을 품은 사람들로서 앞에서 언급한 이희저와 우군칙을 필두로 하여 김사용, 김창시, 홍총각, 마적괴수 정시수 및 압록강 주변의 포수를 비롯하여 서울의 몰락한 양반 등 다양한 계층의 인물들을 포섭하였다.

홍경래 개인적인 인물 됨됨이를 보면 그가 만일 과거에 합격하여 중앙에 진출하는 기회가 주어졌더라면 역사에 나오는 큰 인물이 되었을 것이 틀림없었다. 그는 사실상 당시 조선조에서는 그 만큼 큰 인물은 없을 만큼 정의감과 실력과 능력을 갖춘 인물이었다. 혁명의 명분은 평안도 사람들에 대한 차별에 대한 반감으로 홍경래 스스로 평서대원수라고 명명하여 당시 사회에 불만을 품고 있던 빈농들을 평안도 금광을 채굴한다는 명목으로 포섭하여 무력 혁명을 일으켰다. 홍경래는 가뭄과 흉년으로 민심이 흉흉한 틈을 이용하여 혁명을 일으켰다. 혁명을 일으킨지 불과 며칠 내에 평안도 일대의 8개 고을이 홍경래군에 넘어갔으며 가장 큰 성인 정주성을 근거지로 관군과 대치하였다. 그러나 관군이 준비를 하여 반격하는 바람에 서울로 진군하는 전투에서 패하자 가장 강하고 튼튼한 요새인 정주성에서 3개월 버티다 결국 관군이 지하의 땅굴을 파서 화약을 넣어서 성을 폭파하면서 홍경래 혁명은 실패하고 말았다.

조선 후기 일어난 홍경래난은 다음에 일어나는 동학혁명과 갑신정변이 일어나는 징검다리 역할을 하였다. 홍경래난이 일어난 원인은 그 보다 약간 앞선 시기에 일어난 유럽의 프랑스혁명과 간접적인 연결고리를 가지고 있다고 할 수 있으며 이미 서구의 실학이 서양의 선교사들이 중국을 통해서 전파되어 대중 속에는 상당히 민주주의에 대한 국민들의 의식이 성숙되기 시작하였다. 왕의 절대적 권력에 대한 백성들이 서서히 부정하기 시작하였으며 동시에 양반계급에 대한 부정과 함께 백성평등론이 부각되기 시작하였다. 홍경래난 이후에 각종 진주 농민의 난등 많은 농민들의 난이 끊이지 않고 일어났으며 홍경래를 자처하는 사람들이 많이 생기게 되었으며 홍경래는 백성들의 마음속에 살아있었으며 특히 평안도 다복골에서 일어난 난을 평안도 백성들은 무슨 일을 일으킬 때는 다복동의 홍경래 난을 습관적으로 설명하였다. 중앙정부는 홍경래 난 진압으로 인해서 많은 비용과 함께 조정의 세력이 약화되면서 다음에 나타난 철종과 고종은 서세동점의 외세 앞에서 민주주의를 위한 개혁을 일본처럼 성공시키지 못하는 결과를 초래하였다.

동학혁명

홍경래 난과 함께 밑으로부터 민주주의 발전을 향해서 전봉준이 중심이 되어서 일어난 혁명이 동학혁명이라 할 수 있다. 동학혁명이라고 부르는 이유는 전봉준을 중심으로 하여 혁명을 주도한 인물들이 대부분 동학교인들이기 때문이다. 그러면 동학혁명을 왜 동학교인들이 주도하였는가. 조선은 홍경래의 난 이후 민심이 흉흉하기 시작하였으며 조선은 헌종과 철종을 거쳐서 고종에 이르면서 국가는 더욱 더 외척들의 손에서 놀아났다. 특히 철종은 강화도령으로서 선조들이 강화로 귀향 가서 그곳에서 교육을 제대로 받지 못한 일자 무식쟁이였다. 그런 그를 왕으로 추대한 이유는 왕을 허수아비로 세워놓고 주변의 외척들이 실권을 쥐고서 행세하겠다는 의도였다. 이처럼 왕권이 주변의 사람들에 의해서 놀아나면서 백성들의 민심은 더욱더 나빠져 갔다. 여기에 더해서 서양의 문물이 급속하게 들어오면서 서양문화를 선호하고 우리 고유의 문화에 대해서는 무시하는 추세로 변하고 있었다. 이러한 서구문화의 급속한 전파에 대한 제동 장치로서 나타난 것이 바로 동학이라고 할 수 있다.

동학은 서학이 바탕으로 하는 기독문화에 대한 반발에서 유교와 불교와 선교인 동양의 교들을 하나로 합쳐서 만든 종교로서 경주사람 최제우에 의해서 만들어졌다. 서학의 발판인 천주교가 하느님을 정점으로 하여 인간은 하느님으로부터 죄를 지어서 버림을 받은 하느님의 종으로 하느님과 인간과의 관계를 주인과 종의 관계를 형성하는데 대한 반발이라고 할 수 있다. 서학의 중심은 동양 유교문화권에서 가장 중요시 여기는 조상 숭배에 대한 거부에서 시작되기 때문에 사회전체의 기반이 흔들리고 붕괴될 수 있다는 위기감에서 나온 종교가 바로 동학이라고 할 수 있다.

동학은 서학이 신중심의 종교인데 반해서 동학은 인간이 주체가 되는 즉 사람이 곧 하늘이라는 인내천 사상을 기반으로 하고 있다. 인간이 곧 하늘이다. 라는 말은 천주교 사상에 대한 반발로서 동양으로 말하면 서양의 르네상스라고 할 수 있다. 서양이 천 년간 계속된 기독문화에 대해서 인간은 단지 신에 종속되어서 자신의 존재를 잃어버리는 사회가 약 1천 년간 계속되었으며 여기에 대한 반발로서 일어난 것이 바로 르네상스 즉 인간 본연의 자세를 다시 찾자는 운동이라고 할 수 있다. 인간이 인간의 존재를 상실한 역사에서 벗어나서 인간 본연의 자세로 돌아가자는 것이 르네상스라면 동학 역시 조선 고유의 역사를 찾음과 동시에 서구문화에 대한 배척주의 사상이라고 할 수 있으며 우리 민족의 정체성을 찾자는 사상이다.

인간이 곧 하늘이다. 라는 사상은 인간은 평등하다는 것을 의미하며 민주주의의 기본을 제시하고 있다. 인간이 인간 본연으로서 남녀노소를 불문하고 평등하며 사회의 계급을 부인한다는 것을 의미한다. 이러한 동학을 바탕으로 하여 혁명을 주도한 인물은 전라도 고부의 농민이자 동학의 접주인 전봉준이다. 1894년에 일어난 혁명이 동학혁명인가 아니면 단순한 농민혁명인가로 분리하여 생각할 수 있다. 전봉준을 중심으로 하여 혁명을 주도한 세력은 분명히 동학교주들이기는 하지만 실지로 동학혁명에 참가한 사람들의 직업이 농민들이었다는 점에서 농민혁명이라고 명명할 수 있기 때문에 일반적으로 동학과 농민을 합쳐서 동학농민혁명이라고 부른다. 만일에 동학교주들의 체계적인 조직력이 없었다면 혁명은 일어날 수 없었으며 동시에 조직을 움직이는데 필요한 힘인 농민들의 힘이 없었다면 동학혁명은 일어나지 않았을 것이다. 당시 혁명을 일으킬 수 있었던 사상은 결국 민주주의를 바탕으로 한 자유주의에 대한 농민들의 의식수준의 향상이라고 할 수 있다. 만일 농민들의 의식수준이 향상되지 못하였더라면 동학혁명은 일어나지 않았을 것이다.

혁명의 시작은 동서고금을 막론하고 위정자들의 백성들에 대한 폭정으로부터 시작되었다. 그중에서도 가장 중요한 것은 정부의 백성들에 대한 세금을 과하게 부과하는 문제에서 혁명은 시작되었다. 만일 위정자들이 국민들에게 무리하게 세금을 부과하지 않는다면 혁명의 발생은 불가능하다. 동학혁명의 발단은 홍경래 난과 같이 홍경래를 비롯하여 몇몇 혁명의 핵심 지도자들의 개인적인 불만에서 발생한 것이 아니라 당시 모든 지역의 백성들이 지배층에 대한 불만에서 표출된 밑으로부터의 혁명인 것이다. 세계 3대 혁명인 프랑스혁명을 비롯하여 미국혁명과 영국의 명예혁명은 국민에게 세금을 과도하게 부과하여 징수하는 과정에서 발생하게 된 것이다. 고전 혁명론의 저서인 크레인 브린튼 혁명의 해부에서 혁명은 국가의 재정적자에서 시작된다라고 말하고 있다. 사실상 국가가 재정적자에서 시달리면서 국민들에게 세금을 올리면서 혁명은 시작된다고 할 수 있다. 1894년에 일어난 동학혁명은 전형적인 세금문제에서 불거진 사건이라고 할 수 있다. 고종의 중앙정부는 지방의 하급관리들을 제대로 관리하는 통솔력을 상실하기 시작한 상태에 있었다. 고부 군수 조병갑의 백성에 대한 횡포는 심각한 수준에 이르렀고 백성들은 조병갑의 폭정에 시달리면서 참아나가기는 했으나 결국 세금문제가 터지면서 민중 봉기가 시작되었다.

민중봉기는 조직을 움직일 수 있는 체계적인 조직이 필요하였으며 그 역할을 한 것이 바로 동학이라는 종교단체였다. 전봉준을 중심으로 한 종교단체는 민중 봉기를 주도하여 정부군에 대항할 수 있는 조직력을 갖춘 봉기군으로 만들 수 있었다. 결국 강한 힘을 가진 동학군은 정부군과의 전투에서 정부군을 무찌르고 북상하였다. 그러면 동학혁명이 일어나게 된 근본적인 배경과 요인은 무엇이라고 할 수 있는가. 1811년에 일어난 홍경래 난과 비교하여 국제정세는 서양 열강 국들의 신제국주의 정책으로 인해서 동양에 대한 문호를 개방하려는 경쟁이 지속적으로 일어나고 있었다. 신제국주의 정책은 필리핀을 비롯한 동남아시아와 중국과 한국의 동양국가들을 식민지화하는 전략을 목적으로 무역에 의한 문호개방의 통상조약 체결을 우선적으로 강요하였다. 미국과 영국과 프랑스와 독일 국가들은 통상을 조건으로 군함을 몰고서 문호개방을 요구하였다. 조선은 서양강대국들의 통상조약 요구에 전쟁을 치르면서 까지 개방의 압력을 막기는 하였지만 1882년 인천 제물포에서 미국과 처음으로 한미 통상수호조약을 체결하지 않을 수 없었으며 이후 서양강대국들의 상품이 국내에 들어오면서 농민들의 경제적 압박이 가중되기 시작하였다.

이러한 상업의 발달로 인해서 대부분의 백성들은 서세에 대한 불만과 함께 서양문물 침입을 주도하는 실사구시라는 서학에 대한 반발로서 우리 고유의 전통을 지키려는 동학이 크게 백성들 사이에 빠른 속도로 파고들기 시작하였다. 서양문화의 급속한 전파는 인권문제에 있어서 양반

제등을 비롯한 사회 계급 제에 대한 불만이 고조되기 시작하였다. 더욱이 이러한 사회모순인 계급제와 노비제 등을 주도하는 곳이 국가기관이라는 것을 알고는 국가에 대한 불신이 일기 시작하면서 백성들은 결국 국가에 대한 혁명을 일으키게 된 것이다. 홍경래 난과 전봉준의 동학혁명의 차이점은 동학혁명은 국민들의 민주주의가 필요로 하는 평등의식이 고조되어져 있는 단계에 이미 도달하여 혁명이 불가피하게 발생하게 되었으며 백성들이 혁명을 일으키도록 만드는 것은 그중에서 지식층에 속하는 동학교주들이었다고 할 수 있다. 전봉준의 동학교도들의 체계적인 움직임으로 인해서 성공적인 혁명이 이루어 졌으며 조선은 더욱 더 빨리 민주주의가 이루어졌을 것이다. 만일 동학혁명에 일본군과 청국군이 개입을 하지 않았더라면 어떠한 결과가 발생하였을까?

청군과 일본군이 개입하지 않았더라면 동학혁명은 성공을 거두었을 것이며 조선조는 몰락하고 그 대신 농민에 의한 신정부가 수립될 가능성이 있었다. 그러나 이러한 급변한 혁명에서 발생하는 국가의 혼란을 감안하면 그동안 조선 사회를 유지해 온 양반계급을 비롯한 사회 지배계급의 반발로 인해서 나라는 다시 새로운 세력을 가진 지배계급이 권력을 장악하였을 것이다. 그 결과 민주주의의 발전 속도는 보다 빨라졌을 것이다.

동학혁명으로 인해서 조선 정부는 청군의 도움을 요청했으며 이에 대비해서 조선에서 이권을 챙기면서 청국을 견제한 일본이 군대를 파견하여 동학군과의 전투를 벌이면서 결국 동학군은 신식무기를 가진 일본군에게 패하고 말았으며, 정부군들은 전봉준 등 혁명의 지도자들을 체포하여 서울로 압송하여 교수형에 처하였다. 문제는 동학혁명으로 인해서 국내적으로 새로운 사회개혁이 일어났으며, 외적으로는 수천 년간 한중일 삼국 간의 질서가 붕괴되기 시작했다는 관점에서 동학혁명은 조선 혁명사에서 가장 큰 혁명이라고 할 수 있다. 우선 동학혁명으로 인해서 청국과 일본이 청일전쟁을 일으켜서, 일본이 승리를 하면서 수천 년간 동양 삼국 중에서 맹주 역할을 하던 중국이 결국 잠든 사자로 몰락하고 말았다.

반면 일본이 동양의 맹주로 등장하면서 조선에 대해서 내정 간섭을 시작하였다. 조선의 내정 간섭을 위해서 시작된 것이 바로 갑오개혁이다. 갑오개혁은 동학혁명으로 인해서 백성들이 원하던 민주주의 사상이 실현되는 계기가 되었다. 즉 양반과 상민의 계급제도가 폐지되고 노비를 사고파는 제도 역시 없애고 조혼 금지법과 여성의 재혼 허용법 등이 시행되었다. 이정도면 민주주의를 향하는 기본적인 요건들이 하나씩 추구해 나갈 수 있는 획기적인 혁명적 수준의 개혁이라고 할 수 있다. 이러한 개혁으로 인해서 자본주의 사회는 더욱 더 속도를 내면서 기존의 양반이라고 자처하던 양반계급은 자본주의 사회에 적응하지 못하고 몰락하고 말았다.

그 이유는 기존의 양반 제도 하에서 직업은 사농공상의 계급이었다. 그중에서도 상업 즉 장사를 하는 사람들이 가장 천한 직업으로 여겼다. 그러나 자본주의 사회로 변하면서 백성들의 의식구조는 서서히 '개같이 벌어서 정승같이 쓰라'는 말이 백성들의 의식구조로 대치되면서 생활력이 강한 사람들은 대부분 천민출신들이었다. 이들은 장사를 하여 큰돈을 벌어서 선조들이 양반으로부터 받은 학대에 대한 원수를 갚기 시작하였다. 결국 대부분 양반들은 자신들이 선조로부터 물려받은 재산을 일시에 탕진하고 거지신세가 되는 경우가 허다하였다. 과거에 고기를 팔거나 사람이 죽으면 상여를 치르는 소위 지금의 장례식장 등의 장사를 하면서 천민 취급을 받던 사람들이 갑자기 부자가 되었다. 이러한 현상은 결국 사회계층간의 변화를 초래하여 조선조 5백여 년간 유지되어왔던 사회계층은 무너지고 말았으며 돈이 곧 권력이 되는 서양자본주의의 영향으로 인해서 사실상 상민이 양반되고 양반이 상민으로 변하는 시대가 되고 말았다.

이처럼 동학혁명은 한국과 국제사회에 엄청난 변화와 충격을 가하면서 민주주의 발전에 크게 기여했다고 할 수 있으며 비록 동학혁명이 형식상으로는 실패한 혁명으로 보이기는 하지만 실질상으로 성공한 혁명이라고 할 수 있다.

| 에필로그 |

한국은 이제 글로벌 경제브랜드 10위권의 경제대국으로 우뚝 섰다. 1960년 대 초 한국의 경제는 일본에게 70년을 뒤지고 있기 때문에 일본을 따라간다는 것은 불가능하다고 판단하였다. 그러나 우리는 역경을 딛고 일본 및 독일 등 선진국과 어깨를 나란히 하는 경제대국으로 도약하였다. 1960년대 초 노벨경제학상 수상자인 미국의 경제학자 로스토우는 한국경제는 도약단계의 국가라고 말했다. 로스토우의 예언은 적중했다. 당시 상황으로 봐서는 일본을 따라간다는 것은 불가능했다. 그러나 현재 한국은 일본과 같은 레벨의 경제대국으로 비약하였다.

마르크스는 하부구조인 경제구조가 상부구조인 정치, 사회, 문화, 예술 등 모든 분야를 결정한다고 한다. 한국은 경제에 비하면 정치차원에서는 후진국 형 모델을 벗어나지 못하고 있는 실정이다. 한국이 정치적 차원에서 서양 선진국들과 같은 수준으로 도약하기 위해서는 무엇이 필요한가?

무엇보다 정치. 사회구조적인 관점에서 후진국 형 모델을 벗어나야만 한다. 해방 후 70년간 한국 정치사는 광란의 역사의 연속이었다. 그 광란의 역사를 만든 정치사의 중심에는 역대 대통령들이 있었다. 그 대통령들이 자신의 구미에 맞추어서 정치를 했다. 한 번 권력을 잡은 사람은 대부분 끝까지 가고 싶어 하는 욕망을 가지고 있다. 동시에 권력은 더 큰 권력을 가지려는 것이 인간의 욕망이다. 사실상 권력은 보호를 받지 못할 때 그 인물이 어떤 인물인지를 판가름 할 수 있는 것이다. 그러면 한국 역사에서 권력에서 물러나거나 아니면 권력 약화 현상이 나타날 때 한국 권력자들은 어떤 모습을 보였는가. 먼저 이승만은 독재자로서 결국 4.19 학생혁명에 의해서 외국으로 망명하였다. 다음 박정희 역시 독재자로서 부하에 의해서 암살당했다. 철권을 휘두른 전두환, 노태우 등 군사 독재자들은 감옥행이 이루어졌다. 민주화 이후 국민들은 행동하는 양심으로 변하였다.

이제 국민의식 수준은 선진국과 같은 수준이다. 국민들은 국가에 대해서 더 많은 정당성과 타당성과 합법성과 민주성을 요구하고 있다. 프랑스 혁명사를 쓴 토마스 카알라일은 독재자들은 천벌을 받아야 마땅하다고 한다. 한국의 과거 정치 독재자들은 모두 천벌을 받았다.

이제 경제 브랜드 10위의 한국이 필요로 하는 것은 무엇인가. 한국 국민들의 의식 수준에 맞는 정치 선진화가 가장 시급하다. 과거 대부분 독재 정치에 맞는 정치제도는 이제 새로운 정치제도로 발전시켜 나가야만 한다. 그런데 한국 국민들이 요구하는 정치 제도화는 정치인들이 자신들의 당리당략에 맞추어서 제도화를 추진해 나가고자 한다. 만일 정치인들이 자신들의 이권에 맞추어서 정치제도의 변화를 추구해 나간다면 한국의 정치는 또 다시 후진국 수준으로 머물고 만다.

그러면 한국의 정치제도는 어떻게 새로운 정치제도로 변화시켜야만 하는가? 장 자크 루소는 그의 사회 계약론에서 일반의사와 특수의사로 구분하고 있다. 일반의사란 국민의 의사이며 특수 의사란 정치인등의 의사를 말한다. 일반의사인 국민의 의사는 절대로 틀리지 않는다. 그러나 특수의사인 정치인들의 의사는 틀린다. 따라서 국가는 반드시 국민의 의사를 따라야만 한다.

그러면 일반 의사를 가진 국민들은 왜 특수의사인 정치인들의 의사를 따르는가. 이것은 정치인들은 일반국민들을 자기의 편으로 만드는 기술을 가지고 있기 때문이다. 그들은 선거 때만 되면 국민의 이익을 위해서 일하는 시늉만하고 선거에 당선만 되면 그때부터는 자신의 이익으로 돌아선다.

특히 한국이 정치 후진국에서 벗어나지 못하는 원인이 바로 국민들이 정치인들의 행태를 모르고 동시에 잘 감시하지 못하고 있기 때문이다. 앞에서 이미 언급한 것처럼 한국의 정당의 특징은 바로 파벌주의와 권위주의이다. 파벌주의란 자신의 이익을 위해서 당을 만들고 당을 떠나고 하는 행태를 말한다. 국민을 위해서 당을 만드는 것이 아니라 자신을 위해서 당을 만드는 것이다. 다음으로 권위주의는 당내에서도 당수 일인 체제의 권위주의이며 당은 인물중심으로 운영되고 있다. 이러한 행태는 당 밖에서 국민과의 관계에서는 정치인들이 국민위에 군림하려는 권위주의 의식으로 변하게 된다. 이러한 파벌주의와 권위주의부터 없애지 않고는 한국 정치의 선진화는 기대할 수 없다.

그러면 현재 한국에서 일어나고 있는 국정농단 사건의 원인은 무엇인가?

거시적인 차원에서 보면 권위주의와 정실주의가 합성된 모델이라고 할 수 있다. 위정자들이 선진국들과는 달리 국민위에 군림하고 있다는 것이다. 일단 권력을 잡으면 그때부터 자신의 이익을 위해서 국민들을 착취하는 것이다. 이것은 이승만 정권부터 시작된 관행인 것이다. 선진국가의 정치인들은 돈과는 거리를 두고서 절대로 이권에는 개입을 하지 않는다. 이것을 철칙으로 생각하고 있다. 빌 클린턴이나 로널드 레이건 등은 대통령 재임기간 동안 빚더미에 앉았다. 그러나 한국은 전두환, 노태우 등을 비롯하여 많은 대통령이 뇌물사건으로 곤욕을 치렀다. 이번 국정 농단도 결국은 공적인 일과 사적인 일을 구별하지 못하는 한국 정치인들의 행태 때문에 발생한 것이다.

다음으로는 한국의 정실주의에 기인하고 있다. 한국은 국토가 좁기 때문에 지역감정이 매우 심하다. 더욱이 혈연주의의 농경사회를 바탕으로 하고 있다. 따라서 집안에서 누구 한 사람이 권력을 잡으면 주변의 사람들이 그 사람에게 덕을 보려는 정실주의가 매우 강한 민족이다. 과거 대부분 대통령을 비롯한 권력의 중심에 서 있던 인물들이 친인척 비리 때문에 곤욕을 치렀다. 따라서 이러한 한국의 정실주의의 습관을 뿌리 뽑지 않고는 한국의 정치선진화는 기대할 수 있다.

미시적인 차원에서는 정치가 경제위에 군림하는 정치형태이다. 다시 말하면 정경유착이다. 권력을 잡은 사람은 그 권력을 이용하여 재벌들에게 이권을 주는 대가로 돈을 요구하는 것이다. 재벌이란 장사하는 사람들이다. 그들 역시 자신들의 이익을 위해서 권력자들에게 뇌물을 제공하고 그 이상의 이권을 챙기려고 한다. 따라서 재벌과 권력자는 국민을 이용하여 상호 공생해 나가는 것이다. 이번의 국정농단 사건은 이러한 정경유착의 모델인 것이다. 그 와중에서 피해를 보는 것은 바로 국민들이다.

이번 국정농단을 기해서 국민들은 촛불의 무혈 혁명을 통해서 한국의 정치를 완전히 바꾸어야만 한다. 가장 중요한 일은 국민을 위해서 일해줄 하인인 정치인들을 완전히 다 바꾸어야만 한다. 정치인들에게 국민을 위한 진정한 정치철학이 무엇인가를 가르쳐 주어야만 한다. 진정한 리더십의 정치철학을 소유한 정치 지도자를 국민들은 속지 말고 골라야만 한다.

촛불시위는 항상 언제든지 지속적으로 계속되어야 한다. 일어나라! 민초들이여, 당신은 이미 강하다.

참고문헌

- 김경동, 《현대의 사회학》, 박영사, 1981.
- 김계동, 《한반도 분단, 누구의 책임인가》, 명인문화사, 2012.
- 김계동, 《북한의 외교정책》, 백산서당, 2002.
- 김기홍 외 2인, 《제왕의 리더십》, 휴머니스트, 2007.
- 김채윤 편, 《변혁기 사회주의와 계급 · 계층》, 서울대학교 출판부, 1996.
- 김형배, 《선거인가 도박인가》, 우리들, 2006.
- 김호진, 《한국정치체제론》, 박영사, 1991.
- 박동서, 《한국행정론》, 법문사, 1993.
- 박수영, 《현대사회와 행정》, 대영문화사, 2004.
- 이광규, 《문화인류학개론》, 일조각, 1998.
- 이미옥 역, (한스 디터 겔페르트 저) 《전형적인 미국인》, 에코리브르, 2003.
- 이준형, 《리더십 먼저 민주주의 나중에》, 인간사랑, 2004.
- 이철희, 《1인자를 만든 참모들》, 위즈덤하우스, 2003.
- 이홍직, 《국사대사전》, 지문각, 1968.
- 정인흥, 《서구정치사상사》, 박영사, 1981.
- 조해경 역, (아렌드 라이파아트 저) 《내각제 대 대통령제》, 이진, 1999.
- 조해경, 《침략사상이 된 미국의 프런티어》, 법영사, 2007.
- 조해경 역, (아렌드 라이파아트 저) 《광란의 대통령제 대안은 없는가》, 힉스, 2012.
- 조해경, 《악덕유통업자가 된 미국의 자유주의》, 힉스, 2012.
- 조해경, 《지역주의 타파 방안있다》, 길, 2003.
- 최동희, 《남북한: 갈등, 공존, 통일》, 사회문화연구소, 1999.
- 한배호, 《한국현대정치론 I》, 나남, 1990.

- Allen, Richard C. Korea's Syngman Rhee. Tokyo: Charles E. Tuttle Co., 1960.
- Bardns, William J. ed. The Two Koreas in East Asian Affairs. New York: New York University Press, 1976.
- Chien, Frederick Foo. The Opening of Korea. New York: The Shoe String Press, Inc., 1967.

• Choi, Won Sang. The Fall of the Hermit Kingdom. New York: Oceana Publications, Inc., 1967.
• Cole, David and Princeton Lyman. Korea Development The Interplay Politics and Economics. Cambridge Massachusetts: Harvard University Press, 1971.
• Conroy, Hilary. The Japanese Seizure of Korea: 1968–1910. Philadelphia: University of Pennsylvania Press, 1960.
• Fairbank, John K. East Asia: The Modern Transformation. Boston: Houghton Mifflin Co., 1978.
• Hatado, Takoshi. A History of Korea, Santa Barbara: University of California Press, 1969.
• Lee, Ki Baik, A New History of Korea. Cambridge, Massachusetts: Harvard University Press, 1980.
• Moskowitz, Karl, ed. From Pattern to Partner. Lexington, Massachusetts: D.C. Heath and Company, 1984.
• Wagner, Edward W. The Korean Minority in Japan. New York: Institute of Poufou Relations, 1984.
• Weinsten, Franklin B. and Fusi Kamiya. ed. The Security of Korea: U.S. and Japanese Perspectives on the 1980s. Boulder, Colorado: Westview Press, 1980.

(ㅈ)

(기타)